UTB 1511

W0369291

Eine Arbeitsgemeinschaft der Verlage

Beltz Verlag Weinheim und Basel
Böhlau Verlag Köln · Weimar · Wien
Wilhelm Fink Verlag München
A. Francke Verlag Tübingen und Basel
Paul Haupt Verlag Bern · Stuttgart · Wien
Verlag Leske + Budrich Opladen
Lucius & Lucius Verlagsgesellschaft Stuttgart
Mohr Siebeck Tübingen
C. F. Müller Verlag Heidelberg
Ernst Reinhardt Verlag München und Basel
Ferdinand Schöningh Verlag Paderborn · München · Wien · Zürich
Eugen Ulmer Verlag Stuttgart
UVK Verlagsgesellschaft Konstanz
Vandenhoeck & Ruprecht Göttingen
WUV Facultas · Wien

Juliane Kokott
Karl Doehring
Thomas Buergenthal

Grundzüge des Völkerrechts

3., neu bearbeitete Auflage

C.F. Müller Verlag
Heidelberg

Juliane Kokott, Dr. jur., LL. M., S. J. D., o. Professorin für Völkerrecht, Internationales Wirtschaftsrecht und Europarecht an der Universität St. Gallen, stellvertretende Schiedsrichterin am Vergleichs- und Schiedsgerichtshof der OSZE, stellvertretende Vorsitzende des Wissenschaftlichen Beirats der Bundesregierung Globale Umweltveränderungen

Karl Doehring, Dr. jur., Dres. h. c. em. o. Professor für deutsches und ausländisches öffentliches Recht und Völkerrecht an der Universität Heidelberg, em. Direktor am Max-Planck-Institut für ausländisches öffentliches Recht und Völkerrecht, Membre de l'Institut de Droit International

Thomas Buergenthal, B. A., J. D., LL. A., S. J. D., LL. D., Dr. jur., Lobingier Professor of Comparative Law & Jurisprudence, George Washington University, USA, vorm. Richter und Präsident des Interamerikanischen Gerichtshofs für Menschenrechte, vorm. Mitglied des Menschenrechtsausschusses der Vereinten Nationen, Richter am Internationalen Gerichtshof.

Bibliografische Informationen Der Deutschen Bibliothek

Die Deutsche Bibliothek verzeichnet diese Publikation in der Deutschen Nationalbibliografie; detailierte bibliografische Daten sind im Internet über <http://dnb.dbb.de> abrufbar.

Einbandgestaltung: Atelier Reichert, Stuttgart
Satz: Claus Hölzer, Hagenbach
Druck und Verarbeitung: Druckerei Lokay, Reinheim
ISBN 3-8252-1511-3

Vorwort

Die 3. Auflage der „Grundzüge des Völkerrechts“ ist, ebenso wie die 2. Auflage, in wesentlichen Teilen zu einer Neufassung der Darstellung des gesamten Völkerrechts geworden. Beibehalten wurden die vielfach dargebotenen Vergleiche der dogmatischen Auffassungen von amerikanischem Recht mit deutschem Recht, d.h. letztlich vom common law und kontinental-europäischem Recht, und das vor allem in Fragen der Verbindung von nationalem mit internationalem Recht. Während so die erste Auflage noch weitgehend eine deutsche Bearbeitung der ersten Auflage des „Public International Law“ von T. Buergenthal und H. G. Maier, mit Ergänzungen aus der Sicht der deutschen Rechtswissenschaft, bedeutete, ist die hier vorliegende Fassung von diesem Ursprung nun weitgehend gelöst. Zwar beruhen Teile des ursprünglichen Aufbaus und gewisse Partien der ersten Kapitel noch auf dem unmittelbaren Zusammenhang mit dem Werk von Buergenthal und Maier, aber fundamentale Untersuchungen vor allem neuer Rechtsfragen und Rechtsgebiete wurden gänzlich neu verfasst. Die amerikanischen Autoren haben an der Ausarbeitung der 2. und nun auch der 3. Auflage nicht mehr aktiv teilgenommen, so dass nicht alle hier geäußerten Rechtsauffassungen ihrer eigenen Ansicht entsprechen müssen, und auch das „Public International Law“ hat den Co-Autor Maier durch S. D. Murphy ersetzt, so dass ihr Einfluss auf das hier vorliegende Werk nur noch in mittelbarer Art sich auswirkt.

Heidelberg/St. Gallen, im Januar 2003

J. Kokott
K. Doehring

Vorwort zur 2. Auflage

Die hier dargebotene Neubearbeitung der „Grundzüge des Völkerrechts" hat zu keiner Änderung der Grundkonzeption des Werkes Veranlassung gegeben, wie sie im Vorwort zur 1. Auflage erläutert wurde. Die amerikanischen Autoren (Buergenthal/Maier) waren an der Neubearbeitung nicht beteiligt. Das von ihnen verfasste Werk (Public International Law, Nutshell Series, 1985, 2. Aufl. 1990) wurde in wesentlichen Teilen als Grundlage und Ausdruck amerikanischer Völkerrechtswissenschaft weiterhin berücksichtigt und in deutscher Übersetzung beibehalten, sowohl im Hinblick auf inhaltliche Einteilung als auch auf amerikanische Dogmatik. Die deutschen Bearbeiter (Doehring/Kokott) hatten schon in der 1. Auflage Ergänzungen vorgenommen, die ihnen für den deutschen Leser wesentlich erschienen, und darüber hinaus wurden drei Kapitel neu gefaßt. Zusätzlich haben die deutschen Bearbeiter nunmehr noch vier Kapitel verfasst (Umweltschutz, internationales Wirtschaftsrecht, internationales Strafrecht, See-, Luft- und Weltraumrecht), um dem Gesamtwerk eine aus heutiger Sicht notwendig gewordene Abrundung zu geben. So erfüllt nun die Neuauflage, auch hinsichtlich aktueller Literaturangaben, diejenigen Anforderungen, die an eine Darstellung des geltenden Völkerrechts zu stellen sind.

Heidelberg/St. Gallen, im November 1999 *K. Doehring*
J. Kokott

Vorwort zur 1. Auflage

Die Veröffentlichung einer für deutsche Benutzer übersetzten, überarbeiteten und durch mehrere Kapitel ergänzten Fassung des amerikanischen Lehrbuchs von *Buergenthal/Maier* (Public International

Law, Nutshell Series, 1995) soll dazu dienen, dem deutschen Studenten das System des Völkerrechts und seine Fundamentalprinzipien zu erläutern. Dieses moderne Einführungsbuch, das auf Details verzichtet, die heute auch von Spezialisten in ihrer ganzen Fülle kaum noch beherrscht werden, und das sich daher auf die Grundlagen beschränkt, soll den deutschen Studenten als begleitende Lektüre zur Vorlesung „Grundzüge des Völkerrechts" dienen. Das Buch von *Buergenthal/Maier* erschien auch deswegen besonders geeignet, für deutsche Leser aufbereitet zu werden, weil das Völkerrecht vielfach auch heute noch aus der Sicht der nationalen Rechtsordnungen interpretiert wird, und so eine Mischung von kontinental-europäischer mit amerikanischer Rechtsanschauung, insbes. derjenigen des common law, zu stärkerer Objektivität zwingt. Die Schwerpunkte des aus dieser Sicht überarbeiteten Werkes liegen in der Darstellung der Rechtsquellen des Völkerrechts, der internationalen Organisationen, der völkerrechtlichen Streitschlichtung, des Schutzes der Menschenrechte, der Abgrenzung der Herrschaftsbereiche der Staaten und der Durchsetzung des Völkerrechts. Sieben der Kapitel des amerikanischen Werkes wurden inhaltlich weitgehend übernommen, wenn auch stellenweise ergänzt, während die übrigen Kapitel neu gefaßt oder hinzugefügt wurden, weil das amerikanische Werk gerade hier eine ganz spezifisch amerikanische Sicht bietet. Auch die Literaturhinweise wurden für den deutschen Leser aufbereitet, wobei aber die Orientierung an der amerikanischen Wissenschaft nicht aufgegeben wurde. Der Leser kann sich so aus den Lehrmeinungen und aus der Praxis beider Rechtsordnungen informieren. Hierin gerade soll auch der besondere Bildungswert des Buches liegen.

Die Literaturhinweise, die vielfältig auf die Encyclopedia of Public International Law verweisen, ermöglichen den Zugang zu weiterer wissenschaftlicher Forschung und insbes. auch zur deutschen Literatur, weil die Autoren der Encyclopedia des Max-Planck-Instituts die deutschen Arbeiten besonders berücksichtigt haben.

Heidelberg, im August 1988

K. Doehring
J. Kokott

Inhaltsverzeichnis

Abkürzungsverzeichnis

Afr. Charta	Afrikanische Charta über die Rechte der Menschen und Völker
AJIL	American Journal of International Law
AKP	Staaten in Afrika, im karibischen Raum und im Pazifischen Ozean (Abkommen von Lomé)
ALI	American Law Institute Amerikanisches Rechtsinstitut, Private Organisation hervorragender meist amerikanischer Juristen, befaßt u.a. mit der Erarbeitung von Modellgesetzen (Restatements)
AMRK	Amerikanische Menschenrechtskonvention
Art.	Artikel
AU	Afrikanische Union
Aufl.	Auflage
AVR	Archiv des Völkerrechts
Bd.	Band
BVerfG	Bundesverfassungsgericht
BVerfGE	Entscheidungssammlung des Bundesverfassungsgerichts
bzw.	beziehungsweise
chap.	chapter
Cir.	Circuit
D. C.	District of Columbia
ders.	derselbe
d.h.	das heißt
dies.	dieselbe
DSB	Dispute Settlement Body
ECOSOC	Economic and Social Council
EGBGB	Einführungsgesetz zum Bürgerlichen Gesetzbuch
EGKS	Europäische Gemeinschaft für Kohle und Stahl
EGV	Vertrag zur Gründung der Europäischen Gemeinschaft
EMRK	Europäische Menschenrechtskonvention
EPIL	Encyclopedia of Public International Law, Hrsg. Rudolf Bernhardt (Max-Planck-Institut für ausländisches öffentliches Recht und Völkerrecht), 12 Bände (1981–1990) sowie Bände I–IV der Library Edition (1992–2000), Forthcoming: Vol. V, Index Volume.
EuGRZ	Europäische Grundrechte-Zeitschrift
Euratom	Europäische Atomgemeinschaft
Eur. Ct. Rep.	European Court Reports
EUV	Vetrag über die Europäische Union

EWG	Europäische Wirtschaftsgemeinschaft
EWGV	Vertrag zur Gründung der Europäischen Wirtschaftsgemeinschaft
F.	Federal Reporter
FAO	Food and Agriculture Organization of the United Nations
Fg.	Festgabe
FS	Festschrift
GASP	Gemeinsame Außen- und Sicherheitspolitik
GATT	General Agreement on Tariffs and Trade
GG	Grundgesetz
ggf.	gegebenenfalls
Hrsg.	Herausgeber
HRLJ	Human Rights Law Journal
ICAO	International Civil Aviation Organization
ICJ Rep.	International Court of Justice, Reports of Judgements, Advisory Opinions and Orders
i.e.S.	im engeren Sinn
IGH	Internationaler Gerichtshof
ILC	International Law Commission
ILC Rep.	International Law Commission Reports
ILM	International Legal Materials
ILO	International Labor Organization
IMF	International Monetary Fund
insbes.	insbesondere
IPbürgR	Internationaler Pakt über bürgerliche und politische Rechte
IPwirtR	Internationaler Pakt über wirtschaftliche, soziale und kulturelle Rechte
i.S.d.	im Sinne des
ITU	International Telecommunication Union
JöR	Jahrbuch des öffentlichen Rechts
JZ	Juristenzeitung
Kap.	Kapitel
KSZE	Konferenz über Sicherheit und Zusammenarbeit in Europa
Lit.	Literatur
lit.	litera
LJIL	Leiden Journal of International Law
NATO	North Atlantic Treaty Organization
No.	Number
OAS	Organization of American States
OAU	Organization of African Unity

OSZE	Organisation für Sicherheit und Zusammenarbeit in Europa
PCIJ	Permanent Court of International Justice
Rdn.	Randnummer
Res.	Resolution
S.	Seite
SEATO	South East Asia Treaty Organization
Sec.	Section
Ser.	Serie
s.o.	siehe oben
sog.	sogenannt
SR Res.	Sicherheitsratsresolution
SRÜ	Seerechtsübereinkommen
Stat.	Statute
StIGH	Ständiger Internationaler Gerichtshof
Supp.	Supplement
u.a.	unter anderem/und andere
u.a.m.	und anderes mehr
UN	United Nations
UN Doc.	UN-Dokument
UNESCO	United Nations Educational, Scientific and Cultural Organization
U.N.T.S.	United Nations Treaty Series
UPU	Universal Postal Union
Urt.	Urteil
U.S.	United States; United States Supreme Court Reports
U.S.C.	United States Code
U.S.C.A.	United States Code Annotated
usw.	und so weiter
u.U.	unter Umständen
v.	versus
vgl.	vergleiche
VN	Vereinte Nationen
Vol.	Volume
WHO	World Health Organization
WMO	Welt-Meteorologie-Organisation, World Meteorological Organization
WTO	World Trade Organization
WÜD	Wiener Übereinkommen über diplomatische Beziehungen
WÜK	Wiener Übereinkommen über konsularische Beziehungen
WVK	Wiener Vertragsrechtskonvention

Y.B.U.N.L.	Max Planck Yearbook of United Nations Law
YILC	Yearbook of the International Law Commission
ZaöRV	Zeitschrift für ausländisches öffentliches Recht und Völkerrecht
z.B.	zum Beispiel
Ziff.	Ziffer

1. Kapitel

Definition und Anwendungsbereich des Völkerrechts

Dieses Kapitel soll in die grundlegenden Begriffe des modernen Völkerrechts einführen und einen Überblick über den historischen und theoretischen Kontext liefern, innerhalb dessen sich dieser Rechtszweig entwickelte. Auch die Rechtsnatur der sog. Völkerrechtssubjekte sowie die Aufgabe, die das Völkerrecht erfüllt, und seine Anwendung auf der innerstaatlichen und der völkerrechtlichen Ebene, werden erörtert. 1

I. Definition

1. Die herkömmliche Definition

Das *Völkerrecht* wurde herkömmlicherweise als dasjenige Recht definiert, welches die *Beziehungen zwischen den Staaten* regelt. Wenn im Völkerrecht von Staaten gesprochen wird, sind *souveräne Staaten* gemeint. Völkerrechtliche Staatsqualität ist dann vorhanden, wenn eine Körperschaft über ein Staatsgebiet, eine Bevölkerung und eine Regierung verfügt, die fähig ist, diplomatische oder auswärtige Beziehungen zu pflegen und die Regeln des Völkerrechts einzuhalten. Mitgliedstaaten von Bundesstaaten oder Provinzen fehlt gewöhnlich die letztgenannte Eigenschaft, die ein wesentlicher Bestandteil staatlicher Souveränität ist. 2

2. Völkerrechtssubjekte im überkommenen Sinne

Nach der *überkommenen Definition* waren nur die Staaten Völkerrechtssubjekte, d.h. man nahm an, dass nur Staaten völkerrechtlich anerkannte Rechte innehatten und Verpflichtungen unterlagen. Welche Vorteile oder Lasten das Völkerrecht anderen Gemeinschaften oder Individuen auch immer zubilligte oder auferlegte, sie wurden als lediglich abgeleitet verstanden, weil sie die Rechtsstellung dieser „Völkerrechtsobjekte“ nur wegen deren Beziehungen zu Staaten oder der Abhängigkeit von ihnen beeinflussten. 3

3. Die moderne Definition

4 Das *gegenwärtige Völkerrecht* wird zwar immer noch als weitgehend zwischenstaatliches Recht verstanden. Man nimmt aber nicht mehr an, dass es sich nahezu ausschließlich auf zwischenstaatliche Beziehungen beschränkt. Es umfasst einen *weiteren Bereich* und wird besser als das Recht definiert, das das Verhalten von Staaten und internationalen Organisationen betrifft, ihre inter se Beziehungen und gewisse, noch zu erläuternde Beziehungen zu natürlichen und juristischen Personen (ALI, Restatement of the Law, Foreign Relations Law of the United States, 1987, Vol. 1, § 101; *H. Mosler*, Subjects of International Law, EPIL, Bd. IV, 2000, S. 710–727).

4. Moderne Völkerrechtssubjekte

5 Heute können *internationale Organisationen* (unten Kap. 5) und selbst *Individuen*, wenngleich in geringerem Ausmaß, *Träger völkerrechtlicher Rechte und Pflichten* sein und sind es auch tatsächlich. Die Vereinten Nationen z.B. können mit Staaten und anderen internationalen Organisationen vertragliche Beziehungen eingehen, die dem Völkerrecht unterliegen und somit völkerrechtsverbindlich sind. (Dazu IGH, Advisory Opinion on Reparation for Injuries Suffered in the Service of the United Nations, ICJ Rep. 1949, S. 3). Die unmittelbare Verantwortlichkeit von Individuen für Kriegsverbrechen und die Entwicklung der völkerrechtlichen Menschenrechte weisen außerdem darauf hin, dass, unter gewissen Umständen, der einzelne Mensch völkerrechtliche Rechte und Pflichten innehaben kann, die nicht im herkömmlichen Sinne abgeleitet sind (unten Kap. 9).

Lit. zu I.: *W. Graf Vitzthum*, in: ders. (Hrsg.), Völkerrecht, 2. Aufl 2001, S. 6–43; *M. Herdegen*, Völkerrecht, 2002, S. 1–4; *P. Malanczuk*, Akehurst's Modern Introduction to International Law, 7. Aufl. 1997, S. 1–2; *H. Mosler*, Die Erweiterung des Kreises der Völkerrechtssubjekte, ZaöRV, Bd. 22, 1962, S. 1 ff.

II. Internationale und innerstaatliche Anwendung

1. Unterschiedliche Anwendungsbereiche

6 Die Tatsache, dass das Völkerrecht primär und größtenteils zwischenstaatliche Beziehungen regelt, bedeutet nicht, dass es auf der

innerstaatlichen Ebene bedeutungslos wäre oder dort nicht angewendet würde. Die Art und Weise aber, in der Völkerrecht auf der innerstaatlichen Ebene und auf der völkerrechtlichen Ebene angewendet wird, ist unterschiedlich, auch wenn die Rechtsregeln als solche die gleichen sind.

2. Internationale Anwendung

Auf der zwischenstaatlichen Ebene berufen sich Staaten und inter- **7**
nationale Organisationen permanent auf das Völkerrecht und wenden es an. Mit geringfügigen Ausnahmen ist es das einzige auf das Verhalten von Staaten und internationalen Organisationen in ihren Beziehungen untereinander anwendbare Recht. Insoweit ist das Völkerrecht ein *eigenständiges Rechtssystem*, das in seiner Reichweite und Funktion einem innerstaatlichen Rechtssystem vergleichbar ist.

3. Innerstaatliche Anwendung

Auf der *innerstaatlichen Ebene* ist das Völkerrecht in den meisten **8**
Staaten jedenfalls nicht in seiner Gesamtheit unmittelbar geltend und anwendbar. Dennoch prägt das moderne Völkerrecht – direkt oder indirekt – zunehmend auch die Rechtsstellung natürlicher und juristischer Personen und von Behörden innerhalb der Staaten. Die Frage, ob das Rechtssubjekt, das sich vor einem nationalen Gericht auf das Völkerrecht beruft, Träger völkerrechtlicher Rechte oder Verpflichtungen auf internationaler Ebene ist, d.h. ob es Völkerrechtssubjekt ist, ist insoweit allerdings regelmäßig irrelevant. Die maßgebliche Frage in diesem Zusammenhang ist, ob diese oder jene Völkerrechtsregel nach nationalem Recht im Rahmen der Entscheidung des anhängigen Rechtsstreits anwendbar ist. Von diesem innerstaatlichen Standpunkt aus ist das Individuum in dem Maße Träger von Rechten und Pflichten, die ihren Ursprung im Völkerrecht haben, wie dieses Individuum Träger innerstaatlicher Rechte und Verpflichtungen ist.

4. Internationale und innerstaatliche Anwendung: Beispiele

Die Staaten müssen zu Friedenszeiten fremden Handelsschiffen **9**
freie Durchfahrt durch ihre Territorialgewässer gewähren (Art. 17

SRÜ). Nehmen wir an, dass ein Handelsschiff mit der Flagge des Staates X, das einem Herrn B, einem Staatsangehörigen des Staates X, gehört, von der Küstenwache des Staates Y in dessen Territorialgewässern unter Verletzung der genannten Völkerrechtsregel beschlagnahmt wird. Auf völkerrechtlicher Ebene würde sich eine Streitigkeit zwischen Staat X und Y ergeben. Das folgt daraus, dass das Recht auf freie Durchfahrt der Handelsschiffe und die Verpflichtung, es zu beachten, nur den Völkerrechtssubjekten – den Staaten – zuzurechnende Rechte und Verpflichtungen sind. Die Beschlagnahme von Herrn B's Schiff stellt sich dann als Bruch einer Verpflichtung des Staates Y gegenüber dem Staat X dar, dem Staat, dessen Staatsangehörigkeit das Schiff hat, und der, auf Grund dieser Staatsangehörigkeit, einen völkerrechtlichen Anspruch gegen den Staat Y hat. Nach allgemeinem Völkerrecht wird die Verletzung eines Staatsangehörigen als Verletzung von dessen Heimatstaat betrachtet (StIGH, Mavrommatis Concessions Cases, PCIJ, Ser. A, No. 5; IGH, Nottebohm Case, ICJ Rep. 1955, S. 4); die wachsende Bedeutung der Menschenrechte relativiert diese herkömmliche Sicht allerdings zunehmend.

10 Nehmen wir nun an, anstelle eines Vorgehens des Staates X gegen den Staat Y in der eben geschilderten Weise verlangt Herr B mit Klage vor den Gerichten des Staates Y sowohl Freigabe seines Schiffes als auch Schadensersatz. Wenn das Völkerrecht im Staat Y für anwendbar erklärt ist, was in verschiedenen Formen in den meisten Staaten der Fall ist, würde Herr B sich auf die maßgebliche Völkerrechtsregelung berufen können, um die Rechtswidrigkeit der Beschlagnahme seines Schiffes geltend zu machen. Er würde hier die Verletzung eines Rechts, die sich aus der Verletzung des Völkerrechts ergibt, in ganz ähnlicher Weise geltend machen, wie er sich auch auf Regeln des innerstaatlichen Deliktsrechts oder des Sachenrechts berufen würde, wenn jemand ihm den Gebrauch seines Eigentums bei einem geschäftlichen Vorgang im Staat Y entzogen hätte. Ob der Fall Delikts-, Sachen- oder Völkerrecht betrifft, sein Ausgang im Staat Y hängt von der rechtlichen und tatsächlichen Begründetheit des Anspruchs nach dem dort innerstaatlich anwendbaren materiellen und Verfahrensrecht ab.

Bei Streitigkeiten unmittelbar auf der völkerrechtlichen Ebene wird die Anwendung der Völkerrechtsregel über die freie Durchfahrt von Schiffen durch die Territorialgewässer zu Friedenszeiten allein durch die Völkerrechtsordnung bestimmt. Das heißt, hier würden alle für den Fall erheblichen Fragen, z.B. ob die Regel Vorrang vor anderen Regeln hat oder nicht, nach Völkerrecht entschieden. Auf der innerstaatlichen Ebene steht die Anwendung der Regel im Kontext der innerstaatlichen Rechtsordnung und im Rahmen der Verfassung. Und während es allgemein zutrifft, dass ein innerstaatliches Gericht versuchen würde, den Inhalt einer Völkerrechtsregel sehr ähnlich wie ein internationales Gericht zu bestimmen, könnte der gleiche Rechtsstreit sehr wohl unterschiedlich von jedem der beiden Gerichte entschieden werden, weil in dem einen Fall Grundlage der juristischen Entscheidung das innerstaatliche und in dem anderen das internationale Rechtssystem ist. Deshalb ist es bei der Bearbeitung völkerrechtlicher Fragen so wichtig zu beachten, ob der Fall auf der innerstaatlichen oder der völkerrechtlichen Ebene oder gar auf beiden zu entscheiden ist. **11**

5. Der internationale Vorrang des Völkerrechts

Die Rechte und Pflichten, die ein Staat nach Völkerrecht hat, gehen auf der internationalen Ebene allen Rechten und Pflichten nach innerstaatlichem Recht vor. So kann z.B., wenn ein Staat einen völkerrechtlich gültigen und bindenden Vertrag abgeschlossen hat, dessen Nichterfüllung völkerrechtlich nicht damit gerechtfertigt werden, dass der Vertrag durch den Obersten Gerichtshof für verfassungswidrig erklärt wurde. Abgesehen von geringfügigen Ausnahmen, die hier nicht von Bedeutung sind, ist die Verfassungswidrigkeit des Vertrages eine rein innerstaatliche Angelegenheit, die dem Vertragspartner nicht entgegengehalten werden kann (WVK, Art. 27 und 46). *Obwohl* die *Verfassungswidrigkeit* den Staat daran hindern kann, dem Vertrag innerstaatlich Wirksamkeit zu verleihen, würde die *Nichterfüllung doch* eine *Völkerrechtsverletzung* darstellen. In der Praxis wird diese Art von Problem regelmäßig durch die Wiederaufnahme von Verhandlungen oder, seltener, durch die Zahlung von Entschädigung gelöst, aber grundsätzlich bleibt die völkerrechtliche Verpflichtung bestehen. **12**

13 Begrifflich ähnelt die Unfähigkeit eines Staates, aus innerstaatlichen, verfassungsrechtlichen Gründen eine völkerrechtlich gültige, vertragliche Verpflichtung zu erfüllen, innerstaatlichen Fallgestaltungen, in denen eine Vertragspartei unfähig oder nicht willens ist, ihre vertraglichen Verpflichtungen zu erfüllen und für die Folgen ihrer Vertragsverletzung haftet. Außerdem ist es im Rahmen des Völkerrechts z.B. gleichermaßen irrelevant, ob die Entscheidung eines Staates, einen Vertrag nicht zu erfüllen, von dessen Oberstem Gerichtshof oder durch eine Entscheidung der Exekutive angeordnet wird. Innerstaatliches Verfassungsrecht hebt auf der internationalen Ebene das Völkerrecht nicht auf, obgleich das Verfassungsrecht auf innerstaatlicher Ebene Vorrang vor dem Völkerrecht genießen kann, was in den meisten Staaten der Fall ist.

Lit. zu II.: *L. Henkin/R. Pugh/O. Schachter/H. Smit,* International Law, 3. Aufl. 1993, S. 149 ff.; *P. Malanczuk,* Akehurst's Modern Introduction to International Law, 7. Aufl. 1997, S. 63–71.

III. Anwendung und Durchsetzung des Völkerrechts

1. Anwendung des Völkerrechts allgemein

14 Sowohl internationale als auch innerstaatliche Gerichte wenden regelmäßig Völkerrecht an. Aber das Völkerrecht ist nicht nur für Gerichtsverfahren von Bedeutung. Die Staaten berufen sich im Rahmen ihrer diplomatischen Beziehungen, bei ihren Verhandlungen und bei der Gestaltung ihrer Politik darauf. Sie rechtfertigen bzw. verteidigen ihre Handlungen und ihre Politik unter Bezugnahme auf das Völkerrecht oder greifen das Verhalten anderer Staaten unter Berufung darauf an. Soweit das Völkerrecht von der Staatengemeinschaft als „Recht" verstanden wird, legt es dem Verhalten der Staaten Beschränkungen auf und wirkt sich auf ihren Entscheidungsprozess aus. Obwohl beträchtliche Meinungsverschiedenheiten im Einzelfall über die Natur, Reichweite oder Anwendbarkeit einer bestimmten Völkerrechtsregel bestehen können, geben die Staaten selten zu, internationales Recht verletzt zu haben und behaupten kaum jemals das Recht, Völkerrechtsregeln unbeachtet lassen zu dürfen.

2. Völkerrecht als Recht

Das Verhalten der Staaten wird von vielen Faktoren bestimmt; das Völkerrecht ist nur einer von ihnen, der zwar oft entscheidend ist, oft aber auch nicht. Jedoch muss jeder, der das Verhalten der Staaten in einer bestimmten Situation verstehen oder auch voraussagen will, oder der Staaten dahingehend zu beraten hat, wie sie in Übereinstimmung mit ihrem nationalen Selbstinteresse handeln sollten, die anwendbaren Prinzipien des Völkerrechts berücksichtigen. Ein Staat mag vielleicht bereit sein, dann Völkerrecht zu verletzen, wenn ein bestimmtes politisches Ziel erreicht werden soll. Aber die Politiker werden sich bei der Einschätzung der kurz- und langfristigen politischen Belastungen durch solches Verhalten jedenfalls Fragen zuwenden müssen, die Natur und Aufgabe des Völkerrechts betreffen, und sie werden sich über die rechtlichen und politischen Konsequenzen einer Abstempelung als Rechtsbrecher klar werden müssen. **15**

Auch dramatische Völkerrechtsverletzungen, vor allem solche, die mit der Drohung oder Anwendung von Gewalt verbunden sind und gerade deshalb weltweite Aufmerksamkeit erregen, sollten nicht blind für die Tatsache machen, dass der Großteil des Völkerrechts, der den internationalen Handel, das Kommunikations- und Transportwesen und die täglichen diplomatischen und konsularischen Beziehungen regelt – um nur einige Beispiele zu nennen –, ebenso routinemäßig angewendet und beachtet wird wie das innerstaatliche Recht. Für Juristen, die auf diesen Gebieten arbeiten, sei es als Rechtsberater von Regierungen, internationalen Organisationen oder Gesellschaften, oder als Gesetzgeber, Politiker oder Schiedsrichter, ist das Völkerrecht „Recht" in einem sehr realen, praktischen Sinne; sie alle müssen wissen, wie man es feststellt und analysiert, in welchem Zusammenhang man es anwendet und wie man es durchzusetzen vermag. **16**

Lit. zu III. 2.: *L. Henkin/R. Pugh/O. Schachter/H. Smit,* International Law, 3. Aufl. 1993, S. 10–50; *P. Malanczuk,* Akehurst's Modern Introduction to International Law, 7. Aufl. 1997, S. 5–7; zum Geltungsgrund und Geltungsbereich des Völkerrechts: *K. Doehring*, Völkerrecht, 1999, § 1.

3. Durchsetzung des Völkerrechts

17 Sobald man das Völkerrecht erwähnt, erhebt sich auch die Frage nach seiner Durchsetzung. Dabei ist es wichtig zu unterscheiden, ob es um die Durchsetzung auf innerstaatlicher oder internationaler Ebene geht. Auf der *innerstaatlichen Ebene* wird das Völkerrecht gewöhnlich von den Gerichten und Verwaltungsbehörden ebenso wie alles andere innerstaatliche Recht durchgesetzt. Die Antwort ist schwieriger, wenn man sich der *völkerrechtlichen Ebene* zu wendet.

a) außergerichtliche Durchsetzung des Völkerrechts

18 Gerichte sind nicht die einzigen Institutionen, die zur Beilegung zwischenstaatlicher Streitigkeiten zur Verfügung stehen. Viele internationale Streitigkeiten, die nicht Gegenstand einer formellen Entscheidung durch Richterspruch sein können, werden durch andere Verfahren wie *Verhandlung, Vermittlung, gute Dienste* oder durch *schiedsrichterliche Entscheidung* beigelegt (unten Kap. 7), bei denen Völkerrecht angewendet wird. Auch im innerstaatlichen Recht wird, ebenso wie im Völkerrecht, nicht jeder Rechtsstreit zum Gegenstand eines Gerichtsverfahrens.

19 Es gibt heute außerdem zahlreiche *Verfahren und Organisationen politischen, quasi-gerichtlichen oder diplomatischen Charakters* – die Vereinten Nationen, regionale Organisationen, diplomatische Konferenzen, multilaterale Kommissionen usw. –, bei denen das Völkerrecht, zusammen mit anderen Faktoren, eine Rolle bei der Konfliktbeilegung und bei der Gestaltung von Lösungen gesellschaftlicher Probleme aller Art spielt. Eine vergleichbare Rolle spielt das Völkerrecht auch auf der innerstaatlichen Ebene, denn dort, wie auf der völkerrechtlichen Ebene, kann sein Einfluss außerhalb des formellen gerichtlichen Rahmens zu verschiedenen Zeiten und in verschiedenen Zusammenhängen von nur marginalem Gewicht, recht bedeutend oder auch entscheidend sein für die Gestaltung politischer Kompromisse oder bei der Behandlung von Problemen, mit denen sich eine bestimmte Gesellschaft konfrontiert sieht.

b) Durchsetzung von Gerichtsurteilen

Internationale Gerichte haben in der Regel *keine obligatorische oder automatische Zuständigkeit*, sich mit allen internationalen Rechtsstreitigkeiten zu befassen, die entscheidungsreif sind, es sei denn, in einem Vertrag ist eine derartige obligatorische Gerichtsbarkeit für zukünftige Streitigkeiten vereinbart. Die Befugnis internationaler Gerichte, einen bestimmten Streitfall zu behandeln, hängt vielmehr von der Anerkennung ihrer Zuständigkeit durch die Streitparteien ab (unten Kap. 7). Folglich gibt es, obwohl ständig neue internationale Gerichte geschaffen werden, viele internationale Rechtsstreitigkeiten, die nicht richterlich entschieden werden können, weil die eine oder andere der Streitparteien sich weigert, die Zuständigkeit eines Gerichts anzuerkennen. **20**

Zudem unterscheiden sich die auf völkerrechtlicher Ebene für die Durchsetzung eines von einem internationalen Gericht erlassenen Urteils zur Verfügung stehenden Verfahren von denjenigen, die auf der innerstaatlichen Ebene zur Verfügung stehen (unten Kap. 7). Internationale Gerichte haben *keine Gerichtsvollzieher* und *keine Polizeigewalt*, denen die Durchsetzung eines Urteils obliegt. Aber auch auf innerstaatlicher Ebene werden Urteile auf unterschiedliche Weise durchgesetzt und vollstreckt, je nachdem, ob das Urteil gegen eine Privatpartei oder gegen den Staat erlassen wurde. Während das Eigentum von Privatparteien zur Vollstreckung gegen sie gerichteter Urteile beschlagnahmt werden kann, ist ein solches Verfahren gegen staatliche Stellen regelmäßig dann nicht zulässig, wenn das staatliche Vermögen der Erfüllung öffentlicher Aufgaben dient. Die Vollstreckungsmöglichkeiten innerstaatlicher Gerichte sind eher symbolischer Natur, wenn es um die Erzwingung eines bestimmten Verhaltens der Regierung geht. Die Staatsgewalt kommt innerstaatlichen Gerichtsentscheidungen nicht deshalb nach, weil den Gerichten die tatsächliche Polizei- oder Militärgewalt zur Verfügung stünde und sie so die Erfüllung erzwingen könnten. Die Befehlsgewalt liegt gerade bei der Exekutive. Die Befolgung ist eher eine *Funktion der politischen Legitimität, der Loyalität und der moralischen Glaubwürdgkeit*, die die Grundlagen des gesamten Gefüges staatlicher Autorität bilden und erwarten lassen, dass dem festgestellten Recht Folge geleistet wird. Insbesondere kann ein Verfas- **21** sungsgericht, das gegen die Regierung entscheidet, sein Urteil nicht selbst durchsetzen, sondern ist auf die Loyalität dieser Regierung angewiesen.

22 Die Situation sieht auf internationaler Ebene ähnlich aus. Dennoch trifft es zu, dass das *Fehlen einer formalen, zentralisierten, rechtsetzenden Autorität* in Verbindung mit den schon erwähnten *Zuständigkeitsmängeln internationaler Gerichte* die Aussichten auf Erfüllung völkerrechtlicher Gebote im Vergleich mit der auf innerstaatlicher Ebene gegebenen Lage geringer erscheinen lassen.

c) „freiwillige" Befolgung

23 Allerdings ist auch das Risiko in Betracht zu ziehen, dass völkerrechtswidrig handelnde Staaten sich u.U. kostspieligen Vergeltungsmaßnahmen anderer Staaten aussetzen. Die Wahrscheinlichkeit und auch schon die Möglichkeit einer solchen *politischen oder wirtschaftlichen Vergeltung* ist ein Element, das bedeutenden Einfluss auf die Bereitschaft zur Erfüllung der völkerrechtlichen Verpflichtungen der Staaten hat. Außerdem haben selbst die mächtigsten Staaten ein Interesse an einer Völkerrechtsordnung, in der internationale Konflikte in Übereinstimmung mit allgemein anerkannten Regeln und auf eine vernünftigerweise voraussehbare Art gelöst werden und die die Wahrscheinlichkeit der Gewaltanwendung verringert.

Lit. zu III. 3.: *M. Herdegen,* Völkerrecht, 2. Aufl., 2002, S. 8–14; *I. Seidl-Hohenveldern/T. Stein*, Völkerrecht, 10. Aufl. 1997, Rdn. 11–41; *A. Verdross/B. Simma,* Universelles Völkerrecht, 3. Aufl. 1984, §§ 40–41.

2. Kapitel

Entwicklungslinien des Völkerrechts

I. Ursprünge

Das *internationale Recht* oder *ius gentium*, wie es auch genannt wurde, fand als besonderes Rechtssystem oder Disziplin Anerkennung mit dem Entstehen der modernen Nationalstaaten im 16. und 17. Jahrhundert. Selbstverständlich können Bräuche wie der Austausch diplomatischer Vertreter, der Abschluss von Friedensverträgen und andere gemeinsam angewendete Regeln bis weit in die Antike zurückverfolgt werden. Aber erst seit Beginn der Neuzeit wurden Grundsätze über die Beziehungen zwischen den Staaten allmählich als eine *eigene Rechtsordnung* betrachtet. Viele dieser Regeln leiten sich entweder vom römischen oder kanonischen Recht ab und sind *stark an Naturrechtsprinzipien orientiert*. Diese Rechtsquellen bildeten auch die Grundlage eines großen Teils des innerstaatlichen Rechts der Nationalstaaten, die in Europa gegen Ende des Mittelalters zu Beginn der Renaissance entstanden. Das römische und das kanonische Recht übten großen Einfluss auf die europäischen Staatsmänner und Rechtsgelehrten dieser Zeit aus, die das erdachten, systematisierten und praktizierten, was sich zum modernen Völkerrecht entwickelte. 24

II. Die bedeutendsten Autoren und Theorien des Völkerrechts der Frühzeit

Hugo Grotius (1583–1645), ein niederländischer Gelehrter und Diplomat, wird als „Vater" des modernen Völkerrechts bezeichnet. Sein Hauptwerk, De Iure Belli Ac Pacis (1625), ist einer der frühesten Versuche, einen systematischen Überblick über das internationale Kriegs- und Friedensrecht zu geben. Zu den anderen bedeutenden Werken von Grotius zählt Mare Liberum (1609), eine eindringliche Schrift über die Doktrin der Freiheit der Meere, welche später als grundlegendes Prinzip des Völkerrechts anerkannt wurde. 25

26 *Grotius* gingen Autoren voraus, deren bedeutende Beiträge zur Entwicklung des Völkerrechts beachtet werden sollten. Führend unter ihnen sind der Italiener *Alberico Gentili* (1552–1608), ein Professor des römischen Rechts an der Universität von Oxford, der das Werk De Iure Belli (1598) schrieb, und der spanische Theologe *Francisco de Vitoria* (1480–1546), der mit seinen Vorlesungen über die spanischen Eroberungen in der Neuen Welt unter den ersten war, die den universellen Charakter und die universelle Anwendbarkeit des Völkerrechts behaupteten.

27 Von besonderer Bedeutung unter den frühen Völkerrechtsautoren, die auf Grotius folgten, ist der deutsche Gelehrte *Samuel Pufendorf* (1632–1694). In seinem Werk De Iure Naturae Gentium (1672) schloss er sich der Auffassung an, dass das Naturrecht die Quelle oder Grundlage des Völkerrechts sei. Ein anderer, dessen Einfluss es für eine beträchtliche Zeit mit demjenigen von *Grotius* aufnehmen konnte, war der Schweizer Diplomat *Emmerich de Vattel* (1714–1767). Man zitierte und berief sich in großem Ausmaß selbst noch im ausgehenden 19. Jahrhundert auf sein Hauptwerk, ein Handbuch des Völkerrechts für Diplomaten (Le droit des gens ou principes de la loi naturelle appliqués à la conduite et aux affaires des nations et des souverains, 1758).

28 Während *Pufendorf* und *Vattel* die Meinung vertraten, dass das Naturrecht die wahre Quelle des Völkerrechts sei, zählte der englische Rechtsgelehrte *Richard Zouche* (1590–1660) zu den frühen Positivisten. Die Anhänger des Positivismus betrachteten die Staatenpraxis als Quelle des Völkerrechts und suchten die Grundlage dieses Rechts im Konsens der Staaten als den Subjekten, die dieses Recht erzeugen. Beide Denkschulen fanden gewissen Rückhalt in den Schriften von *Grotius,* weil seine Völkerrechtstheorien sowohl auf dem Naturrecht als auch auf dem durch die Staatenpraxis begründeten Gewohnheitsrecht beruhten. Diese beiden Schulen beherrschten die philosophischen Schriften über die Natur des Völkerrechts bis in die ersten Jahrzehnte des 20. Jahrhunderts. Der Positivismus stellte sich dann allmählich als die vorherrschende Theorie heraus. Jedoch zeichnen sich schon wieder gewisse naturrechtliche Tendenzen ab, auch eine Folge abnehmender Staatsbezogenheit des Völkerrechts.

Lit. zu II.: *J. Kokott,* Naturrecht und Positivismus im Völkerrecht, sind wir auf dem Wege zu einer Weltverfassung?, in: C. Meier-Schatz/R. Schweizer (Hrsg.), Recht und Internationalisierung, Fg. zum Juristentag 2000 in St. Gallen, S. 3; *C. Stumpf,* Völkerrecht unter Kreuz und Halbmond: Muhamed al-Shaybani und Hugo Grotius als Exponenten religiöser Völkerrechtstraditionen, AVR, Bd. 41, 2003, S. 80–96.

III. Historische Meilensteine

Eine Reihe von Ereignissen kennzeichnet die Entwicklung des modernen Völkerrechts wie Meilensteine. Dazu zählen insbes. der Westfälische Frieden, der Wiener Kongress, die Gründung des Völkerbundes und die weltweite Annahme der Charta der Vereinten Nationen.

Der *Westfälische Frieden* beendete den Dreißigjährigen Krieg **29** (1618–1648) und errichtete ein System und einen Rahmen für friedliche Zusammenarbeit in Europa auf der Grundlage von Verträgen, welche mehr als 100 Jahre überdauern sollten. Diese Friedensordnung sah u.a. die Koexistenz von Katholizismus und Protestantismus in bestimmten Teilen Europas vor und schuf so die ersten Anfänge der Religionsfreiheit. Die Basis für multilaterale diplomatische Kongresse und Verhandlungen wurde in den Konferenzen gelegt, die zu den beiden grundlegenden Verträgen führten, die den Westfälischen Frieden beinhalteten. Diese Vereinbarungen proklamierten auch die Doktrin pacta sunt servanda und errichteten einen Mechanismus zur Schlichtung von Streitigkeiten zwischen den Signatarstaaten.

Die *Schlussakte des Wiener Kongresses* (1815) beendete formell die **30** Napoleonischen Kriege und gestaltete ein hochentwickeltes multilaterales System politischer und wirtschaftlicher Zusammenarbeit in Europa. Die Grundzüge dieses Systems bestanden bis zum Ausbruch des Ersten Weltkrieges fort. Der Kongress nahm die erste umfassende Zusammenstellung von Regeln über das diplomatische Protokoll an, verurteilte offiziell den Sklavenhandel und begründete den Grundsatz der freien und ungehinderten Schifffahrt auf internationalen, die Region durchquerenden Flüssen. Er legte die Grundlage für die Anerkennung der Neutralität der Schweiz und ihre Garantie durch die europäischen Hauptmächte. Außerdem waren der

Schlussakte verschiedene multilaterale und bilaterale Vereinbarungen angefügt, die, in Verbindung mit den aus dem Westfälischen Frieden entstandenen und auf ihn folgenden Verträgen, Europa mit einem soliden Bestand an Völkerrechtsregeln versahen und so in bedeutsamer Weise zur Entwicklung des modernen Völkerrechts beitrugen.

31 Der *Völkerbund* entstand 1920 mit dem Inkrafttreten des Paktes, der einen wesentlichen Bestandteil des Versailler Friedensvertrages bildete. Obwohl der Völkerbund bei der Verhinderung des Zweiten Weltkrieges versagte, sollte man sich daran erinnern, dass diese Organisation das erste ernsthafte Bemühen der Staaten darstellte, einen ständigen zwischenstaatlichen Rahmen für die Beilegung politischer Streitigkeiten und die Wahrung des Friedens zu schaffen. Der Völkerbund errichtete auch den Ständigen Internationalen Gerichtshof, das erste internationale Gericht, das allen Staaten zur Beilegung von Streitigkeiten zur Verfügung stand. Der vom Völkerbund eingerichtete Mechanismus zum Schutz der Rechte von Minderheiten in Ost- und Südosteuropa, der die Kontrolle der Einhaltung entsprechender Verträge und Deklarationen zum Gegenstand hatte, und die Überwachung bestimmter, nicht selbständiger Territorien (Mandate) waren die ersten Versuche, internationale Institutionen zum Schutz der Menschenrechte zu gründen. Der Völkerbund trug auch auf zahlreichen anderen Wegen zu der Entwicklung und Kodifikation des Völkerrechts bei. Seine Errichtung bedeutete den Beginn des Rechts der internationalen Organisationen, also eines wesentlichen Zweiges des modernen Völkerrechts, und seine Praxis beeinflusste dieses Recht (unten Kap. 5).

32 Die *Vereinten Nationen*, die 1945 gegründet wurden, werden noch näher erörtert (unten Kap. 5). Hier ist nur zu betonen, dass schon die Existenz der Vereinten Nationen, ungeachtet all ihrer möglichen und vielfach kritisierten Schwächen, einen weiteren Fortschritt im Rahmen der Bemühungen der internationalen Gemeinschaft darstellt, das Völkerrecht zu einem wirksamen Mittel zur Erhaltung des internationalen Friedens und der Verbesserung der Lage der Menschenrechte auf der ganzen Welt zu machen. Die rechtlichen und politischen Errungenschaften der Vereinten Nationen sind sicherlich begrenzt, wenn man sie an dem misst, was noch zu tun bleibt;

wenn man die Fortschritte des Völkerrechts und der Organisationen, die den Vereinten Nationen vorausgegangen sind, betrachtet, gewinnen ihre Beiträge jedoch stark an Bedeutung. Ob das Völkerrecht und die internationalen Organisationen heute einen wirklich bedeutenden Beitrag zur Lösung der Probleme leisten können, denen sich die Menschheit gegenübergestellt sieht, bleibt die für die Zukunft der internationalen Gemeinschaft entscheidende Frage, und sie sollte das Grundthema sein, das das Studium des Völkerrechts belebt und durchdringt.

Lit. zu III.: *W. Grewe,* Epochen der Völkerrechtsgeschichte, 1984; *W. Preiser* u.a., History of the Law of Nations, EPIL, Bd. II, 1995, S. 716 ff.; zu I. bis III.: *P. Malanczuk,* Akehurst's Modern Introduction to International Law, 7. Aufl. 1997, S. 1–34.

IV. Völkerrecht als Weltverfassungsrecht

Die *Charta der Vereinten Nationen* wird zunehmend als *„Verfassung" der Weltgemeinschaft* bezeichnet. Die Organe des interamerikanischen und des europäischen Systems zum Schutz der Menschenrechte gehen davon aus, dass die Konventionen jeweils eine regionale öffentliche Ordnung konstitutieren. Auf ähnlicher Linie liegt es, wenn der Vertrag zur Gründung einer europäischen Union als „Verfassung" der europäischen Staaten bezeichnet wird, oder wenn gesagt wird, das System der EMRK und die Gründungsverträge der Europäischen Gemeinschaften bzw. der Europäischen Union bildeten zusammen eine europäische öffentliche Ordnung. Dies alles zeigt, dass das Konzept übergeordneter Gemeinschaftsinteressen nicht mehr auf die nationalen Rechtsordnungen beschränkt ist, sondern dass es auch auf internationaler Ebene *übergeordnete öffentliche Interessen* gibt. 33

Die Völkerrechtsordnung befindet sich insgesamt in einem *Prozess der Konstitutionalisierung*, vor allem – aber keinesfalls ausschließlich – in Europa. Kennzeichnend hierfür ist, dass die Staaten nicht nur synallagmatische Verträge nach Art des innerstaatlichen Privatrechts abschließen, sondern sich zunehmend *multilateralen Vertragssystemen* einordnen, die dem Gesamtinteresse der Staatengemeinschaft dienen. Eine derartige Entwicklung ist insbes. auf den Gebieten der Menschenrechte und des Umweltschutzes festzustel- 34 len. Kennzeichnend für das neue Völkerrecht sind die eng zusammenhängenden Konzepte des internationalen Verbrechens, der erga omnes Verpflichtungen und des ius cogens.

35 Hinzu kommen zunehmend *anerkannte staatliche Schutzpflichten* sowie die in manchen Bereichen anerkannte *Drittwirkung von Grund- und Menschenrechten* als Elemente einer objektiven Ordnung. Auf diese Weise entwickelt sich ein internationales öffentliches Recht, auf dessen Grundlage ein internationaler *„ordre public"* hergeleitet werden kann.

Lit. zu IV.: *J. Delbrück* (Hrsg.), New Trends in International Lawmaking – International „Legislation" in the Public Interest, Proceedings of an International Symposium of the Walther-Schücking-Institute of International Law, March 6 to 8, 1996 (1997); *J. Kokott,* Grund- und Menschenrechte als Inhalt eines internationalen ordre public, Berichte der Deutschen Gesellschaft für Völkerrecht, Bd. 38, 1998, S. 71–114; dies., Naturrecht und Positivismus im Völkerrecht, sind wir auf dem Wege zu einer Weltverfassung?, in: C. Meier-Schatz/ R. Schweizer (Hrsg.), Recht und Internationalisierung, Fg. zum Juristentag 2000 in St. Gallen, S. 3.

3. Kapitel

Staaten

I. Definition

Ein *Staat* im Sinne des Völkerrechts besteht, wenn sich ein auf einem bestimmten Gebiet sesshaftes Volk unter einer selbst gesetzten, von keinem anderen Staat abgeleiteten, effektiv wirksamen und dauerhaften Ordnung organisiert hat und diese gewährleistet, dass der Wille und die Fähigkeit vorhanden ist, das Völkerrecht zu beachten. Anknüpfend an die *klassische Drei-Elemente-Lehre* (*Georg Jellinek*, Die Lehre von den Staatenverbindungen, 1882) lässt sich auch sagen, dass der Staat aus Staatsgebiet, Staatsvolk und (souveräner) Staatsgewalt besteht. **36**

Das *Staatsvolk* ist das wichtigste Element des Staatsbegriffs. Es besteht aus einer Anzahl sesshafter Menschen, wobei eine ethnische Verbindung nicht erforderlich ist. Das Staatsvolk im Sinne des Völkerrechts setzt sich allerdings nur aus den eigenen Staatsangehörigen zusammen. Dabei sind die Staaten weitestgehend frei zu bestimmen, wer zu ihren Staatsangehörigen zählt. Voraussetzung ist aber ein irgendwie gearteter Anknüpfungspunkt für die Inanspruchnahme als Staatsangehöriger wie zum Beispiel Wohnsitz, Familienbande oder Abstammung. Das Bestehen mehrfacher Staatsangehörigkeit (Überschneidung von ius sanguinis und ius soli, Einbürgerung) oder Staatenlosigkeit wird vom Völkerrecht hingenommen, doch bestehen Verträge, die solche Zustände zu vermeiden suchen. **37**

Das *Staatsgebiet* ist deshalb als Staatsmerkmal von hoher Bedeutung, weil die territoriale Hoheit des Staates seinen Herrschaftsbereich gegenüber anderen Staaten abgrenzt. Hoheitsakte auf fremdem Staatsgebiet (jurisdiction to enforce) sind grundsätzlich rechtswidrig; die Befugnis, Sachverhalte außerhalb der eigenen Gebietshoheit auch nur zu regeln (jurisdiction to prescribe) setzt eine sinnvolle Anknüpfung (genuine link) voraus. Das Staatsgebiet wird definiert durch Landes-, (bei Küstenstaaten) See- und durch Luftgrenzen. Insbesondere das Recht des Staates, den über seinem Territori- **38** um befindlichen Luft- und Weltraum zu beherrschen, mithin die Frage der Luftgrenzen, ist noch weitgehend ungeklärt.

39 Das Erfordernis der *Staatsgewalt* impliziert, dass ein Staat im Völkerrecht nur dann vorhanden ist, wenn die Bevölkerung des betreffenden Gebietes durch eine gemeinsame Rechtsordnung verbunden ist. Deren Effektivität bewirkt die Stabilität der Staatsgewalt. Wie diese im einzelnen ausgestaltet ist, ist für den völkerrechtlichen Staatsbegriff grundsätzlich gleichgültig. Die Frage nach der Legitimität der Regierungsform ist zwar für das Bestehen eines Staates weitgehend irrelevant, jedoch scheint das moderne Völkerrecht grundsätzlich eine demokratische Staatsform zu gebieten. In Bürgerkriegen oder wenn bei Revolutionen konkurrierende Prätendenten um die Staatsgewalt kämpfen, deren fortbestehende Effektivität also zweifelhaft ist, können Legitimitätsgesichtspunkte sogar hinsichtlich der Frage, ob denn ein Staat besteht, eine Rolle spielen.

40 So ist nach heute herrschender Auffassung die Anerkennung durch andere Staaten zwar keine Voraussetzung für die Existenz eines Staates (*deklaratorische Theorie* im Gegensatz zur früherer vertretenen konstitutiven Theorie). In Übergangssituationen kann aber die auf Legitimitätserwägungen gestützte „vorzeitige" Anerkennung das Entstehen eines neuen Staates unterstützen. Sie kann aber auch rechtswidrig sein, wenn sie zu früh erfolgt.

41 *Souveränität der Staatsgewalt* bedeutet die Fähigkeit, eine Ordnung auf dem Staatsgebiet zu organisieren (Verfassungsautonomie oder innere Souveränität) und nach außen selbständig, von anderen Staaten rechtlich unabhängig und nach Maßgabe des Völkerrechts zu handeln (äußere Souveränität). Die Souveränität der Staaten wird heute durch die Entwicklung des Völkerrechts zu einem „Weltverfassungsrecht" überlagert.

II. Entstehung, Untergang

42 Während Staaten früher auf unbesiedeltem Gebiet gegründet wurden, entstehen sie heute durch *Veränderungen des bisherigen Staatengefüges*. Entstehung und Untergang von Staaten werden an *strenge Voraussetzungen* geknüpft, um eine höchstmögliche Stabilität auf der völkerrechtlichen Ebene zu erreichen. Die Auflösung des sog. Ostblocks bietet reichlich Anschauungsmaterial für die Entstehung und den Untergang von Staaten.

Die baltischen Staaten sind ein *Beispiel* für wiederhergestellte Staaten. Sie waren der ehemaligen Sowjetunion gewaltsam durch Annexion einverleibt worden, erlangten aber nach einigen Jahren wieder ihre Unabhängigkeit und Souveränität. Manche Völkerrechtler mögen den Fall der baltischen Staaten auch als Sezession werten. Bei einer Sezession entsteht ein neuer Staat, wobei der Vorgängerstaat auf einem verkleinerten Gebiet fortbesteht. Eine Dismembration liegt hingegen vor, wenn ein Staat in zwei oder mehrere Nachfolgestaaten zerfällt und der Vorgängerstaat vollständig untergeht. Dies trifft beispielsweise auf die Selbstauflösung der CSFR sowie auf den Zerfall der Sowjetunion (nach vorherigem Wiederaufleben oder Sezession der baltischen Staaten) und der früheren Bundesrepublik Jugoslawiens zu, wobei letzteres nicht unstrittig ist. Zu Staatsentstehung und Staatenuntergang im Wege der Fusion schließlich kommt es, wenn sich wie im Fall des Yemen 1990 zwei oder mehrere bisher unabhängige Staaten zu einem neuen Bundes- oder Einheitsstaat zusammenschließen. Die ehemalige Deutsche Demokratische Republik schließlich ist durch Beitritt zur Bundesrepublik untergegangen. **43**

III. Staatensukzession

Die *Staatennachfolge* befasst sich mit den rechtlichen Folgen der soeben angesprochenen Änderungen der Territorialhoheit. Zu unterscheiden sind die Staatennachfolge in Verträge, in völkerrechtliche Ansprüche, in öffentliches und privates Eigentum sowie in die Staatsangehörigkeit. Hinsichtlich der Staatennachfolge in Verträge (vgl. *A. Zimmermann,* Staatennachfolge in völkerrechtliche Verträge, 2000) gilt, dass sie für *radizierte*, das heißt an das Territorium gebundene *Verträge* immer stattfindet. Dies kann auch für Menschenrechtsverträge als „an die Bevölkerung gebundene Verträge" angenommen werden. Außerdem gilt das Prinzip der beweglichen Vertragsgrenzen. Das bedeutet, dass ein Territorium verlierender Staat seine Rechte und Pflichten unter dem Vertrag verliert, soweit sie sich auf das verlorene Gebiet beziehen. Die Staatennachfolge erstreckt sich nicht auf völkerrechtliche deliktische Ansprüche, da **44** diese als „höchstpersönlich“ angesehen werden. Die Staatennachfolge in *öffentliches Eigentum* hängt grundsätzlich davon ab, ob das in Frage stehende Eigentum auf dem Gebiet des Nachfolgestaates belegen ist. *Privates Eigentum* erlischt beim Wechsel der Territorialhoheit nicht; der Nachfolgestaat kann jedoch enteignen. Hat der private Eigentümer die Staatsangehörigkeit des Nachfolgestaates, ist dieser bei Enteignungen freier, als wenn es sich um einen Angehörigen des Vorgängerstaates oder eines Drittstaates handelt. Ob der Wechsel der Gebietshoheit einen automatischen Wechsel der *Staatsangehörigkeit* der dort ansässigen Menschen zur Folge hat, kann bezweifelt werden. Eine solche Regel verhindert zumindest den unerwünschten Eintritt von Staatenlosigkeit. Insgesamt ist in dem durch eine unübersichtliche Staatenpraxis gekennzeichneten Recht der Staatennachfolge noch vieles ungeklärt.

Lit. zu Kap. 3.: *K. Doehring,* State, EPIL, Bd. IV, 2000, S. 600–605; U. *Fastenrath/T. Schweisfurth/C. T. Ebenroth,* Das Recht der Staatensukzession, Berichte der Deutschen Gesellschaft für Völkerrecht, Bd. 35, 1996; *K. Hailbronner,* Der Staat und der Einzelne als Völkerrechtssubjekte, in: W. Graf Vitzthum (Hrsg.), Völkerrecht, 2. Aufl., 2001, S. 161 (191–229); *P. Malanczuk,* Akehurst's Modern Introduction to International Law, 7. Aufl. 1997, S. 75–90 und 161–172.

4. Kapitel

Die Quellen des Völkerrechts

I. Einführung

Die *formalen Quellen des innerstaatlichen Rechts* sind die *Verfassung*, die *Akte des Gesetzgebers* und, wo die Doktrin des bindenden Präjudizes (*stare decisis*) gilt, die *Entscheidungen der Gerichte* (*Fallrecht*). So würde ein amerikanischer Jurist, wenn er gefragt würde, woher er wisse, ob eine Regel bindendes Recht ist, auf eine dieser Quellen verweisen, und ganz ebenso ein deutscher Jurist, der auch die Entscheidungen des Verfassungsgerichts als bindend zu beachten hätte. Eine andere Art, die Rechtsquellen zu betrachten, ist es, danach zu fragen, wie das Recht entsteht. Die Antwort auf der innerstaatlichen Ebene besteht darin, auf das Verfahren des Verfassungsgebers, des Gesetzgebers oder der Gerichte zu verweisen. **45**

Auf der internationalen Ebene ist die gleiche Frage komplizierter. Hier gibt es keine Institution, die mit einem nationalen Gesetzgeber vergleichbar ist, die also die Macht hätte, allgemeine und verbindliche Gesetze zu verkünden. Die *Völkerrechtsgemeinschaft* hat *keine Verfassung* im formellen Sinne, die als fundamentale und originäre Rechtsquelle betrachtet werden könnte. Auch sind Entscheidungen des Internationalen Gerichtshofs nur für die am Verfahren beteiligten Parteien rechtsverbindlich, und sie sind keine Präjudizien im formalen Sinne, da zum einen das Statut des Internationalen Gerichtshofs eine solche Wirkung ausdrücklich ausschließt (Art. 59) und zum anderen auch das allgemeine Völkerrecht das Prinzip der stare decisis nicht gebietet. Das gilt ungeachtet der Tatsache, dass solche Entscheidungen besondere Beachtung finden. **46**

Wie stellt man nun fest, ob das Völkerrecht eine bestimmte Regel enthält? Diese Frage kann nur beantwortet werden, indem man untersucht, was die Quellen des Völkerrechts sind und die Art und Weise analysiert, wie auf internationaler Ebene verbindliche Rechtsregeln erzeugt werden. Im folgenden geht es also um die Methode des Nachweises vom Bestehen oder Nichtbestehen einer Völkerrechtsregel. **47**

II. Primäre Quellen

1. Art. 38 Abs. 1 des Statuts des Internationalen Gerichtshofes

Diese Vorschrift wird im Allgemeinen als die *maßgebliche Aufzählung der Völkerrechtsquellen* betrachtet. Sie lautet:

„Der Gerichtshof, dessen Aufgabe es ist, die ihm unterbreiteten Streitigkeiten nach dem Völkerrecht zu entscheiden, wendet an

- *internationale Übereinkünfte* allgemeiner oder besonderer Natur, in denen von den streitenden Staaten ausdrücklich anerkannte Regeln festgelegt sind;
- das *internationale Gewohnheitsrecht* als Ausdruck einer allgemeinen, als Recht anerkannten Übung;
- die von den Kulturvölkern *anerkannten allgemeinen Rechtsgrundsätze*;
- vorbehaltlich des Art. 59 *richterliche Entscheidungen* und die *Lehrmeinung der fähigsten Völkerrechtler* der verschiedenen Nationen als Hilfsmittel zur Feststellung von Rechtsnormen."

2. Die Bedeutung des Art. 38 IGH-Statut

49 Art. 38 wurde in das Statut des IGH aufgenommen, um diejenigen Rechtsregeln zu beschreiben, die der Gerichtshof anwenden soll, wobei gleichzeitig auf die Art ihrer Entstehung hingewiesen ist. Er besagt, dass das Völkerrecht aus internationalen Übereinkünften (Verträgen), internationalem Gewohnheitsrecht und allgemeinen Rechtsgrundsätzen besteht, bzw. auf ihnen beruht. Fraglich ist, ob diese Aufzählung abschließend ist. Das hieße, dass eine angeblich bestehende Regel nicht als Völkerrecht betrachtet werden könnte, wenn sie sich nicht aus einer dieser drei Quellen herleiten ließe. Dieser Auffassung folgt ein Teil der Völkerrechtslehre. Aber es wird auch der Standpunkt vertreten, dass diese Aufzählung für das heutige Völkerrecht nicht mehr ausreiche, wobei insbes. auf einseitige Akte als Völkerrechtsquelle verwiesen wird (ALI, Restatement, § 102; *W. Graf Vitzthum,* Begriff, Geschichte und Quellen des Völkerrechts, in: ders. (Hrsg.), Völkerrecht, 2. Aufl., 2001, S. 1–85).

50 Richterliche Entscheidungen und die Lehrmeinung der Völkerrechtswissenschaft sind keine Rechtsquellen im oben dargelegten Sinne; sie sind Hilfsmittel zur Feststellung des Rechts. Man zieht diese Autoritäten als Nachweis dafür heran, dass von einer bestimmten behaupteten Norm angenommen werden kann, sie sei als Völkerrechtsregel anerkannt *(A. Verdross/B. Simma,* Universelles Völkerrecht, 3. Auflage 1984, §§ 617–624).

Art. 38 Abs. 1 schweigt zu der *Frage, ob* die drei Quellen in einer ihrer Aufzählung entsprechenden *hierarchischen Ordnung* stehen, d.h. ob Verträge Vorrang vor Gewohnheitsrecht haben und Gewohnheitsrechtssätze vor allgemein anerkannten Rechtsgrundsätzen. Obgleich insoweit Meinungsverschiedenheiten bestehen, würde man in der Praxis doch annehmen, dass ein internationales Gericht, das mit einer Streitigkeit zwischen zwei Staaten befasst ist, einer besonderen, für die Parteien verbindlichen Vertragsbestimmung Vorrang gegenüber einer abweichenden Regel des Völkergewohnheitsrechts einräumen würde, vorausgesetzt, dass die letztere nicht den Rang einer zwingenden Völkerrechtsregel hat *(ius cogens)*, die von einem Vertrag nicht verdrängt werden kann (Art. 53 WVK). Aus dem gleichen Grunde würde man einer Regel des Völkergewohnheitsrechts Priorität vor einem allgemein anerkannten Rechtsgrundsatz einräumen, es sei denn, der allgemeine Rechtsgrundsatz habe wegen seiner fundamentalen Bedeutung wiederum den Rang zwingenden Rechts. Es gibt also eine entfernte Parallele zwischen dem Verhältnis der Geltungskraft von Gesetzgebung, Gewohnheitsrecht bzw. common law und Rechtsgrundsätzen im innerstaatlichen Recht auf der einen Seite und dem Verhältnis von Verträgen, Gewohnheitsrecht und allgemein anerkannten Rechtsgrundsätzen im Völkerrecht auf der anderen Seite. Jedoch ist festzuhalten, dass dem Vertragsrecht nicht als solchem Vorrang vor dem Völkergewohnheitsrecht zukommt. Vorrang gebührt dem Vertragsrecht nur regelmäßig auf Grund seiner Spezialität nach der Regel lex specialis derogat legi generali. Da Vertragsrecht und Völkergewohnheitsrecht als Rechtsquellen aber grundsätzlich gleichrangig sind, ist nicht ausgeschlossen, dass im Einzelfall eine völkergewohnheitsrechtliche Regel eine vertragliche Regelung nach dem Grundsatz lex posterior derogat legi priori derogiert. Lediglich die allgemeinen Rechtsgrundsätze gelten auf Grund ihrer Funktion als Lückenfüller immer nur subsidiär (*P. Malanczuk,* Akehurst's Modern Introduction to International Law, 7. Auflage 1997, S. 57–60). **51**

3. Völkergewohnheitsrecht

52 Gem. Art. 38 Abs. 1b IGH-Statut ist „eine allgemein als Recht anerkannte *Übung*" internationales Gewohnheitsrecht. Eine ausführlichere Definition ist in § 102 des Restatement des ALI zu finden: „Das Völkergewohnheitsrecht beruht auf einer allgemeinen und beständigen Übung der Staaten, der diese aus der Überzeugung einer rechtlichen Verpflichtung nachkommen". Folglich muss eine Regel oder ein Prinzip, das sich in der Übung oder in dem Verhalten der Staaten widerspiegelt, von ihnen ausdrücklich oder stillschweigend als auf der internationalen Ebene *rechtsverbindlich anerkannt* werden, um als Völkerrechtssatz Geltung beanspruchen zu können.

53 Völkergewohnheitsrecht *entsteht aus der Staatenpraxis*. Sie ist das offizielle staatliche Verhalten, das sich auf vielfältige Weise ausdrückt, z.B. durch Erklärungen von Staatenvertretern auf internationalen Konferenzen und anlässlich diplomatischer Auseinandersetzungen, durch formelle Anweisungen an Diplomaten, nationale Gerichtsentscheidungen, Maßnahmen des nationalen Gesetzgebers oder durch andere von den Staaten im Hinblick auf die Behandlung von Angelegenheiten mit internationalem Bezug vorgenommene Akte. Ein Unterlassen kann ebenfalls als Ausdruck der Staatenpraxis gewertet werden, und auch vielfältige Vertragspraxis kann zur Entstehung von Gewohnheitsrecht beitragen.

54 Eine Übung wird nicht schon deshalb zu einer Regel des Völkergewohnheitsrechts, weil ihr in weitem Ausmaß Folge geleistet wird. Sie muss außerdem von den Staaten für *rechtlich geboten* gehalten werden *(opinio iuris sive necessitatis)*. Diese Voraussetzung ist nicht erfüllt, wenn die Übung nur aus Höflichkeit befolgt wird oder wenn die Staaten meinen, dass es ihnen rechtlich freistehe, auch jederzeit wieder davon abzuweichen.

55 Auch wenn man daraus, dass eine Regel allgemein und beständig über einen langen Zeitraum befolgt wurde, auf die Erfüllung des opinio iuris-Erfordernisses schließen kann, ist es doch schwierig zu entscheiden, wieviele und welche Staaten sich dafür an der Praxis beteiligen müssen. Zwar braucht die Praxis nicht universell zu sein, jedoch muss sie im Allgemeinen von den wichtigsten Staaten und von direkt betroffenen und daher besonders interessierten Staaten *anerkannt* sein. Sie sollte auch nicht von einer *bedeutenden Anzahl von Staaten* beständig abgelehnt werden. Darüber hinaus aber ist es schwierig, Genaueres zu sagen. Dennoch gibt es sehr viele Regeln, deren Rechtsqualität als Gewohnheitsrecht nicht bestritten wird. Nachweisprobleme ergeben sich in erster Linie in Rechtsgebieten, die von ideologischen Streitigkeiten oder vom technologischen Fortschritt betroffen sind.

Da das Völkerrecht wesentlich auf *Konsens* beruht und da eine **56**
Praxis nicht universell anerkannt sein muss, um zu einer Regel des Völkergewohnheitsrechts zu werden, folgt daraus, dass ein Staat, der sich beständig gegen eine Praxis wehrte, durch sie nicht gebunden wird. Obwohl das nicht häufig vorkommt, können Staaten sich so vom Völkergewohnheitsrecht während seines Entstehungsprozesses ausschließen (siehe Fischerei-Fall, Großbritannien gegen Norwegen, ICJ Rep. 1951, S. 116). Wenn eine Praxis aber *einmal Rechtsqualität* erlangt hat, ist sie *für alle Staaten bindend*, die ihr *nicht widersprochen* haben, und auch der Widerspruch einzelner Staaten kann dann unwirksam sein oder werden, wenn die Rechtsregel von fundamentaler Bedeutung für die Staatengemeinschaft ist und ihren überragenden Interessen entspricht. Es bestehen auch Meinungsverschiedenheiten darüber, ob *Staaten, die gerade erst die Unabhängigkeit erlangt haben*, durch alle Regeln des Völkerrechts gebunden sind, die zu dem Zeitpunkt in Kraft waren, zu dem sie Völkerrechtssubjekte wurden. Diese Frage ist zu bejahen. Ein neu entstandenes Rechtssubjekt findet eine geltende Rechtsordnung vor, in die es sich einzufügen hat. Völkergewohnheitsrecht kann sich *auch beschränkt auf eine Region* bilden, wie es z.B. für gewisse Regeln des Asylrechts im lateinamerikanischen Raum oder für bestimmte Menschenrechtsstandards in Westeuropa behauptet wird. Schließlich ist noch darauf hinzuweisen, dass in neuerer Zeit auch die Auffassung vertreten wird, Völkergewohnheitsrecht könne sich spontan und also ohne längere Übung bilden.

Lit. zu II. 2. bis II. 3.: ALI, Restatement, § 102; *K. Doehring,* Völkerrecht, 1999, Rdn. 270–326; *A. Roberts,* Traditional and Modern Approaches to Customary International Law: A Reconciliation, AJIL, Bd. 95, 2001, 757; *A. Verdross/B. Simma*, Universelles Völkerrecht, 3. Aufl. 1984, §§ 549 ff.

4. Internationales Vertragsrecht

57 Im Rahmen seiner Aufzählung der Quellen des Völkerrechts nennt Art. 38 Abs. 1a IGH-Statut „internationale Übereinkünfte allgemeiner oder besonderer Natur, in denen von den streitenden Staaten ausdrücklich anerkannte Regeln festgelegt sind". Hiermit wird sowohl auf *bilaterale* als auch auf *multilaterale internationale Vereinbarungen* Bezug genommen (zum Vertragsrecht im einzelnen siehe unten Kap. 8). Obwohl ein bilateraler Vertrag zwischen zwei Staaten für diese eine Rechtsquelle sein würde, wenn in einem Streit über eine in diesem Vertrag geregelte Frage zwischen ihnen zu entscheiden sein würde, ist er keine Rechtsquelle für die gesamte Völkerrechtsgemeinschaft. Regelmäßig gilt das gleiche bei einem mehrseitigen Vertrag bezüglich seiner Partner.

58 Einige Verträge können jedoch auch Grundlage oder Quelle des allgemeinen Völkerrechts sein. So wird angenommen, dass internationale Vereinbarungen allgemeines Völkerrecht erzeugen, wenn sie anderen Staaten *zum Beitritt allgemein offen stehen* und ein solcher *tatsächlich* in großem Ausmaß *stattfindet* (ALI, Restatement, § 102 (3)). Solche Verträge erfüllen dann eine Funktion, die derjenigen des Gesetzgebers auf innerstaatlicher Ebene vergleichbar ist. Diese Art der internationalen Rechtserzeugung ist in den letzten Jahren drastisch angestiegen, zum Teil, weil Völkergewohnheitsrecht sich regelmäßig zu langsam entwickelt um den heutigen Bedürfnissen der Völkerrechtsgemeinschaft nach neuem und veränderten Umständen genügendem Recht zu entsprechen. Formal binden diese legislativen oder rechtsetzenden völkerrechtlichen Verträge *(law-making treaties)* auch nur die Vertragsparteien. Aber in dem Maße, in dem eine sehr große Zahl von Staaten ihnen tatsächlich beitritt oder ihre Bestimmungen als Recht anerkennt, selbst ohne Vertragsparteien zu werden, können sie als *selbständige und allgemeine Völkerrechtsquelle* betrachtet werden. Beispiele für solche Verträge sind die Genozid-Konvention (U.N.T.S., Bd. 78, S. 277), das Wiener Übereinkommen über das Recht der Verträge (UN Doc. A/CONF. 39/27), die Wiener Diplomatenrechtskonvention (U.N.T.S., Bd. 500, S. 95) und auch verschiedene Vorschriften der Charta der Vereinten Nationen. Es ist nicht immer einfach, diese rechtsetzenden Verträge von *Übereinkommen* abzugrenzen, die schon deswegen allgemein gelten, weil sie zuvor bestehendes Völkergewohnheitsrecht nur feststellen. Die letzteren Verträge sind lediglich Nachweis dafür, was die Staaten bereits für Völkergewohnheitsrecht halten. Je weniger Staaten den Vertrag ratifizieren oder die Regelung akzeptieren, um so weniger rechtliche Bedeutung kommt ihm zu. Auf der anderen Seite verliert die Frage, ob ein Vertrag nur deklaratorisch Völkergewohnheitsrecht feststellt an Gewicht, wenn ihm sehr viele Staaten beitreten oder ihn auf andere Weise als rechtlich maßgebend akzeptieren. Zu einem gewissen Zeitpunkt und bei genügender Beteiligung werden solche rechtsetzenden Vereinbarungen als unabhängige Quelle des allgemeinen Völkerrechts angesehen. Das Wiener Übereinkommen über das Recht der Verträge scheint diesen rechtserzeugenden Prozess durchlaufen zu haben. Man spricht in diesem Zusammenhang von *Kodifikation des Völkerrechts*; sie wird weitgehend von der *International Law Commission (ILC)*, einer Kommission der Vereinten Nationen, vorbereitet.

Lit. zu II. 3. bis II. 4.: siehe Kap. 8; dazu *H. Ballreich,* Treaties, Effect on Third States, EPIL, Bd. IV, 2000, S. 945–949; *P. Malanczuk,* Akehurst's Modern Introduction to International Law, 7. Aufl. 1997, S. 35–48; *L. Wildhaber,* Treaties, Multilateral, EPIL, Bd. IV, 2000, S. 949–953.

5. Allgemeine Rechtsgrundsätze

Als dritte der in Art. 38 Abs. 1c) aufgezählten Völkerrechtsquellen **59**
sind die „von den Kulturvölkern *anerkannten allgemeinen Rechtsgrundsätze*" genannt. Man meint damit vor allem Rechtsgrundsätze, die in den großen Rechtssystemen der Welt und also in den innerstaatlichen Rechtsordnungen entwickelt oder anerkannt wurden und ihnen im wesentlichen gemeinsam sind. Sie spielten bei der Entwicklung des Völkerrechts eine wichtige Rolle, denn die aus ihnen abgeleiteten Regeln waren oft die einzigen Normen, die den Staaten zur Verfügung standen und von ihnen für die Ordnung auch ihrer internationalen Beziehungen anerkannt wurden. Sie wurden als Rechtsquelle auf Grund der Annahme anerkannt, dass auf den Rechtsgebieten, auf denen Staaten universell ähnliche Grundsätze in ihrem innerstaatlichen Recht anwenden, von ihrer *Zustimmung*, auch auf internationaler Ebene durch die gleichen Grundsätze gebunden zu sein, ausgegangen werden könne. Die Rechtsregeln etwa über die Verantwortlichkeit der Staaten für Fremden zugefügtes Un-

recht beruhten längere Zeit fast ausschließlich auf dieser Quelle. Solche Grundsätze können sich auf allen Rechtsgebieten bilden, z.B. im Zivilrecht, im Strafrecht, im Verwaltungsrecht, im Verfahrensrecht oder auch im Verfassungsrecht bezüglich von Grundrechten, die so später jedenfalls zum Teil zu allgemeinen Menschenrechten wurden. Allerdings wurden nicht alle allgemeinen Rechtsgrundsätze aus den innerstaatlichen Rechtsordnungen in die Völkerrechtsordnung transferiert. Manche beruhen auf naturrechtlichen Vorstellungen (wie z.B. das Prinzip von Treu und Glauben), andere entsprechen der *juristischen Logik* (wie die Regeln *lex specialis derogat legi generali* und *lex posterior derogat legi priori*), wieder andere schließlich hängen mit der *Eigenart der Völkerrechtsordnung* zusammen (wie der Grundsatz der souveränen Gleichheit der Staaten).

60 Das moderne Völkerrecht greift allerdings immer weniger auf die allgemeinen Rechtsgrundsätze als Rechtsquelle zurück. Das kommt zum Teil daher, dass viele der Normen, die ursprünglich aus allgemeinen Grundsätzen hergeleitet wurden, im Laufe der Zeit Völkergewohnheitsrecht wurden, weil sie dann im Verhältnis zwischen den Staaten permanent praktiziert wurden. Auch das Verfahren der Rechtserzeugung durch sog. *legislative Verträge* hat das *Bedürfnis nach Anwendung allgemeiner Rechtsgrundsätze* zur Schließung wesentlicher Lücken im internationalen Rechtssystem *vermindert.* Die allgemeinen Rechtsgrundsätze sind also regelmässig *subsidiäre Völkerrechtsquellen.* Das schließt aber nicht aus, dass sie zur Vertragsauslegung verwendet und dadurch entscheidende Bedeutung erlangen können, oder dass ihr fundamentaler Charakter im Einzelfall sich auch gegen speziellere Normen durchsetzt.

61 Allgemeine Prinzipien werden *insbes.* dazu benutzt, *Lücken zu füllen*, wenn die anzuwendenden Rechtsregeln unvollständig erscheinen, so etwa bei Verfahrensfragen oder Problemen der internationalen Rechtspflege. Ein internationales Gericht könnte z.B. auf allgemeine Grundsätze zurückgreifen und feststellen, dass die Lehre von der Rechtskraft von Entscheidungen auch Teil des Völkerrechts ist, oder dass internationale Richter sich so zu verhalten haben, dass ihre Unparteilichkeit oder ihre Unabhängigkeit nicht in Frage gestellt wird.

Lit. zu II. 5.: ALI, Restatement, § 102, Comment 1; *H. Mosler,* General Principles of Law, EPIL II, 1995, S. 511–526; *P. Malanczuk,* Akehurst's Modern Introduction to International Law, 7. Aufl. 1997, S. 48–50.

6. Zum Charakter des modernen Völkerrechts

Die vorangegangenen Darlegungen indizieren, dass das heutige Völkerrecht im wesentlichen aus *Verträgen* und *Völkergewohnheitsrecht* besteht. Allgemeine Grundsätze als Rechtsquelle verlieren immer mehr an Bedeutung, weil Kodifikationen sie in Vertragsrecht oder die Staatenpraxis sie in Gewohnheitsrecht verwandeln. Die Tatsache, dass legislative Verträge nun eine bedeutende Rolle beim Prozess der Rechtserzeugung spielen, beginnt das Völkerrecht in ein dynamischeres Rechtssystem umzuwandeln, in eine stärker geschlossene Rechtsordnung, die einem innerstaatlichen Rechtssystem ähnlicher geworden ist und öffentlich-rechtliche Elemente umfasst. Die Entwicklung von Völkergewohnheitsrecht ist insgesamt beschwerlicher und folglich dem schnellen Rhythmus des modernen Lebens weniger angemessen. Daher gewinnt auch insoweit die Kodifikation an Bedeutung. **62**

III. Sekundäre Rechtsquellen

1. Nachweis des Bestehens von Völkerrechtsregeln

Art. 38 Abs. 1d nennt „richterliche Entscheidungen" und die „Lehrmeinung der fähigsten Völkerrechtler der verschiedenen Nationen als Hilfsmittel zur Feststellung von Rechtsnormen". Diese Bestimmung wird gewöhnlich dahin verstanden, dass das Bestehen einer Völkerrechtsregel durch Bezugnahme auf die oben genannten „Hilfsmittel" nachgewiesen werden kann. Sie werden dann als maßgeblicher Nachweis dafür zitiert, dass ein bestimmter Satz internationales Recht ist oder nicht. **63**

Obwohl der Lehrmeinung der Völkerrechtswissenschaftler und richterlichen Entscheidungen in Art. 38 anscheinend gleiches Gewicht beigemessen wird, verhält es sich in der Praxis doch anders. *Entscheidungen des Internationalen Gerichtshofs* kommt auf internationaler Ebene bei weitem die größte Autorität zu. Wenn der Internationale Gerichtshof beispielsweise zu dem Schluss kommt, **64** dass eine bestimmte Regel zu Völkergewohnheitsrecht geworden ist, bekundet diese Feststellung, obgleich sie theoretisch keinen bindenden Präzedenzfall darstellt (Art. 59 IGH- Statut), doch für die Praxis das geltende Recht. Es wäre dann außerordentlich schwierig, eine solche Feststellung auf internationaler Ebene zu widerlegen. Auf ähnliche Weise werden Entscheidungen anderer heute bestehender, insbes. ständiger internationaler Gerichte (unten Kap. 7), für in hohem Maße autoritativ gehalten. Allerdings haben nicht alle richterlichen Entscheidungen die gleiche Nachweiswirkung. Sehr viel weniger universelles Gewicht kommt Entscheidungen innerstaatlicher Gerichte zu, die Völkerrecht anwenden, wobei nicht übersehen werden soll, dass sie an der Staatenpraxis entscheidend mitwirken. Welche Bedeutung ihnen zuerkannt wird, hängt von dem Prestige und von der erkennbaren Unparteilichkeit des nationalen Gerichts ab, auch davon, ob den Entscheidungen innerstaatlicher Gerichte widersprochen wird und von dem Forum, vor dem man sich auf die Entscheidung beruft. Eine Entscheidung des Supreme Court der Vereinigten Staaten, die Völkerrecht anwendet oder auslegt, ist dort endgültig und bindend; aber in anderen Staaten würde der Entscheidung aus den Vereinigten Staaten höchstwahrscheinlich weniger Autorität zugemessen werden als einer Entscheidung eines internationalen Schiedsgerichts. Ein amerikanisches Gericht käme wahrscheinlich zu dem gleichen Ergebnis, wenn es zwischen einer Entscheidung eines fremden Obersten Gerichtshofs und derjenigen eines internationalen Gerichts zu wählen hätte.

65 Die Bedeutung der Formulierung *„Lehrmeinung der fähigsten Völkerrechtler"* bedarf der Erläuterung. Der Verweis bezieht sich nicht nur auf einzelne Wissenschaftler, obwohl das wahrscheinlich einmal so gemeint war. Er umfasst heute vielmehr Vereinigungen von Experten wie z.B. die International Law Commission, die von den Vereinten Nationen gegründet wurde, um „die fortschreitende Entwicklung des Völkerrechts sowie seine Kodifizierung zu begünstigen" (Art. 13 Abs. 1a UN-Charta; siehe auch unten Kap. 5, II. 7.). Die International Law Commission besteht aus hervorragenden Völkerrechtsspezialisten aus allen Regionen der Welt. Auf der internationalen Ebene werden ihre Schlussfolgerungen zweifellos als maßgeblicher angesehen als z.B. die Rechtsauffassungen innerstaatlicher Gerichte. Die „Lehrmeinung" angesehener privater wissenschaftlicher Institutionen, deren Mitglieder sich aus Juristen aus allen wesentlichen Rechtssystemen der Welt zusammensetzen, z.B. des Institut de Droit International und der International Law Association, würde stärkere Beachtung als manche richterliche Entscheidung finden. Man muss auch in Rechnung stellen, dass Völkerrechtler, die in Ländern ausgebildet sind, deren Rechtssysteme auf dem römischen Recht beruhen, der Lehre mehr Bedeutung zumessen als common law-Juristen, die wiederum dazu neigen, richterliche Entscheidungen als maßgeblicher zu betrachten. Allerdings würde vor einem amerikanischen Gericht wohl auch dem Restatement of the Foreign Relations Law of the U.S., das vom American Law Institute erarbeitet wurde, größeres Gewicht als Nachweis des Völkerrechts zugestanden als vielerlei ausländischen und internationalen richterlichen Entscheidungen, und von einem deutschen Gericht würden die Beratungsergebnisse der Deutschen Gesellschaft für Völkerrecht beachtet werden.

In den vergangenen Jahrzehnten haben *Resolutionen und ähnliche Akte* internationaler Organisationen eine immer stärker werdende Bedeutung sowohl als Quelle als auch als Nachweis des Völkerrechts erlangt. Einige dieser Resolutionen sind für die Mitgliedstaaten der Organisationen rechtsverbindlich. Das gilt z.B. für einige Resolutionen des Sicherheitsrats der Vereinten Nationen (Art. 25 UN-Charta) oder auch für verschiedene, von der Internationalen Zivilen Luftfahrtorganisation erlassene, quasi-legislative Maßnahmen *(T. Buergenthal,* Law-Making in the International Civil Aviation Organization, 1969, S. 57). Die Bindungswirkung dieser Resolutionen beruht auf Vertragsrecht, und sie sind in dieser Hinsicht Rechtsquellen. **66**

Die große Mehrheit der Resolutionen internationaler Organisationen hat jedoch *formell keinen bindenden Charakter*. Das gilt z.B. für Resolutionen der Generalversammlung der Vereinten Nationen (unten Kap. 5, II. 6.). Einige dieser Resolutionen (Deklarationen, Empfehlungen usw.) können allerdings authentischer Nachweis des Völkerrechts sein. Um zu verstehen, wie Akte internationaler Organisationen diesen Rang erreichen, muss man sich vergegenwärti- **67** gen, dass Völkergewohnheitsrecht sich aus der Praxis der Staaten entwickelt, der auf Grund rechtlicher Überzeugung Bindungswirkung zuerkannt wird. In diesem Zusammenhang ist von erheblicher Bedeutung, wie die Staaten abstimmen und welche Auffassungen sie in internationalen Organisationen äußern. Dabei kommt es darauf an, inwiefern diese Staatenpraxis mit dem gleichzeitigen Verhalten und den Erklärungen der Staaten in anderen Zusammenhängen übereinstimmt. Wenn eine Resolution der Generalversammlung der Vereinten Nationen also z.B. ein bestimmtes Prinzip zur Völkerrechtsregel erklärt, macht diese Erklärung als solche es noch nicht zum Recht, aber sie hat doch gewisse Nachweiswirkung. Wenn die Resolution einstimmig oder von einer überwältigenden Mehrheit, einschließlich der Hauptmächte der Welt, angenommen wird und wenn sie noch dazu in nachfolgenden Resolutionen über einen längeren Zeitraum hinweg wiederholt wird und sich die Staaten in anderen Zusammenhängen auf sie berufen, kann sie durchaus das Stadium erreichen, in dem ihr Charakter als Feststellung des Völkerrechts nicht mehr bestritten wird. Wann dieses Stadium erreicht ist, mag schwer bestimmbar sein, aber dass diese Resolutionen eine *wichtige Rolle im internationalen Rechtserzeugungsprozess* spielen, kann nicht mehr bezweifelt werden (IGH, Gutachten v. 8. 7. 1996, Legality of the Threat or Use of Nuclear Weapons, Ziff. 70). Immer ist natürlich auch zu beachten, dass u.U. die Staaten anders abstimmen würden, wenn sie damit rechnen müssten, dass die Resolution sie binden könnte. So ist bei der entsprechenden Qualifikation immer auch Vorsicht geboten.

68 Natürlich haben nicht sehr viele Maßnahmen internationaler Organisationen diese rechtsbildende Funktion. Die in Frage stehenden Resolutionen oder Deklarationen müssen gewöhnlich einen oder mehrere Grundsätze verkünden und sie entweder als schon bestehendes Völkerrecht bzw. als Regeln bezeichnen, die von den Staaten von Rechts wegen zu beachten sind. Diese Akte könnte man auch als „legislative“ Resolutionen charakterisieren, die nach ihrem Inhalt und Zweck den oben (Kap. 2, II. 4.) erörterten legislativen Verträgen durchaus ähnlich sind. Resolutionen über Menschenrechte, Dekolonisierung, den Weltraum, die Ressourcen der Meere, Umweltfragen, das Gewaltverbot usw. sind bisweilen in diesem Sinne formuliert (siehe z.B. IGH, Urt. v. 27. 6. 1986, Nicaragua v. Vereinigte Staaten, ICJ Rep. 1986, S. 14; Advisory Opinion on Western Sahara, ICJ Rep. 1975, S. 12). Es ist in einigen dieser Bereiche nicht ungewöhnlich, dass ein formeller Vertrag, der der Völkerrechtsgemeinschaft allgemein zum Beitritt offen steht, auf die „legislativen" Deklarationen folgt.

Lit. zu III. 1.: L. *Henkin/R. Pugh/O. Schachter/H. Smit*, International Law, 3. Aufl. 1993, S. 119 ff.; *M. Shaw,* International Law, 4. Aufl., 1997, S. 86–95; *A. Verdross/B. Simma,* Universelles Völkerrecht, 3. Aufl. 1984, §§ 617 ff.

2. Der Prozess der Rechtserzeugung durch die Staatengemeinschaft

Wegen des konsensualen Charakters des Völkergewohnheitsrechts **69**
und des Vertragsvölkerrechts und des Fehlens sowohl einer zentralisierten Legislative als auch einer obligatorischen Gerichtsbarkeit spielen die Staaten eine *duale Rolle* im Prozess der Rechtserzeugung: Sie werden sowohl als Quasi-Gesetzgeber als auch in der Art von Rechtsanwälten oder Interessenvertretern tätig (siehe *M. S. McDougal,* The Hydrogen Bomb Tests and the International Law of Sea, AJIL, Bd. 49, 1955, 356 ff.). Sie sind *Gesetzgeber oder Rechtserzeuger* insofern, als sie Staatenpraxis und die von Staaten geschlossenen Verträge erzeugen. Wenn die Staaten bestimmte Ansprüche auf völkerrechtlicher Ebene in ihrer diplomatischen Korrespondenz, vor internationalen Gerichten, in internationalen Organisationen usw. geltend machen, und wenn sie versuchen, dadurch neue Völkerrechtsregeln zu begründen oder bestehende abzuändern, werden sie *als Anwälte* tätig. Ihre einzelnen Behauptungen dazu, was Recht, insbes. Völkergewohnheitsrecht ist oder sein sollte, ist eine Art der Interessenvertretung; sie wird zur Rechtserzeugung, wenn diese Behauptungen nachhaltig diejenige Unterstützung erlangen, die notwendig ist, ihnen Rechtsqualität zu verleihen.

3. Hilfsmittel und Methoden zum Nachweis von Völkerrechtsregeln

Es ist nicht immer einfach, das Bestehen einer von den Staaten für **70**
rechtsverbindlich gehaltenen Praxis nachzuweisen, insbes., wenn keine einschlägigen und eindeutigen richterlichen Entscheidungen

oder andere verbindliche Erklärungen zur Verfügung stehen. Um die notwendigen Nachweise zusammenzustellen, untersuchen die internationalen Juristen u.a. die zu dem aufzuklärenden Thema erheblichen Regierungserklärungen, nationale Gerichtsentscheidungen, Resolutionen internationaler Organisationen und entsprechende Debatten, Protokolle und Schlussakte diplomatischer Konferenzen. Diese Nachforschung wird häufig durch das Vorhandensein von Kompendien oder Zusammenstellungen über die Völkerrechtspraxis einzelner Nationen erleichtert. Eine Reihe privater Zusammenstellungen von Entscheidungen nationaler Gerichte zu Völkerrechtsfragen stehen ebenfalls zur Verfügung, sowie Sammlungen von Entscheidungen internationaler Schieds- und ständiger Gerichte. In der Bundesrepublik Deutschland veröffentlicht das *Max-Planck-Institut für ausländisches öffentliches Recht und Völkerrecht* eine Sammlung der deutschen und internationalen Rechtsprechung (Fontes Iuris Gentium, seit 1986 fortgeführt als World Court Digest) und jährlich die völkerrechtliche Praxis der Bundesrepublik Deutschland sowie die Deutsche Rechtsprechung in völkerrechtlichen Fragen (Zeitschrift für ausländisches öffentliches Recht und Völkerrecht). *Lehrbücher des Völkerrechts*, die von namhaften Rechtsgelehrten aus verschiedenen Regionen der Welt verfasst wurden, werden ebenfalls von Lehre und Praxis herangezogen. Die Vereinten Nationen und verschiedene regionale Organisationen sowie einzelne Länder veröffentlichen amtliche und nichtamtliche Sammlungen internationaler Verträge, so z.B. die United Nations Treaty Series. Historische Sammlungen, insbes. diplomatische, können auch nützliche Informationen über das Bestehen von Völkergewohnheitsrecht liefern (siehe z.B. U.S. Department of State, U.S. Foreign Relations, mehrbändige Sammlung). Hinzukommen immer bessere Recherche-Möglichkeiten über das Internet (vgl. z.B. MPI virtual institute: http://www.virtual-institute.de und RAVE (Rechtsprechung und Aufsätze zum Völker- und Europarecht): http:/www.jura.uni-duesseldorf.de/rave).

5. Kapitel

Internationale Organisationen

I. Einführung

Die folgende Darstellung soll den Leser in die rechtliche Struktur, die Funktion und Rolle zwischenstaatlicher internationaler Organisationen einführen. Diese Organisationen sind von den nicht-staatlichen Organisationen (Non-Governmental Organizations) zu unterscheiden. Die letztgenannten, die äußerst zahlreich sind, werden zum Teil weltweit tätig und sind zum Teil weltbekannt wie z.B. amnesty international, die International Law Association und das Internationale Komitee vom Roten Kreuz. Diese Organisationen werden nach innerstaatlichem Recht gegründet und unterliegen innerstaatlichem Recht. Obgleich die nicht-staatlichen Organisationen nicht Gegenstand der nachfolgenden Betrachtung sind, muss festgestellt werden, dass viele von ihnen eine wichtige Rolle bei der Förderung und Einhaltung des Völkerrechts spielen; zum Teil wird ihnen sogar Völkerrechtssubjektivität zuerkannt. Auch Art. 71 der Charta der Vereinten Nationen nimmt auf sie Bezug. 71

Internationale Organisationen werden durch einen völkerrechtlichen Vertrag gegründet und unterstehen unmittelbar der Völkerrechtsordnung. Sie haben *internationale Rechtspersönlichkeit*, um die ihnen übertragenen Funktionen auszuüben und sind *insoweit Völkerrechtssubjekte* (Advisory Opinion on Reparation for Injuries Suffered in the Service of the United Nations, ICJ Rep. 1949, S. 3). Das gilt jedenfalls gegenüber den sie anerkennenden Staaten, wobei diese Relativierung nicht die Vereinten Nationen betrifft. Internationale Organisationen müssen einem bestimmten Zweck dienen und über eine institutionelle Struktur verfügen. Regelmäßig haben sie ein ständiges Sekretariat, ein Plenarorgan und eventuell noch ein enger zusammengesetztes Exekutivorgan zuzüglich in neuerer Zeit oft noch ein Streitschlichtungsorgan. Die Mitgliedschaft internationaler Organisationen setzt sich meist im wesentlichen aus Staaten zusammen. Internationale Organisationen können aber auch ausschließlich von anderen Organisationen gegründet werden und ha- 72 ben dann keine Staaten als Mitglieder *(H. Schermers/N. Blokker,* International Institutional Law, 3. Aufl. 1995, § 81). Wesentlich ist nur, dass die *Mitglieder Völkerrechtssubjekte* sind und nicht nur Privatpersonen oder privatrechtliche Vereinigungen nach nationalem Recht. Hierin liegt gerade der Unterschied zwischen sog. Governmental und Non-Governnmental Organizations.

73 Internationale Organisationen haben eine verhältnismäßig junge Geschichte. Die ältesten Organisationen stammen aus der zweiten Hälfte des 19. Jahrhunderts, so die Internationale Telegraphen-Union (1865) und der Weltpostverein (1874). Der Völkerbund, die Internationale Arbeitsorganisation und eine Reihe anderer kleinerer Organisationen wurden nach dem Ersten Weltkrieg gegründet. Die Vereinten Nationen und die meisten der heute bestehenden funktionalen und regionalen Organisationen entstanden nach dem Zweiten Weltkrieg. Die gewaltige Vermehrung der internationalen Organisationen ist das Ergebnis der ständig wachsenden Einsicht der Staaten in die internationalen Dimensionen der politischen, wirtschaftlichen und sozialen Probleme, denen sie sich gegenübersehen, und in die Notwendigkeit der internationalen Kooperation bei ihrer Lösung. Die Funktionen, Befugnisse und die Struktur der heutigen internationalen Organisationen spiegeln die Spannung wider, die zwischen der Realität internationaler Interdependenz und dem Zögern der Staaten besteht, staatliche Macht zugunsten dieser Organisationen aufzugeben oder einzuschränken.

Lit. zu I.: *C. F. Amerasinghe*, Principles of the Institutional Law of International Organizations, 1996; *R. L. Bindschedler,* International Organizations, General Aspects, EPIL II, 1995, S. 1289–1309; *H. F. Köck/P. Fischer,* Das Recht der Internationalen Organisationen, 3. Aufl. 1997; *H. Schermers/N. Blokker,* International Institutional Law, 3. Aufl. 1995; *I. Seidl-Hohenveldern/G. Loibl,* Das Recht der Internationalen Organisationen, einschließlich der Supranationalen Gemeinschaften, 7. Aufl. 2000.

II. Die Vereinten Nationen

1. Die Charta der Vereinten Nationen

74 Die Vereinten Nationen entstanden am 24. Oktober 1945 mit dem Inkrafttreten ihrer Charta, die ein *multilateraler, rechtsetzender Vertrag* und zugleich die *Verfassung der Organisation* ist. Zum Zeitpunkt ihrer Gründung hatten die Vereinten Nationen 51 Mitgliedstaaten. Seitdem hat sich ihre Zahl nahezu vervierfacht, und zu den Vereinten Nationen zählen heute fast alle unabhängigen Staaten der Welt. Nur Taiwan und der Vatikan sind nicht Mitglied der Vereinten Nationen.

2. Wesen und Funktion

Die Vereinten Nationen sind sowohl im Hinblick auf ihre Mitglied- **75**
schaft als auch auf die Ausrichtung der von ihnen zu verfolgenden Ziele eine universelle Organisation. Zu den von der Organisation übernommenen *Aufgaben* gehören

- die Verantwortung für die Erhaltung des Weltfriedens;
- die Entwicklung freundschaftlicher Beziehungen zwischen den Nationen;
- die Herbeiführung einer internationalen Zusammenarbeit, um internationale Probleme wirtschaftlicher, sozialer, kultureller und humanitärer Art zu lösen;
- die Förderung der Menschenrechte und Grundfreiheiten unter Ausschaltung jeglicher Diskriminierung (Art. 1 UN-Charta).

Bei der Erfüllung dieser Aufgaben dürfen die Vereinten Nationen nicht in Angelegenheiten eingreifen, die „ihrem Wesen nach zur inneren Zuständigkeit" eines Staates gehören (Art. 2 Abs. 7 UN-Charta). Sinn und Bedeutung dieses Verbots wurden ausgiebig von Rechtsgelehrten und Diplomaten erörtert. Es hat sich jedoch nicht als schwerwiegendes Hindernis für die Aktivitäten der Vereinten Nationen herausgestellt, obwohl man sich in Debatten im Rahmen der Organe der Vereinten Nationen häufig auf diesen Ausschluss der inneren Angelegenheiten beruft *(F. Ermacora,* in: B. Simma (Hrsg.), The Charter of the United Nations, 2. Aufl. 2002, zu Art. 2 (7)).

3. Völkerrechtlicher Vorrang der Charta

Die Charta der Vereinten Nationen enthält eine *Vorrangklausel*, wo- **76**
nach die in ihr enthaltenen Verpflichtungen Vorrang haben, wenn sie den Verpflichtungen der Mitglieder der Vereinten Nationen aus anderen internationalen Übereinkünften widersprechen sollten

(Art. 103 UN-Charta). Diese Bestimmung verleiht der Charta der Vereinten Nationen einen besonderen Rang, der in etwa mit dem einer nationalen Verfassung im innerstaatlichen Recht vergleichbar ist.

4. Die Organe der Vereinten Nationen

77 Als Hauptorgane der Vereinten Nationen nennt die Charta die Generalversammlung, den Sicherheitsrat, den Wirtschafts- und Sozialrat, den Treuhandrat, den Internationalen Gerichtshof und das Sekretariat. Hinzu kommen zahlreiche Nebenorgane. Die *Generalversammlung* ist das einzige Organ der Vereinten Nationen, in dem alle Mitgliedstaaten das Recht haben, vertreten zu sein und abzustimmen. Die Versammlung hat unbeschränkte Vollmacht in dem Sinne, dass sie „alle Fragen und Angelegenheiten erörtern kann, die in den Rahmen dieser Charta fallen" (Art. 10 UN-Charta). Eine gewisse Einschränkung erfährt diese Allzuständigkeit dadurch, dass die Funktion des Sicherheitsrats beachtet werden muss (Art. 12 UN-Charta). Der *Sicherheitsrat* hat „die Hauptverantwortung für die Wahrung des Weltfriedens und der internationalen Sicherheit" (Art. 24 Abs. 1 UN-Charta). Er besteht aus 15 Mitgliedstaaten, wovon 5 ständige Mitglieder sind (China, Frankreich, die Russische Föderation, Großbritannien und die USA); die übrigen Mitglieder werden jeweils für 2 Jahre nach einer Formel gewählt, die eine angemessene geographische Repräsentation gewährleisten soll.

78 Der *Wirtschafts- und Sozialrat (ECOSOC)* besteht aus 54 Mitgliedstaaten, die von der Generalversammlung für jeweils 3 Jahre gewählt werden. Um seine Aufgaben im wirtschaftlichen, sozialen und humanitären Bereich wahrzunehmen, hat der ECOSOC eine Vielzahl von Nebenorganen mit besonderen Kompetenzen auf diesen Gebieten eingesetzt. Darunter befinden sich regionale Wirtschaftskommissionen und Gremien, einschließlich der Menschenrechtskommission der Vereinten Nationen und der Kommission über die Stellung der Frau. Zu Beginn der Tätigkeit der Vereinten Nationen überwachte der *Treuhandrat* die Verwaltung vieler sog. Hoheitsgebiete ohne Selbstverwaltung. Heute sind diese ehemaligen Hoheitsgebiete unabhängige Staaten und der Treuhandrat ist funktionslos.

Die Charta bestimmt, „das Sekretariat besteht aus einem Generalsekretär und den sonstigen von der Organisation benötigten Bediensteten" (Art. 97 UN-Charta). Der Generalsekretär wird von der Generalversammlung für 5 Jahre auf Empfehlung des Sicherheitsrats gewählt. Er kann nur mit der Zustimmung der 5 ständigen Mitglieder des Sicherheitsrats gewählt werden, da jedes von ihnen von dem Vetorecht Gebrauch machen kann (Art. 27 Abs. 3 UN-Charta). Zusätzlich zu seiner Funktion als Verwaltungschef der Organisation kann der Generalsekretär „die Aufmerksamkeit des Sicherheitsrats auf jede Angelegenheit lenken, die nach seinem Dafürhalten geeignet ist, die Wahrung des Weltfriedens und der internationalen Sicherheit zu gefährden" (Art. 99 UN-Charta). Dieses Initiativrecht ist politisch sehr bedeutsam. **79**

Der *Internationale Gerichtshof* ist das Hauptorgan der Vereinten Nationen für die Rechtspflege (Art. 92 UN-Charta). Seine Funktionen werden unten in Kap. 5 beschrieben. **80**

5. Die Abstimmungsverfahren

Die Abstimmungsverfahren *in der Generalversammlung* weichen von denjenigen im Sicherheitsrat ab. Art. 18 der Charta, der das Verfahren regelt, unterscheidet zwischen „wichtigen Fragen" und „anderen Fragen". Beschlüsse über „wichtige Fragen" bedürfen einer Zweidrittelmehrheit der anwesenden und abstimmenden Mitglieder, während diejenigen über „andere Fragen" nur ein einfaches Mehrheitsvotum erfordern. Die Charta sieht die Möglichkeit der ausdrücklichen Bezeichnung von Fragen als „wichtig" vor, in dem sie die Versammlung ermächtigt, weitere Gruppen von Fragen mit Zweidrittelmehrheit so zu qualifizieren (Art. 18 Abs. 3 UN-Charta). **81**

Die Vorschriften über die Abstimmung *im Sicherheitsrat* unterscheiden zwischen „Verfahrensregeln" und „allen sonstigen Fragen". Beschlüsse über Angelegenheiten nicht-verfahrensrechtlicher Art bedürfen der Zustimmung von 9 Mitgliedern „einschließlich sämtlicher ständiger Mitglieder" (Art. 27 Abs. 3 UN-Charta). Nach dieser Regel kann jedes der 5 ständigen Mitglieder sein Veto gegen jede Frage einlegen, die nicht das „Verfahren" betrifft. Die **82**

Charta definiert weder den Begriff der „Verfahrensfrage“ noch bezeichnet sie die Gruppen von Fragen nicht-verfahrensrechtlicher Art. Die Praxis des Sicherheitsrats ergibt jedoch, dass Meinungsverschiedenheiten darüber, ob ein Beschluss dem Veto unterliegt, nur verbindlich durch ein Votum entschieden werden können, das der Zustimmung sämtlicher ständiger Mitglieder bedarf. Diese Praxis führt zum sog. *Verfahren des „doppelten Vetos“*. Es erlaubt jedem ständigen Mitglied, sein erstes Veto zur Verhinderung der Zuordnung eines Beschlusses zum „Verfahren“ zu benutzen und das zweite Veto, um den Beschluss selbst scheitern zu lassen. Enthaltungen ständiger Mitglieder werden jedoch nicht als Veto betrachtet. Ebensowenig hindert die bloße Abwesenheit eines ständigen Mitglieds die Annahme eines Beschlusses durch den Sicherheitsrat. Aus dem Wortlaut der Charta (Art. 27 Abs. 2 und 3) kann diese Schlussfolgerung nicht gezogen werden, denn dort ist die „Zustimmung“ zu einem Beschluss gefordert, doch besteht insoweit eine abweichende Praxis des Organs.

6. Bindender Charakter von Beschlüssen der Vereinten Nationen

83 Die *Kompetenz der Generalversammlung*, bindende Beschlüsse zu fassen, ist äußerst begrenzt. Einige ihrer Entscheidungen über Haushaltsfragen sind verbindlich; das gleiche gilt für Anordnungen, die die interne Tätigkeit der Organisation betreffen. Alle anderen Beschlüsse der Generalversammlung sind nicht bindend, sondern haben den Rang von Empfehlungen, zu deren Befolgung die Mitgliedstaaten formell nicht verpflichtet sind (Art. 10 und 14 UN-Charta). Die *Befugnisse des Sicherheitsrats* sind weitergehend. Er kann nicht nur Empfehlungen aussprechen, sondern auch bindende Entscheidungen treffen (Art. 25 UN-Charta; Advisory Opinion on the Legal Consequences for States of the Continued Presence of South Africa in Namibia (South West Africa) Notwithstanding Security Council Resolution 296 (1970), ICP Rep. 1971, S. 17, 52–53). Die Nichtbeachtung dieser Entscheidungen stellt eine Verletzung der Charta dar und kann, unter bestimmten Umständen, zur Verhängung von Sanktionen führen (Art. 41 und 42 UN-Charta).

7. Rechtserzeugende und legislative Tätigkeiten

Die *sachliche Zuständigkeit des Sicherheitsrats* und seine Befugnis, bindende Beschlüsse zu fassen, sind grundsätzlich auf Fragen beschränkt, die den *Weltfrieden* und die *internationale Sicherheit* betreffen. Das bedeutet, dass der Sicherheitsrat keine allgemeine Befugnis zur Rechtserzeugung hat. Die *Generalversammlung* hat dagegen eine *weite sachliche Zuständigkeit*; ihr fehlt *jedoch* eine formelle gesetzgebende Befugnis, weil ihre *Beschlüsse nicht rechtsverbindlich* sind. Die Generalversammlung spielt aber eine sehr wesentliche Rolle im Rahmen der Vorgänge, die zur Entstehung von Völkerrecht führen, dieses ausgestalten und weiterentwickeln. **84**

Gemäß Art. 13 Abs. 1a der UN-Charta veranlasst die Generalversammlung „*Untersuchungen* und gibt *Empfehlungen* ab, um ... die fortschreitende Entwicklung des Völkerrechts sowie seine Kodifizierung zu begünstigen". Die Generalversammlung ist dieser Aufgabe auf vielfache Weise nachgekommen. Im Jahre 1947 gründete sie die International Law Commission. Dieses Gremium, das sich aus hervorragenden internationalen Juristen zusammensetzt, hat eine Reihe multilateraler Konventionen entworfen, die heute in Kraft sind, so das Wiener Übereinkommen über das Recht der Verträge und die Wiener Diplomatenrechtskonvention. Weltweite Verträge über den internationalen Schutz von Menschenrechten wie die Menschenrechtspakte (unten Kap. 9, II. 4.) und die Konvention der Vereinten Nationen zur Verhinderung von Rassendiskriminierung wurden von der Generalversammlung angenommen und zur Unterzeichnung aufgelegt. Ein großer Teil der bestehenden internationalen Regeln auf dem Gebiet des See- und Weltraumrechts beruht auf der Initiative der Generalversammlung oder auf der Tätigkeit der von ihr einberufenen diplomatischen Konferenzen. Diese Kodifizierungsbemühungen der Generalversammlung haben sehr wesentlich zum Anwachsen und zur Modernisierung von Völkerrechtsregeln beigetragen. **85**

Manche *Beschlüsse* der Generalversammlung werden mittlerweile als Ausdruck des Völkergewohnheitsrechts betrachtet. Die Allgemeine Erklärung der Menschenrechte vom 10. 12. 1948, die von der Generalversammlung in Beschlussform angenommen wurde, wird **86** oft als Beispiel dafür angeführt, dass Beschlüsse der Generalversammlung diesen Rechtscharakter erlangt haben, auch wenn das wohl nicht für alle ihre Teile gilt (siehe allgemein oben Kap. 4). Obwohl die normative Wirkung von Beschlüssen der Vereinten Nationen im einzelnen höchst umstritten ist, spielen sie unzweifelhaft eine *wichtige Rolle im Prozess der internationalen Rechtserzeugung*. So reflektieren und artikulieren mit großer Mehrheit angenommene und wiederholt bestätigte Beschlüsse der Vereinten Nationen fundamentale Prinzipien, über die Einigkeit besteht, und auf deren Basis sich Völkerrechtsregeln entwickeln können und entwickeln. Deshalb ist zwar die Feststellung, dass Beschlüsse der Generalversammlung nicht binden, formell zutreffend. Sie trägt aber wenig zum Verständnis der bedeutenden Auswirkungen bei, die diese Beschlüsse mitunter auf die Entwicklung des Völkerrechts haben.

Lit. zu II.: *J. A. Frowein,* United Nations, EPIL, Bd. IV, 2000, S. 272–281; C. Tomuschat (Hrsg.), The United Nations at Age Fifty, 1995; *G. Unser,* Die UNO, 6. Aufl. 1997; *A. Verdross/B. Simma,* Universelles Völkerrecht, 3. Aufl. 1984, §§ 89–294; R. Wolfrum (Hrsg.), United Nations: Law, Policies and Practice, 1995; B. Simma (Hrsg.), The Charter of the United Nations, 2. Aufl. 2002.

III. Die Sonderorganisationen der Vereinten Nationen

1. Definition

87 Die Sonderorganisationen sind weder Organe noch Unter- oder Nebenorgane der Vereinten Nationen. Sie sind *autonome internationale Organisationen*, die in *institutioneller Verbindung mit den Vereinten Nationen* stehen. Diese Verbindung ist in Art. 57 der Charta vorgesehen, der besagt: „Die verschiedenen durch zwischenstaatliche Übereinkünfte errichteten Sonderorganisationen, die auf den Gebieten der Wirtschaft, des Sozialwesens, der Kultur, der Erziehung, der Gesundheit und auf verwandten Gebieten weitreichende, in ihren maßgebenden Urkunden umschriebene internationale Aufgaben zu erfüllen haben, werden gemäß Art. 63 mit den Vereinten Nationen in Beziehung gebracht". Art. 63 UN-Charta sieht dann vor, dass die Vereinten Nationen mit diesen Organisationen Abkommen zur Zusammenarbeit schließen können.

2. Organisationen mit Sonderstatus

Zahlreiche internationale Organisationen haben den *Status von Sonderorganisationen durch Abschluss der erforderlichen Abkommen* mit den Vereinten Nationen gemäß Art. 63 UN-Charta erlangt. Einige dieser Organisationen sind älter als die Vereinten Nationen selbst, u.a. die Internationale Fernmeldeunion (ITU), der Weltpostverein (UPU) und die Internationale Arbeitsorganisation (ILO). Weitere und wohlbekannte Sonderorganisationen sind die Organisation der Vereinten Nationen für Erziehung, Wissenschaft und Kultur (UNESCO), die Internationale Zivilluftfahrt-Organisation (ICAO), die Weltgesundheitsorganisation (WHO) und die Organisation für Ernährung und Landwirtschaft (FAO). Die beiden wichtigsten internationalen Finanzinstitutionen – die Weltbank und der Weltwährungsfonds (IMF) – haben ebenfalls den Status von Sonderorganisationen, nicht aber die Welthandelsorganisation (WTO). **88**

3. Mitgliedstaaten

Die Mitglieder in den Sonderorganisationen sind nicht notwendigerweise mit denjenigen in den Vereinten Nationen identisch, und nicht alle Mitgliedstaaten der Vereinten Nationen gehören jeder Sonderorganisation an. Das gilt insbes. für den IMF und die Weltbank. Auf der anderen Seite sind alle Staaten der Welt Mitglieder des Weltpostvereins. Die meisten Organisationen bemühen sich um eine universelle Mitgliedschaft, die aber nicht immer erreicht wird. **89**

4. Legislative Tätigkeiten

Die Sonderorganisationen sind *für weite Bereiche internationaler Regelungen verantwortlich*, die u.a. den internationalen Handel, Transport und Kommunikation wesentlich erleichtern. Das gilt insbes. für die von der ICAO angenommenen Regeln über die Luftfahrt, die von der WHO beschlossenen Gesundheitsvorschriften, die von der Weltorganisation für Meteorologie (WMO) aufgestellten internationalen Standards und die Vorschriften und Regeln des Weltpostvereins über das Postwesen. Die ILO ist verantwortlich für eine Vielzahl von Verträgen über den Schutz der Rechte und der Sicherheit der Arbeiter auf der ganzen Welt. Das sind nur wenige **90** der vielen Beispiele, die die bedeutenden rechtlichen Beiträge der Sonderorganisationen aufzeigen sollen.

Lit. zu III.: *E. Klein,* United Nations Specialized Agencies, EPIL, Bd. IV, 2000, S. 1172–1193; *G. Unser,* Die UNO, 6. Aufl. 1997, S. 169–262.

IV. Regionale Organisationen

1. Allgemeine Wesensmerkmale

91 Eine weitere wichtige Gruppe sind die *regionalen und unterregionalen internationalen Organisationen*. Auch sie werden durch internationale Übereinkommen geschaffen, die ihre Aufgaben und Strukturen spezifizieren. Insgesamt ähnelt der rechtliche und institutionelle Rahmen dieser Organisationen demjenigen anderer internationaler Organisationen. Sie unterscheiden sich von den letztgenannten hauptsächlich dadurch, dass sie sich nach ihrer Aufgabenstellung mit regionalen Problemen allgemeiner Art oder mit besonderen Angelegenheiten, sei es wirtschaftlichen, militärischen oder politischen Charakters zu befassen haben.

2. Wesentliche Charakteristika

92 Es gibt eine Vielzahl regionaler und unterregionaler Institutionen überall auf der Welt. Ihr Aufgabenbereich, ihre politische Bedeutung und ihre rechtsetzenden Befugnisse unterscheiden sich erheblich. Nur wenige haben weitreichende legislative oder sog. supranationale Zuständigkeiten. Das gilt für die Europäischen Gemeinschaften, auf die unter V. zurückzukommen ist. Andere regionale und subregionale Organisationen können nur nicht-bindende Empfehlungen abgeben und/oder Vertragsentwürfe vorlegen. Die meisten verfügen über gewisse, wenn auch nicht sehr weitgehende Rechtsetzungsbefugnisse. Einige spielen sehr wichtige Rollen in ihren Regionen, andere haben nur marginale Bedeutung, und einige existieren nur auf dem Papier.

3. Die wichtigsten regionalen Organisationen

93 Zu den wesentlichen regionalen Organisationen zählen die *Afrikanische Union (AU)*, die *Organisation Amerikanischer Staaten*

(OAS) und der *Europarat*. Die älteste davon ist die OAS. Obwohl sie in ihrer gegenwärtigen Form im Jahre 1948 mit dem Inkrafttreten ihrer Charta gegründet wurde, gehen ihre Ursprünge auf die Union Panamerikanischer Republiken zurück, die mit ihrem ständigen Sekretariat – der Panamerikanischen Union – während des ersten Jahrzehnts des 20. Jahrhunderts entstand *(Connel-Smith,* The Inter-American System, 1966, S. 37–76). Der Europarat wurde 1949 errichtet; die Organisation Afrikanischer Einheit (OAU) wurde 1963 gegründet und im Jahre 2002 in die Afrikanische Union (AU) überführt. In den folgenden Abschnitten werden einige der Funktionen und Wesenszüge dieser drei Organisationen dargestellt.

4. Voraussetzungen für die Mitgliedschaft

Anders als die OAS und die AU begrenzt der *Europarat* seine Mitgliedschaft auf *Staaten, die dem Rechtsstaatsprinzip und der Garantie der Menschenrechte verpflichtet sind* (Art. 3 Statut des Europarats). Diese Voraussetzung hinderte Spanien und Portugal, Mitglieder zu werden, bevor sie demokratische Regime errichtet hatten, und während des Bestehen des Ostblocks schloss sie eine Mitgliedschaft der ihm angehörenden Staaten aus. Mittlerweile gehören dem Europarat jedoch zahlreiche mittel- und osteuropäische Staaten an. Die Mitgliedschaft in der OAS steht allen unabhängigen amerikanischen Staaten offen. Nach dem Washingtoner Protokoll zur Charta der OAS können allerdings die Rechte eines Mitglieds, dessen demokratisch konstituierte Regierung gewaltsam gestürzt wurde, suspendiert werden (Art. 9 der Charta in der Fassung des Washingtoner Protokolls). Eine ähnliche Regelung gilt für die AU (Art. 30 Charta der AU). **94**

5. Institutionelle Struktur

Der Europarat, die Organisation Amerikanischer Staaten und die Afrikanische Union verfügen jeweils über Versammlungen der Staatenvertreter und Sekretariate. Der Europarat war die erste zwischenstaatliche Organisation, die zusätzlich eine *sog. parlamentarische Versammlung* einrichtete, die aus gewählten Vertretern der nationalen Parlamente der Mitgliedstaaten besteht. Seither wurden in einer Reihe weiterer regionaler und unterregionaler Organisationen **95** solche Institutionen geschaffen. Auch die neue Charta der Afrikanischen Union, nicht aber diejenige der OAS, sieht ein „Pan-afrikanisches Parlament“ vor. Obwohl die Versammlung des Europarates keine echte legislative Gewalt hat – sie ist in erster Linie ein beratendes Gremium – öffnet ihre Existenz den politischen Prozess im Rahmen des Europarats dem Einfluss von einzelnen, die keine Regierungsvertreter sind.

6. Aufgaben

96 Diese drei regionalen Organisationen sollen vor allem die *Zusammenarbeit zwischen den Staaten* ihrer Regionen *auf einer Vielzahl unterschiedlicher Gebiete fördern* (Art. 1, 2 Charta der OAS; Art. 3 Charta der AU; Art. 1 Statut des Europarats).

97 In dieser Hinsicht hat die AU besonderen Nachdruck auf die politische Zusammenarbeit gelegt, der Europarat hat sich mehr auf rechtliche, soziale und kulturelle Fragen konzentriert, und die OAS hat versucht, Einfluss sowohl in politischen als auch in anderen Bereichen auszuüben. Der Europarat war besonders erfolgreich bei der Erarbeitung und im Hinblick auf die Ratifikation einer großen Zahl von Verträgen, die die Zusammenarbeit in Fragen der Menschenrechte, der Kultur, der Wissenschaft und Erziehung innerhalb seines Einflussbereiches erleichtern sollen. Als Beispiele seien hier nur die Europäische Menschenrechtskonvention, die Europäische Sozialcharta, das Europäische Niederlassungsabkommen und das Europäische Auslieferungsabkommen erwähnt. Obwohl es eine Vielzahl interamerikanischer Verträge zu ähnlichen Materien gibt, war die OAS hinsichtlich deren weitverbreiteter Anerkennung und Durchsetzung weniger erfolgreich als der Europarat (siehe OAS Secretariat, The Inter-American System; Treaties, Conventions and other Documents).

Weil die AU eine erheblich jüngere Organisation ist, hatte sie noch weniger Gelegenheit, spezifisch afrikanisches Recht zu entwickeln. Jedoch besteht eine institutionelle Grundlage für eine entsprechende Entwicklung in dieser Region.

98 Die OAS und der Europarat haben *regionale Menschenrechtssysteme* auf Vertragsbasis geschaffen, zu deren Überwachung und

Durchsetzung gerichtliche und quasi-gerichtliche Institutionen zur Verfügung stehen. Die AU hat die *Afrikanische Charta über die Rechte des Menschen und der Völker* angenommen, die am 21. Oktober 1986 in Kraft getreten ist. Auf ihrer Grundlage erfolgte die Errichtung einer Afrikanischen Menschenrechtskommission. Ein Zusatzprotokoll zur Charta von 1998 sieht die Errichtung eines Gerichtshofs vor (siehe unten Kap. 9, III. 3. b).

Lit. zu IV.: *C. Packer/D. Rukare,* The New African Union and its Constitutive Act, AJIL, Bd. 96, 2002, 365–379; *F. W. García-Amador y Rodríguez/C. Benedict,* Organization of American States, EPIL, Bd. III, 1997, S. 810–816; *G. Kutzner,* Die Organisation der Amerikanischen Staaten (OAS), 1970; *A. H. Robertson,* Council of Europe, EPIL, Bd. I, 1992, S. 834–850.

V. Supranationale Organisationen

1. Die Bedeutung der Supranationalität

Obwohl in der Völkerrechtslehre keine Übereinstimmung hinsichtlich der genauen Definition der Supranationalität besteht, wird dieser Terminus meistens zur Charakterisierung der Europäischen Gemeinschaften gebraucht; aber auch der Sicherheitsrat der Vereinten Nationen und die von ihm eingesetzten Strafgerichtshöfe üben gewisse supranationale Befugnisse aus. Wenn man die Europäischen Gemeinschaften als Bezugspunkt für eine Definition nimmt, beruht das darauf, dass sie mehr exekutive und rechtserzeugende Befugnisse gegenüber ihren Mitgliedstaaten haben als traditionelle internationale Organisationen. Als *entscheidender Gesichtspunkt* kann wohl die *Fähigkeit der Organisation* betrachtet werden, *das von ihr erzeugte Recht unmittelbar* und ohne weitere Ausführung durch die Staaten auf deren Angehörige *anzuwenden.* Ein weiteres und besonderes Merkmal wird darin gesehen, dass die Mitglieder der Kommission, also eines Hauptorgans der Gemeinschaften, *frei von jeder Weisung ihres Heimatstaates* sein müssen. Die supranationalen Organisationen sind im Hinblick auf die staatsähnlichen Befugnisse, die sie innehaben, zwischen Staatenbünden, Bundesstaaten und traditionellen internationalen Organisationen einzuordnen. **99**

2. Supranationalität und die Europäischen Gemeinschaften

100 Der Begriff supranationale Organisationen erlangte mit dem Inkrafttreten des Vertrags zur Gründung der Europäischen Gemeinschaft für Kohle und Stahl (EGKS) im Jahre 1952 rechtliche und praktische Bedeutung. In seiner ursprünglichen Fassung verwendete dieser Vertrag den Terminus „supranational" ausdrücklich. Der Gründung der EGKS folgte 1958 die Errichtung ihrer beiden Schwesterorganisationen – der Europäischen Wirtschaftsgemeinschaft (EWG) und der Europäischen Atomgemeinschaft (Euratom).

101 Die drei Gemeinschaften wurden dann in Bezug auf die Zusammensetzung ihrer Organe fusioniert. Jede Gemeinschaft behält jedoch ihren eigenständigen rechtlichen Status, da die Bestimmungen der drei Gründungsverträge weiterhin auf jede einzelne der Gemeinschaften anwendbar bleiben. Ob das Recht der Europäischen Gemeinschaften als Völkerrecht zu qualifizieren ist, bleibt eine Zweifelsfrage. Das deutsche Bundesverfassungsgericht scheint dahin zu tendieren (BVerfGE 89, 155, 190).

3. Die Europäische Union

102 *Grundlage der Europäischen Union* sind gemäß Art. 1 Abs. 3 EUV die Europäischen Gemeinschaften (1. Säule), ergänzt durch die mit dem Unionsvertrag eingeführten Politiken und Formen der Zusammenarbeit. Dabei handelt es sich um die *Gemeinsame Außen- und Sicherheitspolitik* (GASP, 2. Säule) und die Zusammenarbeit in den *Bereichen Justiz und Inneres* (3. Säule). Fraglich könnte sein, ob die Europäischen Gemeinschaften derart in der Europäischen Union aufgehen, dass ihr Handeln der Union als Handlungssubjekt zuzurechnen wäre. Gemäß Art. 47 EUV bleiben jedoch die bestehenden Gemeinschaften durch den Unionsvertrag grundsätzlich unberührt. Der *Unionsvertrag* ist lediglich ein Rahmenvertrag, der institutionelle Voraussetzungen für die gemeinsame Durchführung der genannten Politiken schaffen und deren Abstimmung mit den durch die drei Europäischen Gemeinschaften erfassten Materien herbeiführen will. Er *verleiht* der Europäischen Union selbst hingegen *keine Völkerrechtssubjektivität.* Bei der Europäischen Union handelt es sich somit – in der Terminologie des Bundesverfassungsgerichts

– um einen *Staatenverbund*, nicht um eine internationale oder gar supranationale Organisation.

Lit. zu V. 1. bis V. 3.: *F. Capotorti,* Supranational Organizations, EPIL, Bd. IV, 2000, S. 737 ff.; *H. P. Ipsen,* Über Supranationalität, Festschrift für Ulrich Scheuner, 1973, S. 211 ff.; *R. Streinz,* Europarecht, 5. Aufl. 2001, S. 48–53.

4. Aufgabe der Europäischen Gemeinschaften

Die Europäischen Gemeinschaften wurden gegründet, um die *wirtschaftliche Integration der nationalen Wirtschaften der Mitgliedstaaten* durch Abschaffung von Handelsbarrieren inter se und durch Ausübung einer gemeinsamen Wirtschaftspolitik *herzustellen*. Zollschranken zwischen den Mitgliedstaaten wurden aufgehoben und solche gegenüber Nicht-Mitgliedstaaten gemeinsam errichtet, so dass eine Kombination von Freihandelszone und Zollunion entstand. Um diese Ziele zu erreichen, haben die Mitgliedstaaten den Gemeinschaften ausgedehnte Befugnisse zur Regelung weiter Bereiche ihrer Wirtschaften übertragen, die den transnationalen Verkehr von Gütern, Dienstleistungen, Arbeit, das Transportwesen und vor allem den freien Wettbewerb umfassen. Obwohl das, was einst das Endziel der wirtschaftlichen Integration war – ein eventueller politischer Zusammenschluss – zwar angestrebt, aber nicht realisiert wurde, waren die Gemeinschaften zu einem hohen Grade erfolgreich mit ihren Bemühungen, einen wirtschaftlichen Zusammenschluss zu vollziehen, insbes. einen gemeinsamen Markt einzurichten. **103**

Durch den *Vertrag zur Gründung einer Europäischen Union* sollte der mit der Gründung der Europäischen Gemeinschaften eingeleitete Prozess der Europäischen Integration auf eine neue Stufe gehoben werden. Die *Zusammenführung der drei Gemeinschaften* mit der Gemeinsamen Sicherheits- und Außenpolitik (GASP) und der Zusammenarbeit in den Bereichen Justiz und Inneres unter dem gemeinsamen „Dach" der Union wurde bereits erwähnt. Daneben ist insbes. die Einfügung der Vorschriften über die *Schaffung einer Wirtschafts- und Währungsunion* durch Änderung des Vertrages über die Europäische Wirtschaftsgemeinschaft zu nennen (Art. 98–124 EGV). Zum Teil wird insoweit zu bedenken gegeben, ob eine Währungsunion nicht sinnvollerweise eine politische Union impliziere (vgl. BVerfGE 89, 155, 206 f.). Das Einigungswerk wird durch Inkrafttreten des 1999 in Kraft getretenen Vertrages von Amsterdam fortgeführt, der einen wesentlichen Teil des Bereichs Justiz und Inneres, nämlich Visa, Asyl, Einwanderung und andere Politiken betreffend den freien Personenverkehr, durch Übertragung in die erste Säule vergemeinschaftete. Außerdem wurden die Verträge unter fortlaufender (Neu-) Numerierung der alten und der neu aufgenommenen Bestimmungen konsolidiert. Der im Dezember 2000 unterzeichnete Vertrag von Nizza unternimmt es, einige der institutionellen Probleme aufgrund der beschlossenen Beitritte neuer Mitgliedstaaten zu lösen.

105 Der Erfolg des Europäischen Einigungswerks zeigt sich auch an der wachsenden Mitgliedschaft der Gemeinschaften und nunmehr der Union (Art. 49 EUV). Die sechs Gründungsmitglieder der Europäischen Gemeinschaften waren Frankreich, Deutschland, Italien, die Niederlande, Belgien und Luxemburg. Nunmehr zählt die Europäische Union und mit ihr die Europäischen Gemeinschaften 15 Mitglieder und zahlreiche Staaten sind ihr assoziiert, teils mit Aussicht auf eine spätere volle Mitgliedschaft.

5. Die institutionelle Struktur der Gemeinschaften

106 Vier Hauptorgane haben die Aufgabe, die Politik der Gemeinschaften zu gestalten und durchzusetzen; sie bestehen aus dem *Ministerrat*, der *Kommission*, dem *Europäischen Parlament* und dem *Gerichtshof*. Jeder Mitgliedstaat hat einen Vertreter im Rat. Die Kommission hat 20 Mitglieder, die von den Mitgliedstaaten einvernehmlich ernannt werden. In der Praxis hat jeder Mitgliedstaat das Recht, mindestens einen Kommissar zu ernennen. Während die Mitglieder des Rates Regierungsvertreter sind, handeln die Kommissare als Beamte der Gemeinschaft, die in persönlicher Eigenschaft das Amt ausüben und deshalb keine Weisungen von ihren Regierungen erhalten dürfen. Das Europäische Parlament besteht gegenwärtig aus 626 – maximal aus 700 – Repräsentanten, die in direkten Wahlen vom Volk in den Mitgliedstaaten gewählt werden. Der Europäische Gerichtshof besteht aus 15 Richtern, die von den Mitgliedstaaten einvernehmlich ernannt werden (siehe unten Kap. 7).

6. Rechtsetzung in den Gemeinschaften

Ursprünglich übte im wesentlichen der Rat die *legislative Gewalt* **107** der Gemeinschaften aus, wobei Umfang und Ausmaß dieser Gewalt im einzelnen jeweils von dem speziellen Gemeinschaftsvertrag abhängen, der angewendet wird. Die Kommission hat an einigen legislativen Befugnissen des Rates teil. Nach dem EG-Vertrag kann der Rat z.B. grundsätzlich nur Rechtsakte erlassen, die von der Kommission vorgeschlagen wurden. Daneben hat diese auch einige unabhängige, wenngleich weniger bedeutende rechtsetzende Befugnisse. Das Europäische Parlament spielte ursprünglich eine geringe Rolle im legislativen Prozess und war im wesentlichen auf Anhörungsrechte beschränkt. Im Zuge der fortschreitenden Integration sind jedoch die *Rechte des Europäischen Parlaments* unter dem EGV kontinuierlich *gestärkt* worden. Durch die 1987 in Kraft getretene Einheitliche Europäische Akte wurde das Verfahren der Zusammenarbeit (Art. 252 EGV) eingeführt. Weil bei Ablehnung oder Abänderung des gemeinsamen Standpunktes des Rates durch das Europäische Parlament der Rat nur noch einstimmig den Rechtsakt beschließen kann, gewinnt dieses erheblichen Einfluss auf die Rechtssetzung. Das durch den 1993 in Kraft getretenen Unionsvertrag von Maastricht eingeführte Verfahren der Mitentscheidung (Art. 251 EGV) beteiligt nunmehr das Parlament in einer Weise an der Gemeinschaftsgesetzgebung, dass es als Mitgesetzgeber neben dem Rat anzusehen ist. Sekundäres Gemeinschaftsrecht kommt in diesem Verfahren nämlich nur dann zustande, wenn sich Rat und Parlament auf einen für beide akzeptablen Text geeinigt haben. Das Letztentscheidungsrecht des Rates wird damit zugunsten eines parlamentarischen Vetorechts, aber auch eines echten Gestaltungsrechts beseitigt (*R. Streinz,* Europarecht, 5. Aufl. 2001, S. 185). Mit Inkrafttreten des Amsterdamer Vertrages 1999 wurde der Anwendungsbereich des Mitentscheidungsverfahrens noch erheblich ausgedehnt. Des Weiteren kann das Parlament den Rücktritt der gesamten Kommission erzwingen. Es ist auch berechtigt, parlamentarische Anfragen über die Politik und die Praktiken der Gemeinschaften zu stellen und das Budget der Kommission zu bewilligen.

7. Gemeinschaftsrecht und innerstaatliches Recht

108 Zahlreiche Bestimmungen der Gemeinschaftsverträge und des Sekundärrechts sind in den Mitgliedstaaten unmittelbar anwendbar und verdrängen das innerstaatliche Recht im Falle des Konflikts. Insoweit hat das Gemeinschaftsrecht in den Mitgliedstaaten einen Status, der demjenigen des Bundesrechts in den Vereinigten Staaten vergleichbar ist, obwohl eine ausdrückliche Vorschrift, wie z.B. im Grundgesetz der Bundesrepublik Deutschland (Art. 31), nicht vorhanden ist. Der Gerichtshof der Europäischen Gemeinschaften hat wiederholt den *Vorrang des Gemeinschaftsrechts vor dem nationalen Recht* und seine unmittelbare Geltung auf der innerstaatlichen Ebene bekräftigt (siehe z.B. *Costa v. Enel,* 1964 Eur. Ct. Rep. 585). Dies lässt sich dadurch begründen, dass die Mitgliedstaaten der Gemeinschaft auf bestimmten Gebieten ihre Hoheitsrechte übertragen und deshalb die Befugnis aufgegeben haben, unvereinbar mit Gemeinschaftsnormen zu handeln. Ob und in welchem Ausmaß nationale Gerichte das nationale Verfassungsrecht mit Vorrang vor widersprechendem Europarecht anwenden dürfen, bleibt bis heute nicht unstrittig (BVerfGE 22, S. 293 ff.; 37, S. 271 ff.; 52, S. 202 ff.). *Nach dem Bundesverfassungsgericht* entfaltet den Rahmen des Zustimmungsgesetzes überschreitendendes Gemeinschaftsrecht in Deutschland *keine Bindungswirkung* (BVerfGE 89, 155, 210). Nur in einer Extremsituation kommt wohl in Betracht, dass diese Aussage praktisch relevant werden könnte.

109 Der *Gerichtshof* der Europäischen Gemeinschaften *überwacht* die *einheitliche Auslegung und Anwendung des Gemeinschaftsrechts*, und zwar in Streitfällen, die ihm von den Organen der Gemeinschaft, den Mitgliedstaaten oder auch Privatpersonen und privatrechtlichen Verbänden unterbreitet werden, und auch in sog. Vorabentscheidungen auf Anfrage innerstaatlicher Gerichte, die Gemeinschaftsrecht anzuwenden haben. Die Gemeinschaftsverträge berechtigen und verpflichten in bestimmten Fällen diese Gerichte, eine verbindliche Entscheidung des Gerichtshofs zu solchen Fragen des Gemeinschaftsrechts einzuholen, die sich in vor ihnen schwebenden Verfahren ergeben (Art. 234 EGV).

Der beherrschende Einfluss des Gemeinschaftsrechts auf die nationalen Rechtsordnungen der Mitgliedstaaten, sein Vorrang und seine unmittelbare Anwendbarkeit auf der innerstaatlichen Ebene unterscheiden dieses Recht von demjenigen herkömmlicher internationaler Organisationen. Der Rechtsetzungsprozess der Gemeinschaften ist auch wesentlich unabhängiger vom Willen der Mitgliedstaaten als bei herkömmlichen internationalen Organisationen, wo er regelmäßig ganz der Kontrolle der Staaten unterliegt. Insofern stellen supranationale Organisationen, wie das Beispiel der Europäischen Gemeinschaften zeigt, eine fortgeschrittenere und wirksamere Form der internationalen Zusammenarbeit dar als herkömmliche internationale Organisationen sie bieten. **110**

Lit. zu V. 4. bis V. 7.: *M. Herdegen,* Europarecht, 3. Aufl., 2001; *R. Streinz,* Europarecht, 5. Aufl. 2001.

6. Kapitel

Die Vereinten Nationen und die Anwendung von Gewalt

1. Die Hauptverantwortung der Vereinten Nationen für die Wahrung des Weltfriedens

111 Die *Erhaltung des Weltfriedens und der internationalen Sicherheit ist die Hauptaufgabe der Vereinten Nationen.* Art. 2 Abs. 3 UN-Charta verpflichtet alle Mitglieder, ihre internationalen Streitigkeiten durch friedliche Mittel so beizulegen, „dass der Weltfriede, die internationale Sicherheit und die Gerechtigkeit nicht gefährdet werden". Art. 33 Abs. 1 UN-Charta zählt mehrere Mittel der friedlichen Streitbeilegung auf, die in erster Linie anstelle des Einsatzes von Waffengewalt genützt werden sollen. (Diese Verfahren werden unten in Kap. 7 erörtert). Gelingt eine Beilegung auf diese Weise nicht, haben die Parteien die Streitigkeit dem Sicherheitsrat vorzulegen, wenn anders eine Bedrohung des Friedens zu gewärtigen ist (Art. 37 Abs. 1 UN-Charta). Der Sicherheitsrat kann „geeignete Verfahren oder Methoden zu deren Bereinigung empfehlen", einschließlich eines Aufrufs zur weiteren Anwendung friedlicher Mittel (Art. 36 Abs. 1 und 33 Abs. 2 UN-Charta). Der Internationale Gerichtshof gab im Namibia-Gutachten zu verstehen, dass die Befugnisse des Sicherheitsrats über die ausdrücklich in der Charta genannten hinausgehen und er die Kompetenz zur Ergreifung aller Maßnahmen habe, die zur Erfüllung der ihm übertragenen Aufgaben der Friedenssicherung notwendig sind (Advisory Opinion, ICJ Rep. 1971, S. 110).

112 Die *formale Rolle der Generalversammlung* bei der Friedenssicherung ist *gering* und hauptsächlich auf ihre Funktion als Forum für die öffentliche Erörterung der Probleme beschränkt (Art. 10–12, 14 UN-Charta), obwohl der Internationale Gerichtshof die Auffassung vertreten hat, dass die Generalversammlung in ihren Aktivitäten auch über den Wortlaut der Charta hinausgehen kann (Advisory Opinion on Certain Expenses of the United Nations, ICJ Rep. 1962, S. 151). Sowohl die Generalversammlung als auch der Generalse-

kretär haben das Recht, die Aufmerksamkeit des Sicherheitsrats auf Streitigkeiten zu lenken, die den Frieden bedrohen (Art. 11 Abs. 3 und 99 UN-Charta).

Der Grundsatz, dass die Anwendung von Gewalt in internationalen Beziehungen verboten ist, ist in *Art. 2 Abs. 4 der Charta der Vereinten Nationen* niedergelegt, der lautet: **113**

„Alle Mitglieder unterlassen in ihren internationalen Beziehungen jede gegen die territoriale Unversehrtheit oder die politische Unabhängigkeit eines Staates gerichtete oder sonst mit den Zielen der Vereinten Nationen unvereinbare Androhung oder Anwendung von Gewalt".

Die *Reichweite dieses Verbots*, das im Grundsatz auch dem Völkergewohnheitsrecht entspricht, ergibt sich *nicht eindeutig* aus seinem Wortlaut. Die meisten Interpreten verstehen die Vorschrift als absolutes Gewaltverbot (mit der Ausnahme der Selbstverteidigung); andere legen sie restriktiver dahin aus, dass Gewalt nur verboten ist, wenn sie zur Unterjochung einer Nation oder Wegnahme ihres Hoheitsgebietes angewendet wird oder nur, wenn sie unvereinbar mit den Zielen der Charta ist. Es ist daher auch umstritten, ob und unter welchen Voraussetzungen eine humanitäre Intervention durchgeführt werden darf (grundlegend zum Gewaltverbot IGH, Nicaragua-Fall, ICJ Rep. 1986, S. 14 ff.). **114**

Die *Anwendung von Gewalt zur Selbstverteidigung* wurde im Völkerrecht stets als *rechtmäßig* anerkannt. Art. 51 der Charta macht das deutlich, indem er die Anwendung von Gewalt zur Selbstverteidigung „im Falle eines bewaffneten Angriffs" erlaubt, bis der Sicherheitsrat Maßnahmen zur Wiederherstellung des Friedens ergreifen kann. Ob ein solcher bewaffneter Angriff tatsächlich stattgefunden haben muss oder ob sein unmittelbares Bevorstehen zur Anwendung bewaffneter Selbstverteidigung berechtigt und so auch ein Recht auf antizipierte Selbstverteidigung besteht, ist streitig. Auch die Resolution der Generalversammlung von 1974 zur Definition des Angriffs bleibt hier unklar (Text bei *B. B. Ferencz,* Aggression, EPIL, Bd. I, 1992, S. 60–61). **115**

Ob die Anwendung von Gewalt *zur Förderung humanitärer Ziele*, **116**
z.B. zum Schutz der eigenen Staatsangehörigen im Ausland, zur

Verhinderung von Menschenrechtsverletzungen eines Staates gegenüber seinen eigenen Bürgern oder zum Einschreiten in sog. nationale Befreiungskriege, Art. 2 Abs. 4 UN-Charta verletzt oder deshalb erlaubt ist, weil sie dem Völkergewohnheitsrecht entspricht und mit den Zielen der Vereinten Nationen vereinbar ist, bleibt Gegenstand einer ständigen Debatte. Dagegen spricht eine gewisse Missbrauchsgefahr, dafür der Gedanke der Nothilfe sowie das ständig zunehmende Gewicht der Menschenrechte im heutigen Völkerrecht.

117 Neuland betreten wurde mit der Zulassung von Notwehr gegen Quellen terroristischer Gewalt. (s. auch unten Rdn. 126)

Lit. zu 1.: IGH, Case Concerning Military and Paramilitary Activities in and Against Nicaragua v. 27. 6. 1986, ICJ Rep. 1986, 14; *B. B. Ferencz,* Aggression, EPIL, Bd. I, 1992, S. 58–65; *J.-F. Flauss,* La primarité des droits de la personne: licéité ou illicéité de l'intervention humanitaire?, in: C. Tomuschat (Hrsg.), Kosovo and the International Community, A Legal Assessment, 2002, S. 87–102; *R. Uerpmann,* La primauté des droits de l'homme: licéité ou illicéité de l'intervention humanitaire, ibid. 65–86; *C. Tomuschat,* Der 11. September 2001 und seine rechtlichen Konsequenzen, EuGRZ, Bd. 28, 2001, 535–545; *A. Verdross/B. Simma,* Universelles Völkerrecht, 3. Aufl. 1984, §§ 213–259.

118 Hauptmotiv für die Gründung der Vereinten Nationen war der *Ausschluss einzelstaatlicher Gewaltanwendung* (Art. 2 Abs. 4 UN-Charta) durch die *Schaffung eines Gewaltmonopols beim Sicherheitsrat* (vgl. 39 UN-Charta). Dementsprechend setzen sich die Vereinten Nationen nach Art. 1 Ziff. 1 der Charta das Ziel, „den Weltfrieden und die internationale Sicherheit zu wahren und zu diesem Zweck wirksame Kollektivmaßnahmen zu treffen, um Bedrohungen des Friedens zu verhüten und zu beseitigen, Angriffshandlungen und andere Friedensbrüche zu unterdrücken. . .“. Zum Gewaltmonopol des Sicherheitsrates sollte es nach dem System der Charta nur *zwei Ausnahmen* geben: das Recht auf Selbstverteidigung nach Art. 51 und vom Sicherheitsrat autorisierte Zwangsmaßnahmen im Rahmen von Regionalorganisationen (Art. 53 UN-Charta). Demgegenüber sieht das Siebte Kapitel der Charta Zwangsmaßnahmen des Sicherheitsrats bei Bedrohung oder Bruch des Friedens und bei Angriffshandlungen vor.

119 Gemäß Kapitel VII der Charta kann der Sicherheitsrat zu *Sanktionen gegen Staaten* aufrufen, *die den Frieden bedrohen* (Art. 41 und

42 UN-Charta). Alle Mitgliedstaaten sind durch eine solche Entscheidung gebunden (Art. 25 UN-Charta). Ihre Durchsetzung unterliegt jedoch dem Veto jedes der fünf ständigen Mitglieder. Zudem sollen Zwangsmaßnahmen des Sicherheitsrates nach dem System der Charta durch Streitkräfte implementiert werden, die die Mitgliedstaaten dem Sicherheitsrat auf dessen Ersuchen nach Maßgabe von Spezialabkommen zur Verfügung stellen (Art. 43 UN-Charta). Zum Abschluss solcher Spezialabkommen ist es bislang nicht gekommen. Es herrscht aber Übereinstimmung dahingehend, dass der Sicherheitsrat Staaten unter dem Siebten Kapitel zur Gewaltanwendung ermächtigen kann. Insoweit ist er nicht auf Sonderabkommen, im Rahmen derer ihm Truppen zur Verfügung gestellt werden, angewiesen. Jedoch müssen die Voraussetzungen des Art. 39 der Charta erfüllt sein, das heißt, es muss eine Bedrohung oder ein Bruch des Friedens oder eine Angriffshandlung vorliegen.

2. Handlungsunfähigkeit des Sicherheitsrates während des Kalten Krieges

Während des sog. *Kalten Krieges* war der Sicherheitsrat auf Grund **120**
des Vetorechts der Großmächte weitgehend handlungsunfähig. Er konnte so lange Zeit die an ihn gestellten Erwartungen im Bereich der Friedenssicherung nicht erfüllen. Es kamen *nur friedenserhaltende Maßnahmen* mit Zustimmung der betroffenen Staaten, zum Beipiel der Einsatz sogenannter Blauhelme, aber keine Zwangsmaßnahmen in Betracht. Herkömmlicherweise unterscheidet man zwischen friedenserhaltenden Aktionen mit Zustimmung der betroffenen Staaten und Zwangsmaßnahmen, auch wenn in neuerer Zeit manche Operationen Aspekte beider Kategorien aufweisen.

Die Befriedungsaktionen in Korea im Jahre 1950–1953 beruhten **121**
auf einer in Abwesenheit der Sowjetunion angenommenen Resolution des Sicherheitsrates und sind eher als kollektive Selbstverteidigung denn als Zwangsmaßnahmen unter dem Siebten Kapitel zu qualifizieren. Die sog. *Uniting for Peace Resolution* der Generalversammlung, ebenfalls aus dem Jahre 1950, versuchte, bei Handlungsunfähigkeit des Sicherheitsrates eine subsidiäre Zuständigkeit der Generalversammlung auf dem Gebiet der Friedenswahrung zu

etablieren. Die Embargos gegen Rhodesien (1966) und gegen Südafrika (1977) erfolgten immerhin auf der Grundlage des Kapitels VII, sind aber eben keine militärischen Zwangsmaßnahmen.

3. Der Beginn – Zwangsmaßnahmen gegen den Irak

122 Mit Ende des Kalten Krieges erwuchs die *Chance einer Realisierung des* von der Charta angestrebten *Gewaltmonopols* der Vereinten Nationen. Das Siebte Kapitel begann, eine erhebliche Rolle zu spielen. Die Invasion Kuweits durch den Irak bot dem nun handlungsfähigen Sicherheitsrat einen ersten Anlass, von seinen Befugnissen nach Kapitel VII Gebrauch zu machen. Er verurteilte die Invasion unverzüglich als Bruch des Friedens und der internationalen Sicherheit und verlangte den sofortigen und unverzüglichen Rückzug des Irak (SR Res. 660/1990). Nachdem der Irak dem nicht Folge leistete, ermächtigte der Sicherheitsrat schließlich auf der Grundlage des Siebten Kapitels „Member States co-operating with the Government of Kuweit, unless Iraq on or before 15 January 1991 fully implements, as set forth in paragraph 1 above, the foregoing resolutions, to use all necessary means to uphold and implement resolution 660 (1990) and all subsequent relevant resolutions and to restore international peace and security in the area" (SR-Res. 678/1990). Ab dem 16. Januar 1991 fanden unter der militärischen Leitung der Vereinigten Staaten militärische Operationen gegen den Irak statt, die mit einer Besetzung Kuweits durch die Alliierten endeten. Da die Vereinigten Staaten volle Kontrolle über die militärischen Aktionen hatten, wurde zum Teil an ihrer Einordnung als Zwangsmaßnahmen des Sicherheitsrats im Sinne des Kapitels VII der Charta gezweifelt. Heute betrachtet die herrschende Meinung die Befreiung Kuweits als Fall des Kapitels VII und nicht als kollektive Selbstverteidigung zugunsten von Kuweit nach Art. 51 der Charta.

123 Ebenfalls auf der Grundlage des Kapitels VII nahm der Sicherheitsrat Res. 687/1991 an, wonach der Irak völkerrechtlich haftbar ist für „any direct loss, damage, including environmental damage and the depletion of natural resources, or injury to foreign Governments, nationals and corporations, as a result of Iraq's unlawful invasion and occupation of Kuwait". Auf dieser Grundlage wurde ein Entschädigungsfonds und eine Entschädigungskommission mit Sitz in Genf geschaffen, die die entsprechenden Ansprüche und Klagen Einzelner, von Gesellschaften und von Staaten verwaltet. Dies zeigt, dass Zwangsmaßnahmen zeitlich nicht strikt an einen aktuellen und noch fortwährenden Bruch oder eine aktuelle Bedrohung des Weltfriedens gebunden sind.

4. Humanitäre Belange bei fehlender Staatsgewalt – Somalien

Der Fall Somalien steht für den *Einbezug humanitärer Belange* bei **124**
der Verhängung von Zwangsmaßnahmen auf der Grundlage des Siebten Kapitels und *unter der Kontrolle des Sicherheitsrats*. Bürgerkrieg, massenhaft auftretender Hungertod sowie die Behinderung humanitärer Hilfsaktionen durch bewaffnete Banden waren die Ausgangslage. Nachdem die Vereinigten Staaten militärische Aktionen zur Ermöglichung humanitärer Hilfe angeboten hatten, erließ der Sicherheitsrat einstimmig auf der Grundlage des Siebten Kapitels die Resolution 794/1992. Darin ermächtigte er die Staaten zum Gebrauch aller notwendigen Mittel, um eine sichere Umgebung für humanitäre Hilfsaktionen zu schaffen. Der Bezug zu einem für Zwangsmaßnahmen in Art. 39 der Charta vorausgesetzten Bruch oder einer Bedrohung des internationalen Friedens scheint zu fehlen. Jedoch ist die besondere Situation im Fall Somaliens in Rechnung zu stellen: In Somalien gab und gibt es keine funktionierende Staatsgewalt, ja noch nicht einmal staatsartige Strukturen. Dieser das schützenswerte Rechtsgut betreffende Mangel relativiert den Schutz des Gewalt- und Interventionsverbots.

5. Demokratie als internationales Anliegen – Haiti

Der Fall Haiti bereicherte das VII. Kapitel um eine demokratische **125**
Komponente. Der Sicherheitsrat ermächtigte die Mitgliedstaaten zur Bildung einer multinationalen Truppe und dazu, „to use all necessary means to facilitate the departure from Haiti of the military leadership". Vorausgegangen war die beharrliche Weigerung des illegalen de facto Regimes, mit den Vereinten Nationen und der OAS zu kooperieren sowie eine Eskalation systematischer Menschenrechtsverletzungen (vgl. SR-Res. 940/1994).

6. Terrorismus

126 Internationalen Terrorismus mit staatlicher Unterstützung hat der Sicherheitsrat wiederholt als Friedensbedrohung qualifiziert (SR-Res. 731 und 748/1992). Nach den Terroranschlägen in den USA vom 11. September 2001 hat der Sicherheitsrat derartige Akte unmissverständlich als Bedrohung des Weltfriedens und der internationalen Sicherheit qualifiziert und dabei das Recht auf bewaffnete Selbstverteidigung bekräftigt (SR-Res. 1368 und 1373/2001). Damit hat der Sicherheitsrat erstmals einen Anschlag nicht-staatlicher Akteure als Bedrohung des Weltfriedens und als bewaffneten Angriff beurteilt, wobei die Zurechnung an einen verantwortlichen Staat in der Schwebe blieb. Der Boden hierfür war aber bereits durch SR-Res. 1267/1999 bereitet, wodurch der Sicherheitsrat das Talibanregime (de facto Regime) auf der Grundlage des Kapitels VII zur Kooperation gegen den Terrorismus aufrief.

7. Handlungsperspektiven des Sicherheitsrates

127 Die Handlungsoptionen des Sicherheitsrats sind nicht begrenzt auf die unmittelbare Abwehr von Friedensstörungen i.S.d. Art. 39 Charta der VN, sondern umfassen auch Nachsorgemaßnahmen zum Zwecke einer dauerhaften Befriedung. Die Annahme einer Friedensbedrohung wird gewissermaßen bis zur rechtsfriedenstiftenden Aufarbeitung einer Völkerrechtsverletzung perpetuiert (*M. Herdegen,* Völkerrecht, 2. Aufl. 2002, S. 287). In diesen Kontext fallen Resolutionen betreffend die Verpflichtungen Lybiens zur Auslieferung der Lockerbie-Attentäter (SR-Res. 748/1992), die Einrichtung einer claims commission zur Regelung von Wiedergutmachungsansprüchen ausländischer Regierungen sowie ausländischer natürlicher und juristischer Personen gegen den Irak wegen der Besetzung Kuweits (SR-Res. 687/1991, unter E) und die Errichtung von Strafgerichtshöfen wie des Jugoslawien- und des Ruanda-Tribunals (s. Kap. 7). Hinzukommt vermehrt die treuhänderische Verwaltung von Gebieten auf der Grundlage von Resolutionen des Sicherheitsrates mit dem Ziel des Stabilisierung und Demokratisierung (SR-Res. 1244/1999; *C. Stahn,* International Territorial Administration in the Former Yugoslavia: Origins, Developments and Challenges

ahead, ZaöRV, Bd. 61, 2001, 107), wobei die Grenzen zwischen Friedensschaffung und Friedenserhaltung fließend werden (vgl. SR-Res. 1246/1999). Die geschilderte neuere Praxis zu Kapitel VII zeigt die vielfältigen Einflussmöglichkeiten der Vereinten Nationen, die den Charakter des modernen Völkerrechts als *partiell öffentliches Recht* bestätigen (s.o. Kap. 2, IV.).

Die Sanktions- und Durchsetzungsmöglichkeiten des Sicherheits- **128**
rats stehen allerdings unter dem *Vorbehalt der Politik:* (1.) sind die Vereinten Nationen auf das Zustandekommen entsprechender Eingriffsermächtigungen im Sicherheitsrat angewiesen; (2.) sind sie darauf angewiesen, dass die Staaten ihnen durch Zur-Verfügung-Stellen von Truppen militärische Aktionen überhaupt ermöglichen. Im aktuellen Fall des Irak hat der SR klare Verstöße des Irak gegen das Völkerrecht festgestellt und den Irak verwarnt „that it will face serious consequences as a result of its continued violation of its obligations“ (SR-Res. 1441 v. 8. Nov. 2002). In dieser Resolution bezieht sich der Sicherheitsrat insbesondere auf Res. 678 (1990), die die Mitgliedstaaten zum Ergreifen aller notwendigen Maßnahmen gegen den Irak ermächtigt und setzt dem Irak eine Frist von 30 Tagen. Außerdem beschließt der Sicherheitsrat in Res. 1441 aber mit der Angelegenheit befasst zu bleiben. Jedenfalls die herrschende deutsche Völkerrechtslehre und Politik verlangen deshalb eine weitere SR-Res. als Ermächtigungsgrundlage für einen „Krieg gegen den Irak“, während die amerikanische Regierung zu der Rechtsauffassung zu neigen scheint, dass die bisherige Ermächtigung durch den Sicherheitsrat ausreicht.

Allgemein spielen einzelstaatliche Interessen bei der Durchsetzung des Völkerrechts eine Rolle, so dass es je nach Interessenlage zu einer selektiven Durchsetzung des Völkerrechts kommen kann. Das ist nachvollziehbar und zudem durch die Entwicklung des Völkerrechts aus einer dezentralen, ehemals privatrechtsähnlichen Ordnung erklärbar. Auch eine selektive Durchsetzung des Völkerrechts stellt jedoch einen Fortschritt dar.

Lit. zu 2. bis 7.: *K. Doehring,* Völkerrecht, 1999, Rdn. 455–467; *M. Herdegen,* Völkerrecht, 2. Aufl. 2002, S. 280–295.

8. Friedenswahrung durch regionale Organisationen

129 Die Charta der Vereinten Nationen lässt die Gewaltanwendung durch regionale Organisationen zur Wahrung des Weltfriedens und der internationalen Sicherheit in Übereinstimmung mit den Grundsätzen der UN zu. Der Sicherheitsrat unterstützt die friedliche Beilegung lokaler Streitigkeiten durch regionale Organisationen, behält sich aber in bestimmten Situationen vor, die Durchführung von Zwangsmaßnahmen durch solche Organisationen zu leiten (Art. 53 UN-Charta); die Anwendung von Gewalt durch diese Organisationen ist *nur mit Ermächtigung des Sicherheitsrats* zulässig.

130 Wichtige regionale Organisationen mit Kompetenzen im Sicherheitsbereich gibt es in den Amerikanischen Staaten, in Afrika und in Europa. Die Organisation Amerikanischer Staaten bildet geradezu den Prototyp einer Regionalorganisation i.S.d. Kapitels VIII Charta der Vereinten Nationen, und dies entspricht auch ihrem Selbstverständnis (Art. 1 Charta der OAS). Im interamerikanischen System sind die grundlegenden Übereinkommen der interamerikanische Vertrag über gegenseitigen Beistand von 1947 (Rio-Vertrag) und die Charta der Organisation Amerikanischer Staaten (1948). Beide Pakte verpflichten die vertragschließenden Staaten, keine Gewalt untereinander anzuwenden und ermächtigen zur kollektiven Anwendung von Gewalt zum Zwecke der Verteidigung oder Wahrung des Friedens und der Sicherheit auf dem Kontinent. Die Charta der Afrikanischen Union (AU) sieht eine Interventionsmöglichkeit der Union bei schwerwiegenden Umständen, insbes. bei Kriegsverbrechen, Genozid und Verbrechen gegen die Menschlichkeit vor (Art. 4h) der Charta der AU). Derartige Interventionen müssen ggf. im Einklang mit dem Gewaltmonopol des Sicherheitsrats der Vereinten Nationen erfolgen.

131 Die Organisation für Sicherheit und Zusammenarbeit in Europa (OSZE) ist 1995 aus der KSZE (Konferenz für Sicherheit und Zusammenarbeit in Europa) hervorgegangen und ist zumindest eine internationale Organisation in statu nascendi. Bereits die KSZE hatte sich 1992 selbst zu einer „regionalen Abmachung" im Sinne des Kapitels VIII der Charta der VN erklärt (ILM, Bd. 31, 1992, S. 1385, 1403). Der NATO gehören westeuropäische Staaten, die Vereinigten Staaten und Kanada an. Der sie begründende Nordat-

lantikvertrag sieht kollektive Selbstverteidigung, *friedliche Streitbeilegung* sowie die *Förderung und Entwicklung der Zusammenarbeit* vor. Die NATO ist heute sowohl regionales Verteidigungsbündnis als auch Regionalorganisation i.S.d. Kapitels VIII. Ähnlich wie der Sicherheitsrat der Vereinten Nationen hat auch der NATO-Rat die Angriffe vom 11. September 2001 als bewaffnete Angriffe (vgl. Art. 5 Abs. 1 Nordatlantikvertrag) eingestuft.

Lit. zu 8.: *E. G. Bello/J. Hilf,* Organization of African Unity, EPIL, Bd. III, 1997, S. 802–810; *J. Delbrück,* Collective Security, EPIL, Bd. I, 1992, S. 646–656; *ders.,* Collective Self-Defence, EPIL, Bd. I, 1992, S. 656–657; *F. W. García-Amador y Rodríguez/C. Benedict,* Organization of American States, EPIL, Bd. III, 1997, S. 810–816; *M. Herdegen,* Völkerrecht, 2. Aufl. 2002, S. 300–314.

7. Kapitel

Internationale Streitbeilegung

I. Einführung

132 Im folgenden werden die traditionellen gerichtlichen, quasigerichtlichen und diplomatischen Institutionen und Methoden behandelt, die die internationale Gemeinschaft zur Lösung zwischenstaatlicher Streitigkeiten verwendet. Die in der Charta der Vereinten Nationen geregelten Verfahren, die verhindern sollen, dass solche Streitigkeiten zu unkontrollierten gewaltsamen Auseinandersetzungen zwischen den Staaten führen, sind oben in Kap. 6 schon dargelegt. Hier wird nur versucht, die Art und Weise und die Methoden zu beschreiben, die das Völkerrecht zur Beilegung internationaler Streitigkeiten bereithält.

133 Art. 33 Abs. 1 der Charta der Vereinten Nationen zählt die *Methoden* auf, die auf internationale Streitigkeiten Anwendung finden können. Es heißt dort:

„Die Parteien einer Streitigkeit, deren Fortdauer geeignet ist, die Wahrung des Weltfriedens und der internationalen Sicherheit zu gefährden, bemühen sich zunächst um eine Beilegung durch Verhandlung, Untersuchung, Vermittlung, Vergleich, Schiedsspruch, gerichtliche Entscheidung, Inanspruchnahme regionaler Einrichtungen oder Abmachungen oder durch andere friedliche Mittel eigener Wahl."

Zusätzlich zur Darstellung der so aufgezählten Methoden zur Streitbeilegung werden nachfolgend auch die Zuständigkeit und die Funktionen der heute existierenden internationalen Gerichte behandelt.

II. Außergerichtliche Methoden

134 Die traditionellen außergerichtlichen Methoden der internationalen Streitbeilegung sind *Verhandlung, Untersuchung, Vermittlung* und *Schlichtung*. Je nach der Art der Streitigkeit, ihrem Umfeld und der Haltung der Streitparteien finden eine, mehrere oder auch alle diese

Methoden Anwendung. Sie sind nicht notwendigerweise unterschiedliche oder sich ausschließende Techniken zur Lösung eines Konflikts. Jede dieser Methoden hat in innerstaatlichen Rechtsordnungen institutionelle Parallelen, und sie funktionieren in ähnlicher Weise.

1. Verhandlung

Bilaterale und multilaterale Verhandlungen zur Lösung von Mei- **135**
nungsverschiedenheiten zwischen einem oder mehreren Staaten oder zwischen Gruppen von Staaten werden im Wege diplomatischer Korrespondenz, direkter Begegnungen ständiger diplomatischer Vertreter oder auch durch besonders ernannte Unterhändler, sog. ad hoc-Diplomaten und sog. *special missions*, geführt. Verhandlungen sind regelmäßig das erste Stadium, bevor der Rückgriff auf andere, formellere Methoden der Streitbeilegung erfolgt. Oft sind vorherige Verhandlungen die Voraussetzung für weitere Schritte, insbes. für die Begründung der Zuständigkeit eines internationalen Gerichts.

2. Untersuchung

Soll zur Aufklärung von Tatsachen, die Anlass zu einer Streitigkeit **136**
gegeben haben, ein Untersuchungsverfahren eröffnet werden, erfolgt meist die Ernennung einer Gruppe einzelner oder einer Institution als unparteiliches Tatsachenermittlungs- oder Untersuchungsgremium. Wenn dann eine *mit Zustimmung der Parteien* durchgeführte Untersuchung zu einem eindeutigen Sachverhalt führt, kann sich die Untersuchung als sehr effektive Streitbeilegungsmethode erweisen.

3. Vermittlung und gute Dienste

Eine ähnliche Methode besteht in den Bemühungen Dritter, den **137**
Streitparteien bei der Bereinigung ihrer Meinungsverschiedenheiten durch Verhandlung zu helfen. Die Rolle des Vermittlers ist es dann, die Parteien zusammenzubringen, als *Unterhändler für beide Seiten* zu fungieren und Möglichkeiten der Beilegung der Streitigkeit zu erkunden und vorzuschlagen. Dabei können Vermittler eine

Brücke zwischen streitenden Staaten sein, deren Repräsentanten zunächst gar nicht bereit sind, miteinander zu sprechen; die Pendeldiplomatie im Mittleren Osten ist ein Beispiel hierfür. Vermittler können an den Verhandlungen und Treffen, falls deren Zustandekommen gelingt, teilnehmen und Lösungen des Konflikts anregen.

4. Schlichtung

138 Ein *Schlichtungsverfahren* ist *formeller ausgestaltet* als die schon genannten Verfahren zur Streitbeilegung. Es setzt die Vereinbarung der an der Streitigkeit beteiligten Parteien voraus, die Kontroverse einer Gruppe einzelner oder einer Institution vorzulegen, die dann einen Bericht mit Empfehlungen zur Streitbeilegung verfasst. Die Parteien verpflichten sich zwar regelmäßig nicht, die Empfehlungen auch zu befolgen, aber die Existenz eines Berichts erschwert es den Parteien gewöhnlich, ihn zu mißachten und die Empfehlungen zurückzuweisen, insbes. wenn sie den Anschein willkürlichen oder rechtswidrigen Handelns vermeiden wollen.

5. Kombination von Verhandlung, Vermittlung und Schlichtung

139 Heute gibt es zahlreiche internationale Institutionen und Mechanismen, innerhalb derer die oben erwähnten Methoden und Techniken zu einem formellen Streitbeilegungsverfahren zusammengefügt sind und das so insgesamt aus Verhandlungen, Tatsachenermittlung, Vermittlung und Schlichtung besteht. Institutionen, die zur Beilegung von Streitigkeiten wegen der Verletzung von Menschenrechten eingesetzt wurden, sind hierfür beispielhaft. Sie bestehen herkömmlicherweise aus einem Ausschuss oder einer Kommission, die auf Grund eines Vertrages errichtet wird, der regelmäßig auch einen Katalog der geschützten Rechte enthält. Die Vertragsstaaten können Streitigkeiten über die Verletzung dieser Rechte der Kommission vorlegen, die dann ein formelles Verfahren einleitet. Es folgen Verhandlungen, Tatsachenermittlungen und Bemühungen um eine gütliche Einigung. Dann wird ein Bericht mit entsprechenden Schlussfolgerungen erstattet und, wenn eine gütliche Einigung nicht erzielt wird, schließen sich Empfehlungen an (siehe z.B. Art. 11–13 der Konvention zur Verhinderung von Rassendiskriminierung; Art. 41–42 des Internationalen Paktes über bürgerliche und politische Rechte). Einige dieser Verträge enthalten Vorschriften über die Zulässigkeit einer gerichtlichen Entscheidung, auf die als letzten Schritt im Verfahren der Streitbeilegung zurückgegriffen werden kann. Diese Möglichkeit ist z.B. durch die Amerikanische Menschenrechtskonvention eröffnet. Im Rahmen des Europäischen Systems zum Schutz der Menschenrechte hat zum 1. November 1998 der ständige *Europäische Gerichtshof für Menschenrechte* das bis dahin bestehende System aus Europäischer Kommission und Europäischem Gerichtshof für Menschenrechte abgelöst. Ein sehr viel komplexerer Mechanismus der Streitbeilegung, der von all den vorgenannten Techniken vielfältig und in unterschiedlichen Zusammenhängen und Kombinationen beeinflusst ist, wurde durch die *Seerechtskonvention* geschaffen (Teil XI des Seerechtsübereinkommens der Vereinten Nationen). Die *Charta der Vereinten Nationen* selbst sieht ein Verfahren der Streitbeilegung vor, in dem der Sicherheitsrat und die Generalversammlung unterschiedliche Funktionen bei der Aktivierung der verschiedenen in Art. 33 aufgezählten Methoden innehaben (Kap. VI und VII UN-Charta).

Lit. zu II.: *R. L. Bindschedler,* Good Offices, EPIL, Bd. II, 1995, S. 601–603; *C. A. Fleischhauer,* Negotiations, EPIL, Bd. III, 1997, S. 535–537; *L. Henkin/ R. Pugh/O. Schachter/H. Smit,* International Law, 3. Aufl. 1993, S. 773–788; *P. Malanczuk,* Akehurst's Modern Introduction to International Law, 7. Aufl. 1997, S. 273–281; *A. Verdross/B. Simma,* Universelles Völkerrecht, 3. Aufl. 1984, §§ 1312–1321.

III. Quasi-gerichtliche Methoden

1. Der Unterschied zwischen Schiedsverfahren und gerichtlicher Entscheidung

Das internationale Schiedsverfahren und die internationale Ge- 140
richtsbarkeit unterscheiden sich in ganz wesentlicher Hinsicht von den in den vorangegangenen Abschnitten erörterten Techniken zur Beilegung von Streitigkeiten. Sowohl schiedsrichterliche als auch gerichtliche Entscheidungen *binden* die Parteien und haben nicht nur den Charakter von Empfehlungen. Dabei ist ein Schiedsgericht oder eine Schiedsstelle, im Gegensatz zu einem Gericht, in der Regel kein ständiges, auch für zukünftige Fälle eingerichtetes, richter-

liches Gremium. Die Parteien müssen sich sowohl über die Zusammensetzung als auch über die von dem Schiedsgericht anzuwendende Verfahrensordnung einigen. Das Übereinkommen, in dem all diese Fragen geregelt sind, wird als „*Kompromiss*" bezeichnet. Internationale gerichtliche Entscheidungen dagegen ergehen durch ständige, institutionalisierte Gerichte mit feststehender Zusammensetzung, die nach vorgegebenen Zuständigkeitsstandards und nach vorgegebenen Verfahrensordnungen tätig werden.

2. Internationale Schiedsklauseln

141 In der Praxis finden sich Schiedsklauseln im Rahmen bilateraler oder multilateraler Verträge, die im Übrigen Fragen des materiellen Rechts zwischen den Parteien regeln. Die Funktion solcher Klauseln besteht darin, eine Methode für die Beilegung von Streitigkeiten bereitzustellen, die sich bei der Auslegung oder Anwendung des jeweiligen Vertrages ergeben können. Üblich sind solche Klauseln z.B. in bilateralen Investitionsschutzverträgen.

142 Weiter bestehen Schiedsabkommen, deren einzige Funktion es gerade ist, eine Methode für die Lösung und schiedsrichterliche Entscheidung aller Streitigkeiten oder Gruppen von Streitigkeiten zu begründen, die in Zukunft zwischen den Parteien entstehen können. Bekannte Abkommen dieser Art sind die Haager Konvention über die friedliche Beilegung internationaler Streitigkeiten von 1899, in der Fassung der Haager Konvention von 1907, und die Generalakte über die friedliche Beilegung internationaler Streitigkeiten von 1928, die 1949 geändert wurde. Die Haager Konventionen begründeten den Ständigen Haager Schiedshof, der trotz seines Namens kein Gericht, sondern eine Institution zur Erleichterung internationaler Schiedsverfahren ist. Er enthält eine Tabelle von Schiedsrichtern, die von den einzelnen Vertragsstaaten als geeignet für den Dienst in Schiedsgremien oder -gerichten präsentiert werden.

143 Schließlich gibt es Vereinbarungen, die im Hinblick auf eine bestehende Streitigkeit abgeschlossen werden, die die Parteien nicht durch andere Mittel beilegen konnten. Ein Beispiel hierfür ist das Abkommen von 1981 zwischen den Vereinigten Staaten und dem Iran zur schiedsrichterlichen Entscheidung über die Regelung von

Schulden, das anlässlich der Besetzung der amerikanischen Botschaft und der Freilassung von amerikanischen Diplomaten geschlossen wurde und das zur Errichtung des iranisch-amerikanischen Schiedsgerichts führte (vgl. ILM, Bd. 20, 1981, S. 230 ff.).

3. Zustimmung zum Schiedsverfahren

Es ist eine Grundregel des Völkerrechts, dass von einem Staat nicht **144**
verlangt werden kann, eine Streitigkeit schiedsgerichtlich beizulegen, wenn er nicht entweder vor oder nach Entstehen der Streitigkeit einem solchen Verfahren *zugestimmt* hat. Die oben genannten schiedsrichterlichen Abkommen enthalten häufig Bestimmungen, die jede an der Streitigkeit beteiligte Partei berechtigen, von der anderen die Einleitung schiedsrichterlicher Verhandlungen zu verlangen, aber ein solches Recht ist *durch Vertrag* begründet. Wo das nicht der Fall ist, ist die *nachträgliche Zustimmung* der Parteien als Voraussetzung des Schiedsverfahrens erforderlich.

4. Zusammensetzung von Schiedsgerichten

Schiedsgerichte bestehen oft aus *drei Mitgliedern*, wobei jede an **145**
der Streitigkeit beteiligte Partei ein Mitglied ernennt. Das dritte Mitglied ist im Einvernehmen der Parteien zu ernennen oder, falls ein solches nicht erzielt werden kann, durch den Präsidenten des Internationalen Gerichtshofs oder eine andere international anerkannte Persönlichkeit. Wenn die Parteien sich nicht über das dritte Mitglied einigen können und das Abkommen keine alternative Methode seiner Auswahl enthält, gibt es u. U. keine Möglichkeit, das Schiedsabkommen durchzusetzen, da den Parteien kein Schiedsrichter aufgezwungen werden kann. Die Größe internationaler Schiedsgerichte variiert – das amerikanisch-iranische Schiedsgericht zählt z.B. neun Mitglieder – aber die oben beschriebene Ernennungsstruktur wird gewöhnlich aufrechterhalten.

5. Der Schiedsspruch

Wenn das Abkommen nichts anderes bestimmt, *binden* Schieds- **146**
sprüche die an der Streitigkeit beteiligten Parteien, und ein *weiteres Rechtsmittel* ist nicht gegeben. Einige Schiedsklauseln erlauben die

Überprüfung durch den Internationalen Gerichtshof. Die Gültigkeit von Schiedssprüchen kann, wenn das vorgesehen ist, unter besonderen Umständen angefochten werden. Die vier sehr weitgehend anerkannten Anfechtungsgründe, die sich auch in der Muster-Schiedsverfahrensordnung der Vereinten Nationen von 1958 finden, sind die folgenden:

- das Gericht hat seine Befugnisse überschritten;
- ein Mitglied des Gerichts ist bestochen worden;
- der Schiedsspruch leidet an einem Begründungsmangel oder ist schwerwiegend von einer fundamentalen Verfahrensregel abgewichen;
- die Verpflichtung zum Schiedsverfahren oder der Kompromiss ist nichtig.

6. Anwendbares Recht und Rechtsquellen

147 Schiedsgerichte wenden internationales Recht an, wenn die Parteien nicht vereinbart haben, dass ein anderes Recht angewendet werden soll, etwa eine nationale Rechtsordnung, falls diese für die besondere Art der Streitigkeit besondere Lösungsmöglichkeiten bietet. Im 19. und frühen 20. Jahrhundert und auch schon davor beruhte das internationale case law vorwiegend auf Entscheidungen von Schiedsgerichten und solchen innerstaatlicher Gerichte, die Völkerrecht anwendeten. Institutionalisierte Gerichte waren weniger beteiligt. (Der Zentralamerikanische Gerichtshof z.B. erließ nur wenige Entscheidungen während der kurzen Zeit seines Bestehens zwischen 1908 und 1918, und der Ständige Internationale Gerichtshof wurde erst 1920 errichtet.)

148 Obwohl die *Autorität älterer schiedsrichterlicher Entscheidungen* mit der Zeit abgenommen hat und obwohl manche von ihnen von neu entstandenen Staaten als Relikte des Kolonialismus und des Imperialismus bezeichnet wurden, bleiben sie eine wertvolle sekundäre Rechtsquelle. Die rechtliche *Autorität neuerer schiedsrichterlicher Entscheidungen* ist allerdings größer. Soweit keine Entscheidungen des Internationalen Gerichtshofs oder eines der anderen ständigen Gerichte ergingen, sind diese schiedsrichterlichen Entscheidungen der beste Nachweis des internationalen Richter- und Fallrechts.

7. Schiedsverfahren und Individualrechte

Obwohl die internationale Schiedsgerichtsbarkeit herkömmlicherweise primär Streitigkeiten zwischen Staaten auf völkerrechtlicher Ebene betrifft, hängen die Tatsachen, die solchen Streitigkeiten zugrunde liegen, oft mit Forderungen von Staatsangehörigen eines Staates gegen einen anderen Staat zusammen. Der klagende Staat nimmt sich der Forderungen seines Staatsangehörigen an. Viele Jahre hindurch haben die internationalen Schiedsgerichte einen ganzen *Komplex prozessualen und materiellen internationalen Rechts* entwickelt, der die verschiedensten Fragen umfasst, die sich im Rahmen solcher Rechtsstreitigkeiten ergeben (siehe unten Kap. 9). Ein großer Teil dieses Rechts, insbes. soweit es sich auf das Verfahren und die Zuständigkeit bezieht, hat Eingang in die Statuten und die Verfahrensordnungen bestehender internationaler Gerichte gefunden. **149**

In einem weiteren Sinne umfasst internationale Schiedsgerichtsbarkeit auch Verfahren zwischen Staaten und natürlichen oder juristischen Personen, beispielsweise eine Streitigkeit zwischen einem ausländischen Investor und dem Gaststaat, zumindest, wenn nach Maßgabe des Völkerrechts zu entscheiden ist. Eine wichtige Rolle spielt hier das Washingtoner Übereinkommen für die Regelung von Streitigkeiten bezüglich Investitionen zwischen Staaten und Angehörigen anderer Staaten von 1965 (s. unten Kap. 9, V. 2. c)).

Lit. zu III.: *L. Henkin/R. Pugh/O. Schachter/H. Smit,* International Law, 3. Aufl. 1993, S. 788–805; *O. Kimminich/S. Hobe,* Einführung in das Völkerrecht, 7. Aufl. 2000, S. 422–426; *P. Malanczuk,* Akehurst's Modern Introduction to International Law, 7. Aufl. 1997, S. 293–300; *H. v. Mangoldt,* Die Schiedsgerichtsbarkeit als Mittel internationaler Streitschlichtung, 1974; *H.-J. Schlochauer,* Arbitration, EPIL, Bd. I, 1992, S. 215–230.

IV. Der Internationale Gerichtshof

a) Einführung

Internationale Gerichte als ständige internationale Institutionen sind ein verhältnismäßig neues Phänomen in den internationalen Beziehungen. Der Zentralamerikanische Gerichtshof (1908–1918) war das erste Gericht dieser Art. Er hat einen besonderen Platz in **150** der Geschichte internationaler Gerichte nicht nur, weil es das erste war, sondern auch, weil unter seiner Charta Individuen erstmals das Recht erhielten, selbst Verfahren gegen Staaten einzuleiten.

151 Ein sehr wichtiges, für die internationale Gerichtsbarkeit *grundlegendes Prinzip* muss zunächst betont werden: Das Völkerrecht fordert von den Staaten nicht, dass ihre Streitigkeiten ohne ihre eigene Zustimmung durch internationale richterliche Entscheidung beigelegt werden. Die Befugnis eines internationalen Gerichts, über einen Fall zu verhandeln, wirft also immer die Frage auf, ob seine *Zuständigkeit* von den an der Streitigkeit beteiligten Parteien anerkannt wurde. Den Staaten steht es grundsätzlich frei, die Zuständigkeit vor oder nach Entstehen der Streitigkeiten zu akzeptieren, sie auf bestimmte Streitigkeiten zu begrenzen oder ihre Unterwerfung unter die Gerichtsbarkeit mit verschiedenen Bedingungen zu versehen (vgl. Art. 36 Statut des Internationalen Gerichtshofs). Zuständigkeitsfragen treten also bei der Tätigkeit internationaler Gerichte stets sehr deutlich in Erscheinung.

b) Historische Entwicklung

152 Der *Internationale Gerichtshof (IGH)* ist der Nachfolger des Ständigen Internationalen Gerichtshofs (StIGH), der 1920 unter den Auspizien des Völkerbundes gegründet wurde. Der StIGH stellte seine Tätigkeit während des Zweiten Weltkriegs 1939 ein, obwohl er erst 1946 formell aufgelöst wurde. Dieser Gerichtshof erließ ungefähr 30 Urteile und verschiedene Zwischenentscheidungen und erstellte 27 Gutachten. Diese Judikate genießen weiterhin hohe Autorität.

153 Der IGH, das *Hauptrechtsprechungsorgan der Vereinten Nationen*, entstand 1945. Sein Statut, das nach dem Vorbild desjenigen des StIGH erlassen wurde, stellt einen integralen Teil der Charta der Vereinten Nationen dar und ist ihr als Anhang beigefügt. Alle Mitgliedstaaten der Vereinten Nationen sind ipso facto auch Parteien des Statuts des Gerichtshofs, was allerdings nicht bedeutet, dass sie sich der Zuständigkeit des IGH unterworfen haben. Staaten, die nicht Mitglieder der Vereinten Nationen sind, können dem Statut unter von den Vereinten Nationen vorgesehenen Bedingungen beitreten.

c) Zusammensetzung und Struktur

Der IGH besteht aus 15 Richtern, von denen keine zwei Angehörige desselben Staates sein dürfen. Die Richter werden von der Generalversammlung der Vereinten Nationen und dem Sicherheitsrat gewählt; sie müssen die absolute Stimmenmehrheit in beiden Gremien erhalten. Die reguläre Amtszeit der Richter beträgt neun Jahre; sie können wiedergewählt werden. Es gibt keine formelle Regel, die jedem der ständigen Mitglieder des Sicherheitsrats einen Sitz im Gerichtshof zuordnet, obwohl in der Praxis so verfahren wird. **154**

Der Gerichtshof hat zwei Arten der Zuständigkeit: die *streitige Gerichtsbarkeit* und die *Zuständigkeit zur Gutachtenerstattung*. Zur streitigen Gerichtsbarkeit gehört auch die Befugnis, vorsorgliche Maßnahmen zur Sicherung der Rechte der Parteien vorzuschreiben (Art. 41 IGH-Statut; IGH, La Grand Case, Germany v. U.S., 27. 6. 2001, ILM, Bd. 40, 2001, S. 1069). Auf jede dieser Funktionen sind unterschiedliche Regeln und Verfahren anwendbar. **155**

1. Streitige Gerichtsbarkeit

a) Grundlagen der Zuständigkeit

Die streitige Gerichtsbarkeit des IGH besteht nur für Streitigkeiten zwischen Staaten, die diese *Zuständigkeit* anerkannt haben. Der Gerichtshof ist nicht zuständig für Streitigkeiten, an denen Individuen oder nichtstaatliche Einheiten als Parteien beteiligt sind (Art. 34 Abs. 1 IGH-Statut). **156**

Bei der Erörterung der Zuständigkeit des Gerichtshofs ist es wichtig, zwischen dem *Beitritt eines Staates zum Statut* und der *Zuständigkeit des Gerichtshofs im konkreten Fall* zu unterscheiden. Zugangsberechtigt ist ein Staat, der dem Statut beigetreten ist, – nur dies folgt aus dem Beitritt zum Statut. Aber ob der Gerichtshof einen Fall verhandeln darf, der von einem Staat, der dem Statut beigetreten ist, gegen einen anderen, gleichermaßen beigetretenen Staat anhängig gemacht wurde, hängt davon ab, ob beide Staaten auch die Zuständigkeit des Gerichtshofs anerkannt, d.h. sich seiner Gerichtsbarkeit unterworfen haben. **157**

158 Die Zuständigkeit des Gerichtshofs ist in Art. 36 des Statuts geregelt. Es gibt im wesentlichen *drei Arten*, durch die sich die Staaten ihr unterwerfen können. Sie können *erstens* die Zuständigkeit des Gerichtshofs ad hoc für die Entscheidung einer bestehenden Streitigkeit anerkennen (Art. 36 Abs. 1 IGH-Statut). *Zweitens* können sie einem bilateralen oder multilateralen Vertrag beitreten, in dem die Zuständigkeit des Gerichtshofs ausdrücklich oder implizit für Fälle betreffend die Auslegung oder Anwendung des Vertrages oder andere sich möglicherweise ergebende Streitigkeiten vorgesehen ist (vgl. z.B. Art. IX Konvention über die Verhütung und Bestrafung des Völkermordes). Bestimmungen dieser Art können auf bestimmte Streitigkeiten beschränkt oder allgemeinen Charakters sein. *Drittens* können sich die Mitglieder des Statuts gemäß Art. 36 Abs. 2, der als *„Fakultativklausel"* bezeichnet wird, durch einseitige Erklärung verpflichten, „dass sie die Zuständigkeit des Gerichtshofs von Rechts wegen und ohne besondere Übereinkunft gegenüber jedem anderen Staat, der dieselbe Verpflichtung übernimmt, für alle Rechtsstreitigkeiten ... als obligatorisch anerkennen", die sich auf Rechts- oder Tatsachenfragen beziehen, die vom internationalen Recht geregelt werden. Der Gerichtshof ist nicht zuständig, Fälle zu verhandeln, die nach innerstaatlichem Recht statt nach Völkerrecht zu entscheiden wären (vgl. Art. 38 Abs. 1 IGH-Statut).

b) Gegenseitigkeit

159 Die einseitige, die Zuständigkeit des Gerichtshofs gemäß Art. 36 Abs. 2 anerkennende Erklärung gilt „gegenüber jedem anderen Staat, der dieselbe Verpflichtung übernimmt". Durch die Abgabe dieser Erklärung erkennt ein Staat die Zuständigkeit des Gerichtshofs auf der Grundlage der Gegenseitigkeit an und braucht sich deshalb auf das Verfahren nur einzulassen, wenn er durch einen Staat verklagt wird, der eine entsprechende Erklärung abgegeben hat. Außerdem stehen dem Beklagten auf Grund der *Gegenseitigkeit* alle diejenigen Zuständigkeitseinwände offen, die der klagende Staat gegen den Beklagten gemäß seiner eigenen Erklärung, bei vertauschten Rollen, vorbringen könnte. Wie der IGH dargelegt hat, „ist, da es um zwei einseitige Erklärungen geht, dem Gerichtshof Zuständigkeit nur in dem Maße übertragen, in dem die beiden Erklärungen sich decken" (Norwegischer Anleihen-Fall, ICJ Rep.

1957, S. 9 und S. 23–24). Dieses Prinzip der Gegenseitigkeit *bezieht sich* aber lediglich *auf Umfang und Inhalt der eingegangenen Verpflichtungen* einschließlich von Vorbehalten, nicht auf die formalen Bedingungen ihres Entstehens wie Dauer oder Erlöschen (Nicaragua v. Vereinigte Staaten, ICJ Rep. 1984, S. 419–421).

Das Prinzip der Gegenseitigkeit ist deshalb von besonderer Bedeu- **160** tung, weil die meisten der 64 Staaten, die die Zuständigkeit des Gerichtshofs gemäß Art. 36 Abs. 2 des Statuts anerkannt haben, zahlreiche und unterschiedliche *Vorbehalte* gemacht haben. Die Zuständigkeit des Gerichtshofs ist folglich in all den Fällen beschränkt, in denen eine der beteiligten Parteien einen Vorbehalt erklärt hat, da die Partei, die den Vorbehalt nicht erklärt hat, sich ebenfalls gegenüber der anderen Partei darauf berufen kann (Interhandel-Fall, ICJ Rep. 1959, S. 6, 23). So hatte im erwähnten norwegischen Anleihen-Fall Frankreich, das gegen Norwegen klagte, die Zuständigkeit des Gerichtshofs gemäß Art. 36 Abs. 2 mit einem Vorbehalt anerkannt, der vorsah, dass diese Erklärung nicht für Streitigkeiten über Angelegenheiten gilt, die nach der Auffassung der französischen Regierung ihrem Wesen nach zu den inneren Angelegenheiten gehören. Die norwegische Erklärung enthielt keinen Vorbehalt. Nach dem Prinzip der Gegenseitigkeit, das in der norwegischen Erklärung ausdrücklich wiederholt wurde, konnte nun Norwegen gegenüber Frankreich Streitigkeiten aus der obligatorischen Zuständigkeit des Gerichtshofs ausschließen, die nach der Auffassung Norwegens ihrem Wesen nach zu seinen inneren Angelegenheiten gehörten. Weitgehend besteht darüber Übereinstimmung, dass das Ergebnis dasselbe gewesen wäre, wenn die norwegische Erklärung lediglich den Text des Art. 36 Abs. 2 wiedergegeben hätte, d. h. ohne zu wiederholen, dass seine Erklärung „unter der Bedingung der Gegenseitigkeit" erfolge.

Die Frage, ob von einem Staat, der sich der Zuständigkeit des Ge- **161** richtshofs *„vorbehaltlos"* unterwirft, anzunehmen sei, dass er auf die Gegenseitigkeit im Sinne des Art. 36 Abs. 2 verzichtet habe, wird überwiegend verneint. Man geht davon aus, dass die Bestimmung in Art. 36 Abs. 3 des Statuts, wonach eine Erklärung gemäß Art. 36 Abs. 2 „vorbehaltlos" oder „vorbehaltlich einer entsprechenden Verpflichtung mehrerer oder einzelner Staaten oder für einen bestimmten Zeitabschnitt abgegeben werden" kann, nicht das in Art. 36 Abs. 2 zum Ausdruck gebrachte Prinzip der Gegenseitigkeit beeinträchtigen soll; sie sei vielmehr eingefügt worden, um den Staaten zu ermöglichen, das Inkrafttreten ihrer Erklärung von der Anerkennung der Zuständigkeit des Gerichtshofs durch andere Staaten abhängig zu machen. Deshalb ist es so, dass ein Staat, der die Zuständigkeit des Gerichtshofs gemäß Art. 36 Abs. 2 „vorbehaltlos" anerkannt hat, *dennoch berechtigt* ist, *sich auf den Vorbehalt* jedes Staates *zu berufen*, der eine Klage gegen ihn erhoben hat.

c) Der Connally-Vorbehalt

162 Ein spezielles und instruktives *Beispiel* für die Vorbehaltspraxis sei hier gegeben. Die Vereinigten Staaten erkannten die Zuständigkeit des Gerichtshofs gemäß Art. 36 Abs. 2 des Statuts von 1946 an. Sie erklärten jedoch eine Reihe von Vorbehalten. Am bedeutsamsten ist das sog. *„Connally-Amendment"*, benannt nach dem Senator aus Texas, der es vorgeschlagen hatte. Der Vorbehalt nimmt Streitigkeiten aus der Zuständigkeit des Gerichtshofs aus, „die sich auf Angelegenheiten beziehen, die nach der Auffassung der Vereinigten Staaten von Amerika ihrem Wesen nach zur internen Zuständigkeit der Vereinigten Staaten von Amerika gehören". Der Zweck dieses Vorbehalts oder der sog. „Selbstbeurteilungsklausel" ist es zu gewährleisten, dass die Vereinigten Staaten selbst und nicht der IGH entscheiden, ob eine Streitigkeit innerstaatlichen Charakter hat und folglich außerhalb der Zuständigkeit des Gerichtshofs liegt. Hinsichtlich des Prinzips der Gegenseitigkeit hat dieser Vorbehalt die Wirkung, jeden Staat, den die Vereinigten Staaten verklagen, zu berechtigen, sich gegenüber dem Kläger ebenfalls auf den Vorbehalt zu berufen.

163 Mehrfach wurde vorgebracht, dass das Connally-Amendment und ähnliche *Selbstbeurteilungsklauseln* wegen Verstoßes gegen Art. 36 Abs. 6 des Statuts des Gerichtshofs ungültig seien. Danach entscheidet nämlich der Gerichtshof selbst über seine Zuständigkeit, wenn diese bestritten wird. Der IGH hat diese Frage nicht behandelt, obwohl er in einer Reihe von Fällen Gelegenheit dazu hatte. Richter H. Lauterpacht befasste sich mit der Frage im Norwegischen Anleihen-Fall (ICJ Rep. 1957, S. 34, 43–59) und im Interhandel-Fall (ICJ Rep. 1959, S. 95, 101–119) und kam zu dem Ergebnis, dass ein *Verstoß gegen das Statut* vorliege. Eine ähnliche Auffassung äußerte Richter Schwebel in seiner abweichenden Meinung im Nicaragua-Fall (ICJ Rep. 1984, S. 558, 601–602).

Der Streit um den Connally-Vorbehalt hat an praktischer Bedeutung verloren, da die Vereinigten Staaten mit Wirkung für das Jahr 1986 ihre Anerkennung der Zuständigkeit des IGH gemäß Art. 36 Abs. 2 des Statuts beendeten. Ein Grund hierfür war die Unzufriedenheit der amerikanischen Regierung mit der Entscheidung im Fall Nicaragua gegen die Vereinigten Staaten (vgl. United States: Department of State Letter and Statement Concerning Termination of Acceptance of I.C.J. Compulsory Jurisdiction, ILM, Bd. 24, 1985, S. 1742). **164**

Dass die Vereinigten Staaten die Zuständigkeit des Gerichtshofs unter Art. 36 Abs. 2 nicht mehr anerkennen, hat *keine Auswirkungen auf* die Zuständigkeit des Gerichtshofs gemäß Art. 36 *Abs. 1* des Statuts. Sie berührt mithin nicht die Zuständigkeitsbegründung durch besondere Vereinbarungen. Die Vereinigten Staaten sind Partei vieler Verträge, die Bestimmungen enthalten, die den Gerichtshof für zuständig erklären (vgl. z.B. IGH, La Grand Case, Germany v. U.S., 27. 6. 2001, ILM, Bd. 39, 2001, S. 1069). **165**

d) Das „Nicaragua"-Amendment

Bei der Anerkennung der Zuständigkeit des Gerichtshofs gemäß Art. 36 Abs. 2 des Statuts im Jahre 1946 hatten die Vereinigten Staaten auch die Einschränkung vorgenommen, „dass diese Erklärung für einen Zeitraum von fünf Jahren in Kraft sein soll und danach bis zu einem Zeitablauf von sechs Monaten, beginnend mit der Mitteilung über die Beendigung dieser Erklärung". Die Erklärung blieb in dieser Fassung bis 1984 in Kraft, als die Vereinigten Staaten versuchten, sie folgendermaßen abzuändern: **166**

„Die erwähnten Erklärungen von 1946 gelten nicht für solche Streitigkeiten mit zentralamerikanischen Staaten, die aus Ereignissen in Zentralamerika erwachsen oder mit ihnen zusammenhängen. Derartige Streitigkeiten werden auf eine Weise beigelegt, die von den beteiligten Parteien vereinbart wird. Ungeachtet der Bestimmungen

der vorgenannten Erklärung tritt diese Klausel sofort in Kraft und gilt für zwei Jahre.“

167 Dieser Zusatz wurde durch Nicaraguas Entscheidung veranlasst, die Vereinigten Staaten vor dem IGH zu verklagen. Nachdem die Vereinigten Staaten wenige Tage vor Einreichung der Klage von der Absicht Nicaraguas erfahren hatten, versuchten sie, die Klage mit dem Amendment zu blockieren. Der IGH bestätigte die Auffassung Nicaraguas, dass die Vereinigten Staaten an die in der Erklärung von 1946 enthaltene sechsmonatige Mitteilungsfrist gebunden seien, obwohl Nicaraguas Vorbehalt keine Bestimmung über eine Mitteilung enthielt und so jederzeit hätte zurückgezogen werden können. Er führte aus, dass „die Gegenseitigkeit nicht geltend gemacht werden kann, um es einem Staat zu erlauben, von den Bestimmungen seiner eigenen Erklärung abzuweichen, was auch immer deren Reichweite, Begrenzung oder Bedingungen sein mögen“ (ICJ Rep. 1984, S. 419; s. auch oben unter 1. b)).

e) Gesichtspunkt der nationalen Sicherheit

168 *Fragen der nationalen Sicherheit* werden regelmäßig als sehr heikel empfunden; entprechend gering ist die Wahrscheinlichkeit, dass sie internationalen Gerichten zur Entscheidung unterbreitet werden. So haben in den letzten Jahrzehnten mehrere Staaten ihre Anerkennung der obligatorischen *Zuständigkeit des IGH* dahingehend *eingeschränkt*, dass mit der nationalen Sicherheit oder der Selbstverteidigung zusammenhängende Fragen ausgeschlossen sind. Die Vereinigten Staaten, die eine solche Einschränkung nicht vorgenommen hatten, führten u.a. diese Erwägungen als Gründe für ihren Entschluss an, am Nicaragua-Fall nicht weiter mitzuwirken, nachdem der Gerichtshof in der Frage der Zuständigkeit gegen sie entschieden hatte (U.S. Statement, 8. 1. 1985, ILM, Bd. 24, 1985, S. 246). Ähnliche Erwägungen lagen wohl der französischen Haltung in den Atomversuchs-Fällen zugrunde (ICJ Rep. 1973, S. 99 und S. 135; ICJ Rep. 1974, S. 253 und S. 257). Im Nicaragua-Fall wies der IGH die Auffassung zurück, dass Streitigkeiten, die Fragen der Sicherheit oder Selbstverteidigung betreffen, ipso facto nicht für eine Entscheidung durch den Gerichtshof geeignet oder unzulässig seien (ICJ Rep. 1984, S. 433–437 und ICJ Rep. 1986, S. 14, 26–28).

f) Wirkung und Durchsetzung von Urteilen

Die vom IGH erlassenen Urteile sind für die beteiligten Parteien *bindend* (Art. 59 IGH-Statut). Sie sind *endgültig* und unterliegen keinem Rechtsmittel (Art. 60 IGH-Statut). Das Statut des IGH bestimmt *aber nicht, wie* seine *Urteile durchzusetzen sind.* Diesen Bereich deckt Art. 94 der Charta der Vereinten Nationen ab. Danach verpflichtet sich jedes Mitglied der Vereinten Nationen, „bei jeder Streitigkeit, in der es Partei ist, die Entscheidung des Internationalen Gerichtshofs zu befolgen". Ein Staat, der dem Urteil des Gerichtshofs nicht nachkommt, verletzt also die Charta der Vereinten Nationen. Dies wird durch Art. 94 Abs. 2 bekräftigt, wonach sich eine Partei des Rechtsstreits an den Sicherheitsrat wenden kann, der, „wenn er es für erforderlich hält, Empfehlungen abgeben oder Maßnahmen beschließen" kann, „um dem Urteil Wirksamkeit zu verschaffen", falls die andere Streitpartei ihren Verpflichtungen aus dem Urteil nicht nachkommt. Es ist aber darauf hinzuweisen, dass der Sicherheitsrat zwar tätig werden „kann", aber nicht muss. Außerdem kann er, wenn er tätig wird, eine Empfehlung abgeben oder einen Beschluss fassen, und nur der letztere ist bindend. Wenn ein Staat eine Entscheidung des Sicherheitsrats nicht erfüllt, kann das unter gewissen Umständen Sanktionen zur Folge haben (Art. 39, 41, 42 UN-Charta). Da sich das Vetorecht der ständigen Mitglieder auf solche Sanktionen erstreckt, werden sie nur in Fällen ergriffen, in denen diese Staaten zur Kooperation bei der Durchsetzung eines Urteils des Gerichtshofs bereit sind. Das gleiche gilt im Hinblick auf ihre Bereitschaft zur Unterstützung des ursprünglichen Beschlusses (zum Veto der Vereinigten Staaten zu einem einschlägigen Sicherheitsratsbeschluss ILM, Bd. 25, 1986, S. 1337, 1352–1365). 169

2. Zuständigkeit zur Gutachtenerstattung

a) Anwendungsbereich für Gutachtenerstattung

Nur Organe und die *Sonderorganisationen* der Vereinten Nationen 170
haben die Möglichkeit Gutachten des Gerichtshofs anfordern. Staaten und Individuen haben dagegen kein Antragsrecht. *Art. 96 Abs. 1 der Charta* der Vereinten Nationen ermächtigt ausdrücklich die Generalversammlung der Vereinten Nationen und den Sicherheits-

rat, andere Organe der Vereinten Nationen und Sonderorganisationen können mit Ermächtigung durch die Generalversammlung ebenfalls Gutachten anfordern (Art. 96 Abs. 2 UN-Charta). Die Generalversammlung hat eine solche Ermächtigung nicht nur den in Art. 7 der Charta der Vereinten Nationen aufgezählten Hauptorganen erteilt, sondern auch verschiedenen Hilfsorganen. Im Hinblick auf die Befugnis der Sonderorganisationen, Gutachten anzufordern, ist die erforderliche Ermächtigung regelmäßig in ihren Kooperationsabkommen mit den Vereinten Nationen enthalten *(K. J. Keith,* The Extent of the Advisory Jurisdiction of the International Court of Justice, 1971, S. 36–41). Nach Art. 65 Abs. 1 des IGH-Statuts „kann" der Gerichtshof im Rahmen seiner Zuständigkeit Gutachten erstatten. Angesichts der Verantwortung des IGH als Hauptrechtsprechungsorgan der Vereinten Nationen (Art. 92 UN-Charta) erlauben aber nur zwingende Gründe die Zurückweisung eines Gutachtenantrags (IGH, Gutachten über die Rechtmäßigkeit der Androhung oder des Einsatzes von Kernwaffen v. 8. 7. 1996, HRLJ, Bd. 17, 1996, S. 253–400).

b) Rechtscharakter von Gutachten

171 Gutachten sind per definitionem *nicht bindend*. Ob die anfordernde Institution sich von dem Ausspruch des Gerichtshofs leiten lässt oder ihn auch als verbindlich anerkennt, ist eine Frage, die durch das interne Recht der betreffenden Institution geregelt wird. Im Rahmen der Vereinten Nationen ist es üblich, dass das anfordernde Organ darüber abstimmt, ob das Gutachten anerkannt wird. Einige internationale Übereinkommen sehen auch vor, dass das von einer Organisation angeforderte Gutachten für die Organisation und die Mitgliedstaaten bindend ist (*M. Pomerance,* The Advisory Function of the International Court in the League and UN Eras, 1973, S. 888–890). Der unverbindliche Charakter von Gutachten sollte *aber* unterschieden werden von ihrer *rechtlichen Autorität*, d.h. der legitimierenden Wirkung, die sie auf das Verhalten von Staaten und Organisationen haben können, oder mit ihrem Wert als Präzedenzfall in einem Rechtssystem, in dem es noch vergleichweise wenige Richtersprüche gibt. In der Praxis beruft man sich auf Gutachten ähnlich häufig wie auf Urteile. Da die Doktrin des stare decisis (des bindenden Präzedenzfalles) keine völkerrechtliche Doktrin ist und da sie nicht für streitige Entscheidungen des IGH gilt, haben die Gutachten des Gerichtshofs theoretisch keinen geringeren Präjudizwert als in streitigen Fällen ergangene Urteile. Die Tatsache, dass die letzteren die am Fall beteiligten Parteien binden und die ersteren nicht, beeinträchtigt ihren Wert als rechtliches Präjudiz in zukünftigen Streitigkeiten unter Beteiligung anderer Parteien nicht.

Lit. zu IV. 1. b) bis IV. 2. b): *L. Henkin/R. Pugh/O. Schachter/H. Smit,* International Law, 3. Aufl. 1993, S. 805–864; *O. Kimminich/S. Hobe,* Einführung in das Völkerrecht, 7. Auflage 2000, S. 428–436; *K. Oellers-Frahm,* Die Verfahrensordnung des Internationalen Gerichtshofs vom 14. April 1978, AVR, Bd. 18, 1979/1980, 309–320; *H.-J. Schlochauer/K. Oellers-Frahm,* International Court of Justice, EPIL, Bd. II, 1995, S. 1084–1107; *A. Verdross/B. Simma,* Universelles Völkerrecht, 3. Aufl. 1984, §§ 186–205.

V. Andere internationale Gerichte

1. Einführung

Neben dem IGH, dem einzigen ständigen internationalen Gerichtshof universellen Charakters, besteht eine Reihe ständiger, teils regionaler internationaler Gerichtshöfe mit *spezialisierten Zuständigkeiten*. Gegenwärtig spricht man sogar von einer Proliferation internationaler Gerichte (vgl. z.B. *T. Buergenthal,* Proliferation of International Courts and Tribunals: Is It Good or Bad? LJIL, Bd. 14, 2001, 267–275). **172**

2. Der Gerichtshof der Europäischen Gemeinschaften

Eine besonders intensive Tätigkeit entfaltet der aus 15 Richtern bestehende *Gerichtshof der Europäischen Gemeinschaften* (siehe oben Kap. 7, V.). Der Gerichtshof hat seinen Sitz in Luxemburg und wurde 1952 mit der Gründung der Europäischen Gemeinschaft für Kohle und Stahl errichtet. Seine Zuständigkeit wurde 1958 erweitert, als die Europäische Wirtschaftsgemeinschaft und die Europäische Atomgemeinschaft gegründet wurden. **173**

Die *Hauptaufgabe* des Gerichtshofs ist die *Auslegung und Anwendung* der Gemeinschaftsverträge, *des* sog. *primären Rechts, und des* von den Organen der Gemeinschaften gesetzten sog. *sekundären Gemeinschaftsrechts*. Die Zuständigkeit des Gerichtshofs erstreckt **174** sich auf Streitigkeiten, an denen Mitgliedstaaten und Organe der Gemeinschaften beteiligt sind (Art. 226–230 EGV). *Auch natürliche und juristische Personen* können den Gerichtshof anrufen, wenn sie durch Maßnahmen der Organe betroffen sind. Außerdem können sich *die nationalen Gerichte der Mitgliedstaaten* an den Gerichtshof wenden, wenn es für die von ihnen zu treffende Entscheidung auf die Auslegung oder die Gültigkeit von Gemeinschaftsrecht ankommt und insoweit Zweifel bestehen könnten. Ein letztinstanzlich entscheidendes Gericht muss die entsprechende Frage dem Gerichtshof vorlegen (Art. 234 EGV). Die Befugnis, diese Entscheidungen zu fällen, wurde dem Gerichtshof übertragen, damit die einheitliche Auslegung des Gemeinschaftsrechts durch die Gerichte aller Mitgliedstaaten gewährleistet ist. In diesem Sinne ist die Zuständigkeit des Gerichtshofs derjenigen des Supreme Court der Vereinigten Staaten, über Fragen des Bundesrechts (federal question jurisdiction), und derjenigen des Bundesverfassungsgerichts, über die Gültigkeit von Bundesgesetzen (Art. 100 Abs. 1 S. 1 GG) zu entscheiden, entfernt vergleichbar.

175 Im Jahre 1988 wurde dem EuGH zur Entlastung ein *Gericht erster Instanz* zugeordnet. Es ist im wesentlichen zuständig für Klagen natürlicher oder juristischer Personen sowie bei Streitsachen zwischen der Gemeinschaft und deren Bediensteten (Art. 225 EGV; Beschluss des Rates 88/591/EGKS, EWG, Euratom zur Errichtung eines Gerichts erster Instanz der Europäischen Gemeinschaften v. 24. 10. 1988).

Lit. zu V. 2.: *M. Herdegen,* Europarecht, 3. Aufl. 2001, Rdn. 148–153; *R. Streinz,* Europarecht, 5. Aufl. 2001, Rdn. 327–336.

3. Gerichtshöfe für Menschenrechte

a) Der Europäische Gerichtshof für Menschenrechte

176 Ein weiteres, stark in Anspruch genommenes regionales Gericht ist der 1959 errichtete *Europäische Gerichtshof für Menschenrechte.* Er ist das rechtsprechende Organ der Europäischen Menschenrechtskonvention (EMRK). Dieser Vertrag wurde im institutionellen Rahmen des Europarates geschlossen, der mittlerweile aus 44 (Stand Jan. 2003) Mitgliedern bestehenden europäischen regionalen Organisation mit Sitz in Straßburg (siehe oben Kap. 5., IV. 3.–IV. 6.). Die Zuständigkeit des Gerichtshofs umfasst die Auslegung und Anwendung der Europäischen Konvention und ihrer Zusatzprotokolle.

Das europäische System zum Schutz der Menschenrechte, das ur- **177**
sprünglich aus einer Europäischen Menschenrechtskommission und einem – nicht ständig tagenden – Europäischen Gerichtshof für Menschenrechte bestand, wurde durch das Inkrafttreten des 11. Zusatzprotokolls zur EMRK grundlegend reformiert. Nach Ende des Kalten Krieges waren zahlreiche mittel- und osteuropäische Staaten dem Konventionssystem beigetreten. Die Arbeitslast des Europäischen Gerichtshofs, der ursprünglich nur für eine erheblich geringere Zahl von Staaten zuständig war, wuchs beträchtlich. Deshalb nahm zum 1. 11. 1998 ein aus hauptberuflichen Richtern zusammengesetzter und *ständig tagender Gerichtshof* für Menschenrechte seine Arbeit auf. Auch für den neuen Gerichtshof gilt, dass die Richterzahl derjenigen der Vertragsstaaten entspricht. Entschieden wird allerdings in Ausschüssen von drei Richtern sowie in Kammern von 7 und 17 Richtern. Dem Plenum verbleiben nurmehr administrative Funktionen.

Eine *wichtige Neuerung* ist, dass nun die *verletzten Rechtssubjekte* **178**
selbst Fälle vor den Gerichtshof bringen können, wohingegen unter dem alten System nur die Mitgliedstaaten der Konvention und die Europäische Menschenrechtskommission den Gerichtshof mit der Behauptung anrufen konnten, ein Mitgliedstaat habe die in der Konvention garantierten Menschenrechte verletzt. Mit dem selteneren Verfahren der sog. *Staatenbeschwerde* kann ein Staat den Gerichtshof befassen, wenn ein anderer Staat die Menschenrechte verletzt hat, wobei es auf die Staatsangehörigkeit des Verletzten nicht ankommt. Die Zulässigkeit einer Klage setzt in jedem Fall voraus, dass der nationale Rechtsweg erschöpft wurde. Obwohl dem Gerichtshof im ersten Jahrzehnt seiner Existenz nur wenige Fälle unterbreitet wurden, hat sein anwachsendes Fallrecht heute einen eminent *wichtigen Einfluss auf den Schutz der individuellen Grundrechte und Grundfreiheiten* in den Mitgliedstaaten. So ist der Gerichtshof in gewisser Hinsicht das höchste Verfassungsgericht Europas, soweit es um die Garantie der Menschenrechte geht. Für die

Staaten Ost- und Mitteleuropas stellt die Unterwerfung unter das europäische System zum Schutz der Menschenrechte eine Voraussetzung für die angestrebte Mitgliedschaft in der Europäischen Union dar. *Allerdings* binden die Entscheidungen des Europäischen Gerichtshofs für Menschenrechte nicht unmittelbar die nationalen Gerichte, sondern *stellen nur Vertragsverletzungen* oder die Pflicht des Staates zum Schadensersatz *fest*.

Lit. zu V. 3. a): *J. A. Frowein/W. Peukert,* Europäische Menschenrechtskonvention, EMRK-Kommentar, 2. Aufl. 1996; *L. Wildhaber,* A constitutional future for the European Court of Human Rights?, HRLJ, Bd. 22, 2001, 161–165.

b) Der Interamerikanische Gerichtshof für Menschenrechte

179 Der aus sieben Richtern bestehende *Interamerikanische Gerichtshof für Menschenrechte* wurde 1979 errichtet. Er hat seinen Sitz in San José, Costa Rica. Der Gerichtshof ist das rechtsprechende Organ der Amerikanischen Menschenrechtskonvention, die 1978 in Kraft trat. Dieser Vertrag ist nach dem Vorbild der Europäischen Menschenrechtskonvention verfasst und sieht eine ähnliche institutionelle Struktur wie das europäische System in seiner ursprünglichen Form vor: den Gerichtshof und die Interamerikanische Menschenrechtskommission. Aber, anders als der Europäische Gerichtshof, hat der Interamerikanische Gerichtshof eine *ausgedehntere* Zuständigkeit, Gutachten über die Auslegung der Konvention sowie anderer, die Menschenrechte betreffender Verträge zu erstellen. Hinsichtlich seiner streitigen Gerichtsbarkeit gilt, dass nur die Kommission und die Mitgliedstaaten, die die Zuständigkeit des Gerichtshofs anerkannt haben, den Gerichtshof anrufen können. Individuen haben kein Antragsrecht, aber sie können bei der Kommission Beschwerden einreichen, die die Kommission oder ein beteiligter Mitgliedstaat dem Gerichtshof zur Entscheidung vorlegen können.

Lit. zu V. 3. b): *T. Buergenthal,* Inter-American Court of Human Rights, EPIL, Bd. II, 1995, S. 1008–1011; *T. Buergenthal/D. Shelton/D. Stewart,* International Human Rights, 2002, S. 256–281; *J. Kokott,* Das interamerikanische System zum Schutz der Menschenrechte, 1986, S. 117–151.

c) Ein Afrikanischer Gerichtshof für Menschenrechte

Im Jahre 1998 nahm die Versammlung der Staats- und Regierungschefs der Organisation Afrikanischer Einheit ein bereits durch mehr als 30 Staaten unterzeichnetes Protokoll zur Afrikanischen Charta über die Rechte und Pflichten der Menschen und Völker von 1981 an. Der dort vorgesehene, in Struktur und Zuständigkeiten an den Interamerikanischen Gerichtshof für Menschenrechte angelehnte *Afrikanische Gerichtshof für Menschenrechte* soll die Afrikanische Kommission für die Rechte der Menschen und Völker in ihrem Schutzauftrag ergänzen. **180**

Lit. zu V. 3. c): *N. Krisch,* The Establishment of an African Court on Human and Peoples' Rights, mit Annex Protocol to the African Charter on Human and Peoples' Rights on the Establishment of an African Court on Human and Peoples' Rights, ZaöRV, Bd. 58, 1998, 713–731.

4. Internationale Strafgerichtshöfe

a) ad hoc-Gerichte

Anknüpfend an die Tradition der nach dem Zweiten Weltkrieg eingerichteten Nürnberger und Tokioter Tribunale beschloss der UN-Sicherheitsrat mit Resolution 827 (1993) vom 25. Mai 1993 die *Errichtung eines Tribunals* zur Beurteilung von Personen, „die im Verdacht stehen, seit 1991 auf dem Gebiet des ehemaligen Jugoslawiens schwere Verletzungen des humanitären Völkerrechts begangen zu haben". Der Sicherheitsrat stützte sich dabei auf Kapitel VII der Charta mit der Begründung, dass Verletzungen des humanitären Völkerrechts eine Bedrohung des Weltfriedens und der internationalen Sicherheit darstellen. Das Tribunal setzt sich zusammen aus 16 vollamtlichen zuzüglich – seit 2001 – 27 ad litem Richtern; letztere werden bei Bedarf herangezogen. Sein Sitz ist Den Haag. Nach seinem Statut ist das Tribunal zuständig für die folgenden *vier Tatbestände*: **181**

- schwere Verletzungen der Genfer Rotkreuzkonventionen von 1949 (Art. 2),
- Verletzungen der Gesetze und Gebräuche des Krieges (Art. 3),
- Genozid (Art. 4) und
- Verbrechen gegen die Menschlichkeit (Art. 5).

Der Forderung *nullum crimen sine lege* ist insoweit im Ergebnis Rechnung getragen. Der Forderung *nulla poena sine lege* wollte man insofern folgen, als für das Strafmaß jugoslawisches Recht gilt (Art. 55 des Statuts). Obwohl im Nürnberger Prozess mit Selbstverständlichkeit angewendet, ist die Todesstrafe nicht vorgesehen, sondern als Höchststrafe der lebenslange Freiheitsentzug. Eine Berufung darauf, dass auf Befehl gehandelt wurde, wird nicht als Entschuldigungsgrund angesehen – wie im Nürnberger Prozess –, sondern kann zu einer gewissen Strafmilderung führen, ebenso wie die Berufung darauf, dass im Notstand gehandelt wurde (Art. 7 des Statuts).

182 Eine Verurteilung in Abwesenheit ist nicht vorgesehen, sondern sie erfordert die *persönliche Anwesenheit des Angeklagten* (Art. 21 des Statuts). Das ist bedauerlich, da es dem Verfahren weitgehend die Effektivität nimmt und rechtsstaatliche Grundsätze dadurch geschützt werden könnten, dass die Wiederaufnahme bei Erscheinen des Angeklagten vorgesehen ist.

183 Zur Abgrenzung der Zuständigkeiten zwischen dem Tribunal und den innerstaatlichen Gerichten geht das Statut vom Modell konkurrierender Kompetenzen aus. Das Tribunal genießt aber insoweit Vorrang, als es einen Fall in jedem Stadium des Verfahrens an sich ziehen kann (Art. 9). Der Grundsatz *ne bis in idem* ist insofern eingehalten, als ein innerstaatliches Gericht nicht mehr zuständig ist, wenn das Tribunal ein Urteil erlassen hat. Das Tribunal jedoch kann dann, wenn es das innerstaatliche Urteil für unangemessen hält, eine Bestrafung vornehmen. Die Möglichkeit einer Berufung vor einer zweiten Kammer ist vorgesehen. Der Strafvollzug soll durch Staaten vorgenommen werden, die sich hierzu bereit erklären (Art. 27 des Statuts).

184 Nach dem Vorbild des Jugoslawien-Tribunals beschloss der Sicherheitsrat 1994 ein Gericht zur Beurteilung der in Ruanda begangenen Massaker zu schaffen. Die Appelationskammer des Jugoslawien-Tribunals wird auch für das Ruanda-Tribunal tätig. Beide teilen den selben Chefankläger.

Lit. zu V. 4. a): SR Res. 808 v. 22. 2. 1993 und 827 v. 25. 5. 1993, ILM Bd. 32, 1993, S. 1203–1205; Statut des Jugoslawien-Tribunals, ILM, Bd. 32, 1993,

S. 1192–1201; International Criminal Tribunal for the Former Yugoslavia: Decision in Prosecutor v. Dusko Tadic v. 2. 10. 1995, ILM, Bd. 35, 1996, S. 32; *J. Jones,* The Practice of the International Criminal Tribunals for the Former Yugoslavia, 2000; *S. Murphy,* Progress and Jurisprudence of the International Criminal Tribunal for the Former Yugoslavia, AJIL, Bd. 93, 1999, 57–97.

b) Der Internationale Strafgerichtshof

Das Statut eines *Internationalen Strafgerichtshofs* wurde im Juli **185** 1998 unterzeichnet und trat im Juli 2002 in Kraft. Die sachliche Zuständigkeit des Internationalen Strafgerichtshofs erstreckt sich auf Kriegsverbrechen im Sinne schwerer Verstöße gegen die Genfer Rotkreuzkonventionen von 1949 sowie der Gesetze und Gebräuche des Krieges, Genozid und Verbrechen gegen die Menschlichkeit (Art. 5a)-c)). Das Statut von Rom umschreibt diese Verbrechen aber sehr viel ausführlicher (Art. 6 ff.) als das Statut des Jugoslawien-Tribunals, um jedweden Bedenken auf Grund des Prinzips *nulla poena sine lege scripta* umfassend Rechnung zu tragen. Hinzu kommt die Zuständigkeit für das *Verbrechen der Aggression* (Art. 5d)). Eine Bestrafung nach diesem Tatbestand setzt jedoch noch voraus, dass die Staaten sich auf eine Definition der Aggression einigen (Art. 5 Abs. 2).

Die Zuständigkeit des Internationalen Strafgerichtshofs ist automa- **186** tisch mit der Mitgliedschaft des Statuts verbunden, erfordert mithin keine gesonderte Unterwerfungserklärung. Im konkreten Fall setzt sie allerdings voraus, dass die Straftat auf dem Territorium eines Mitgliedstaates oder durch dessen Staatsangehörige begangen wurde (Art. 12). Vorbehalte zum Statut sind entsprechend einer modernen völkerrechtlichen Tendenz (s. unten Kap. 8, III.) unzulässig (Art. 120). Jedoch können dem Statut neu beitretende Staaten die Zuständigkeit des Internationalen Strafgerichtshofs für auf ihrem Territorium oder von ihren Staatsangehörigen begangene Kriegsverbrechen um sieben Jahre herausschieben (Art. 124). Die Vereinigten Staaten haben das Statut zwar signiert, im Mai 2002 jedoch mitgeteilt, dass eine Ratifikation nicht beabsichtigt sei.

Nationale Strafgerichtsbarkeit ist weiterhin zulässig, so dass eine **187** gewisse Konkurrenz zwischen nationaler und internationaler Gerichtsbarkeit besteht. Allerdings soll der Internationale Strafgerichtshof dann seine Kompetenz in Anspruch nehmen können, wenn das nationale Gericht eine angemessene Bestrafung unterlässt.

188 Die staatsrechtliche Stellung des Angeklagten, etwa als Regierungsmitglied, soll außer Betracht bleiben, so dass regelmäßig Immunität nicht eingreift (Art. 27 des Statuts). Hier folgt der Gerichtshof den Regeln des Nürnberger Prozesses und des Jugoslawien-Tribunals. Der persönliche Notstand, d.h. Handeln unter Drohung, soll im Rahmen der Verhältnismäßigkeit zur Straffreiheit führen (Art. 31 Abs. 1c) des Statuts). Hier liegt ein gewisser Unterschied zum Statut des Jugoslawien-Tribunals vor. Die Berufung darauf, dass auf Befehl gehandelt wurde, soll, mit einigen Ausnahmen, nicht relevant sein. Die Ernennung der Richter, vorläufig 18 Richter, erfolgt durch die Vertragsparteien in gemeinsamer Wahl (Art. 36 des Statuts). Eine Berufungskammer ist vorgesehen. Vertragsparteien können einen Richter wegen Pflichtversäumung oder Unfähigkeit abberufen, wenn 2/3 der Staaten das verlangen. Den Richtern ist Immunität zugesichert, die allerdings vom Gericht mit einfacher Mehrheit aufgehoben werden kann.

189 Wie auch im Statut des Jugoslawien-Tribunals vorgesehen, soll eine Aburteilung nur in Anwesenheit des Angeklagten erfolgen (Art. 63 des Statuts). Auch hier ist die Todesstrafe nicht vorgesehen. Die Vollstreckung einer Freiheitsstrafe erfolgt in einem Staat, der sich hierzu bereit erklärt, wobei der Verurteilte gewisse Wünsche in dieser Beziehung vortragen kann.

Lit. zu V. 4. b): Statut des Internationalen Strafgerichtshofs, ILM, Bd. 37, 1998, S. 999–1069; *L. Caflisch,* The Rome Statute and the European Convention on Human Rights, EuGRZ, Bd. 29, 2002, 1–12; *L. Sadat,* The International Criminal Court and the Transformation of International Law, 2002; *C. Stahn,* Zwischen Weltfrieden und materieller Gerechtigkeit: Die Gerichtsbarkeit des Ständigen Internationalen Strafgerichtshofs (IntStGH), EuGRZ, Bd. 25, 1998, 577–591; *C. Tomuschat,* Das Strafgesetzbuch der Verbrechen gegen den Frieden und die Sicherheit der Menschheit, EuGRZ, Bd. 25, 1998, 1–7; *A. Zimmermann,* Die Schaffung eines ständigen Internationalen Strafgerichtshofs, ZaöRV, Bd. 58, 1998, 47–108.

5. Der Seegerichtshof der Vereinten Nationen

Das Seerechtsübereinkommen (SRÜ) hat eine *besondere Seegerichtsbarkeit* eingerichtet. Ein Gerichtshof mit Sitz in Hamburg steht den Staaten zur Streiterledigung zur Verfügung, sei es durch gerichtliche Entscheidungen oder im Rahmen eines Vergleichsverfahrens (Art. 279 ff. SRÜ). Die Staaten sind allerdings auch frei, anstelle des Seegerichtshofs den Internationalen Gerichtshof anzurufen oder ein Schiedsgericht zu benennen (Art. 287 SRÜ). **190**

Der Gerichtshof ist *zuständig* für Streitigkeiten, die sich aus dem SRÜ ergeben, so dass dessen Vorschriften anzuwenden sind, daneben aber auch das allgemeine Völkerrecht. Für die Beilegung von Streitigkeiten aus Teil XI des SRÜ (Tiefseebergbau) ist eine besondere Kammer eingerichtet. Die Entscheidungen des Gerichtshofs binden nur die Parteien und also nicht im Sinne einer Normenkontrollentscheidung bzgl. des SRÜ. Der Gerichtshof kann in dringenden Fällen vorläufige Maßnahmen anordnen, die für die Streitparteien verbindlich sind. Die Erschöpfung des nationalen Rechtsweges ist eine Prozessvoraussetzung, falls es sich um Streitigkeiten im Sinne der staatlichen Schutzausübung für Staatsangehörige handelt, wobei es sich meist um Meeresbergbau betreibende Unternehmen handeln wird. **191**

Der Gerichtshof setzt sich aus 21 Richtern zusammen. Diese werden auf der Grundlage einer Liste von den einzelnen Vertragsstaaten benannter, qualifizierter Personen auf einer Sitzung der Vertragsstaaten gewählt. Die Richter haben ihr Amt für 9 Jahre inne und genießen Immunitäten und Privilegien ähnlich wie Diplomaten. Ein Richter ist an der Ausübung seines Amtes nicht gehindert, wenn er die Staatsangehörigkeit einer Partei innehat, jedoch kann dann die andere Partei ihrerseits einen nationalen Richter benennen. **192**

Lit. zu V. 5.: *T. Mensah,* The International Tribunal for the Law of the Sea, LJIL, Bd. 11, 1998, 527–546; *B. Oxman,* Complementary Agreements and Compulsory Jurisdiction, AJIL, Bd. 95, 2001, 277–312.

8. Kapitel

Rechtsgeschäftliches Handeln im Völkerrecht

I. Einführung

193 *Verträge* haben auf der völkerrechtlichen Ebene *vielfältige Funktionen* zu erfüllen und regeln Rechtsbeziehungen, für deren Gestaltung das innerstaatliche Recht die verschiedensten Arten von Maßnahmen und Mechanismen bereithält, etwa Verfassungsregelungen, Gesetze und Verträge. Internationale Verträge begründen „Verfassungen" internationaler Organisationen (oben Kap. 5), wirken als Quelle des allgemeinen Völkerrechts (oben Kap. 4), bilden die Rechtsgrundlage von Gebietsübertragungen, regeln Handelsbeziehungen, Investitionsschutz, die Beilegung von Streitigkeiten, den Schutz der Menschenrechte und der Umwelt und vieles andere.

194 Der *Terminus „Vertrag"* im völkerrechtlichen Sprachgebrauch umschreibt internationale Vereinbarungen in einem allgemeinen Sinne, ob sie nun Übereinkommen, Konvention, Pakt, Satzung, Charta, Protokoll usw. genannt werden. Diese *verschiedenen Bezeichnungen* haben *keine rechtliche Bedeutung*, denn die wesentlichen Rechtsregeln gelten für sie alle. Die Wahl dieser oder jener Bezeichnung mag bisweilen durch den Wunsch veranlasst sein, der Vereinbarung eine bestimmte Dignität oder besondere Bedeutung zu verleihen. Im Sinne des Völkerrechts bleibt jede dieser Vereinbarungen ein Vertrag, wie auch immer man sie bezeichnen mag. Im innerstaatlichen Recht hat der Terminus Vertrag diejenige Bedeutung, die ihm von der Verfassung verliehen ist. So bezeichnet die Verfassung der USA ein internationales Übereinkommen als treaty, das, anders als die von der Regierung abgeschlossenen Übereinkommen, der Zustimmung des Senats bedarf, bevor die völkerrechtliche Bindung erklärt wird. Das Grundgesetz der Bundesrepublik bezeichnet eine völkerrechtliche Vereinbarung generell als „Vertrag", differenziert dann aber danach, ob die Zustimmung des Parlaments erforderlich ist und kennt daneben noch „Verwaltungsabkommen", deren Abschluss der Exekutive überlassen ist (Art. 59 GG).

Das Völkervertragsrecht wurde weitgehend durch die *Wiener Vertragsrechtskonvention* kodifiziert (1969). Die Konvention trat 1980 in Kraft und wurde von vielen Staaten ratifiziert und damit für diese verbindlich. Eine gewisse Bindungswirkung auch für Staaten, die ihr nicht beigetreten sind, ergibt sich daraus, dass man heute allgemein annimmt, die Konvention habe weitgehend gewohnheitsrechtlich schon geltendes Vertragsrecht nur deklariert. Die Bundesrepublik ist der Vertragsrechtskonvention 1987 beigetreten. Die Vereinigten Staaten sind noch nicht Vertragspartei, aber auch dort herrscht die Auffassung, dass die wesentlichen Bestimmungen der Konvention das einschlägige Völkerrecht feststellen (ALI, Restatement, Part III, Introductory Note, S. 145). **195**

II. Definition und Abschluss von Verträgen

1. Definition

Verträge, ob bilateral oder multilateral, werden etwas umständlich als *vom Völkerrecht bestimmte internationale Übereinkünfte* definiert. Da das Völkerrecht auf die Beziehungen zwischen den Völkerrechtsubjekten anwendbar ist (Staaten und zwischenstaatliche Organisationen), ergibt sich daraus, dass die von ihnen miteinander getroffenen Vereinbarungen im allgemeinen „völkerrechtliche" Verträge sind. *Daneben* ist es auch rechtlich möglich, dass zwischen Staaten oder internationalen Organisationen abgeschlossene Verträge *kraft ausdrücklicher Vereinbarung* dem *innerstaatlichen Recht* eines der Partner zuzuordnen sind. Dann sind sie keine „völkerrechtlichen" Verträge, sondern Verträge nach innerstaatlichem Recht. Ein Beispiel für einen solchen Vertrag wäre ein Übereinkommen zwischen zwei Staaten über den Verkauf von Land für den Bau einer Botschaft, wenn es nach dem Willen der Parteien dem internen Sachenrecht des Empfangsstaates unterstehen soll. Ähnliches gilt für Handelsabkommen, z.B. für einen Vertrag über den Verkauf von Weizen oder Zucker zwischen den Regierungen zweier oder mehrerer Staaten. Obwohl eine Vermutung dafür besteht, dass ein zwischen zwei Staaten abgeschlossenes Übereinkommen ein „völkerrechtlicher" Vertrag ist, kann dies durch den Nachweis entkräftet werden, dass die Parteien beabsichtigen, ihre Beziehungen ausschließlich durch innerstaatliches Recht zu regeln. **196**

197 Die *Wiener Vertragsrechtskonvention* definiert den völkerrechtlichen Vertrag als „eine in Schriftform geschlossene und vom Völkerrecht bestimmte internationale Übereinkunft zwischen Staaten …" (Art. 2 Abs. 1 a) WVK). Das bedeutet nicht, dass ein Übereinkommen zwischen einem Staat und einer internationalen Organisation oder zwischen zwei solchen Organisationen kein völkerrechtlicher Vertrag wäre (vgl. Art. 3 WVK). Die Konvention geht deshalb von einer *engeren Definition* aus, weil sie ausdrücklich nur die Übereinkommen zwischen Staaten regeln will. Für die Verträge zwischen Staaten und internationalen Organisationen sowie für Verträge, die internationale Organisationen untereinander schließen, ist eine eigene Konvention entworfen worden. *Diese wurde 1986 von 27 Staaten und 10 internationalen Organisationen unterzeichnet, trat aber bislang noch nicht in Kraft*. Außerdem ist ein völkerrechtlicher Vertrag nicht nur dann gültig, wenn er schriftlich abgefasst wurde, obgleich beide Konventionen sich *nur* auf *schriftliche Verträge* beziehen. Völkerrechtliche Verträge bedürfen also keiner bestimmten Form, nur sind ohne Schriftform zwar die allgemeinen Regeln des Völkerrechts anwendbar, nicht aber die speziellen Regeln der genannten Konventionen, soweit sie über das allgemeine Völkerrecht hinausgehen.

2. Vertragsverhandlungen

198 Obwohl dieselben Rechtsregeln für multilaterale und bilaterale völkerrechtliche Regeln gelten, kann das Verfahren, in dem diese Verträge ausgehandelt und abgeschlossen werden, unterschiedlich sein. *Bilaterale Vertragsbeziehungen* nehmen ihren Anfang durch Aktivitäten der Außenministerien der beteiligten Staaten. Im Anschluss an Diskussionen, regelmäßig unter Beteiligung der entsprechenden Botschaften und unter Austausch diplomatischer Noten, werden Entwürfe durch die entsprechenden Rechtsberater ausgearbeitet. Diese Texte sind Verhandlungsgegenstand, bis ein gemeinsamer Entwurf erstellt ist.

199 *Multilaterale Verträge* zwischen nur wenigen Staaten werden meist auf ähnliche Weise wie bilaterale Verträge ausgehandelt. Verträge, bei denen eine große Zahl von Staaten beteiligt sein soll, werden regelmäßig auf diplomatischen Konferenzen abgefasst, auf denen die

Staaten durch diplomatische Delegationen repräsentiert sind und zu denen auch spezielle Rechtsberater gehören. Der Konferenz liegen gewöhnlich verschiedene Arbeitspapiere oder Entwürfe vor, die von einigen Staaten, internationalen Organisationen oder der Völkerrechtskommission der Vereinten Nationen (ILC) vor der Zusammenkunft vorbereitet wurden. Diese Dokumente dienen als Grundlage für die Verhandlungen, die letztlich zum Vertragstext führen (Art. 9 WVK).

Das Verhandlungs- und Redaktionsverfahren auf diesen *diplomatischen Konferenzen* gleicht demjenigen nationaler Gesetzgeber. Es **200**
werden Änderungen zu verschiedenen Vorschlägen der Arbeitspapiere erwogen, Berichterstatter werden ernannt, Redaktionsausschüsse werden eingerichtet, Textalternativen werden präsentiert und debattiert usw. Die Konferenzprotokolle sind eine wertvolle Quelle zur Entstehungsgeschichte des Vertrages. Die formellen Ergebnisse der Konferenz werden häufig in einer sog. *Schlussakte* zusammengefasst, die üblicherweise den Vertragstext enthält (Art. 10 WVK). Die Schlussakte *dient oft zur authentischen und endgültigen Festlegung des Vertragstextes*. Ihre Annahme soll regelmäßig noch nicht zum Inkrafttreten des Abkommens führen.

3. Bindungswille der Vertragspartner

Art. 11 der Konvention erklärt: „Die Zustimmung, durch einen Ver- **201**
trag gebunden zu sein, kann durch Unterzeichnung, Austausch von Urkunden, die einen Vertragsabschluss herstellen, Ratifikation, Annahme, Genehmigung oder Beitritt, oder auf eine andere vereinbarte Art ausgedrückt werden". Auf jedes der vorerwähnten Verfahren kann ein Staat zurückgreifen, um seine *Annahme des Vertrages* anzuzeigen. Häufig gibt ein Vertrag das Verfahren genau an, und wenn dort z.B. erklärt wird, dass die Staaten nach Unterzeichnung des Vertrages gebunden sein sollen, erzeugt die Unterschrift unter den Vertrag diese Wirkung (Art. 12 WVK).

Vielfältig und gerade bei bedeutsamen Verträgen ist vorgesehen, **202**
dass sie erst durch die Ratifikation bindend werden (Art. 14 Abs. 1 WVK). Durch die *völkerrechtliche Ratifikation* erklärt ein Staat durch sein Staatsoberhaupt, seinen Außenminister, ein Regierungsmitglied oder durch einen diplomatischen Vertreter (Art. 7 WVK),

dass er sich durch den Vertrag für gebunden hält (Art. 14 WVK). Die Erklärung ist gewöhnlich in einer sog. *Ratifikationsurkunde* enthalten. Diese Urkunden werden entweder zwischen den Parteien ausgetauscht oder bei einem zuvor bestimmten Depositärstaat hinterlegt oder auch bei einer Depositärorganisation, die häufig auch Verwaltungsaufgaben hinsichtlich der Vertragsdurchführung erfüllt (Art. 76–77 WVK).

4. Unterzeichnung und nachfolgende Ratifikation

203 Wenn ein Vertrag einen *Ratifikationsvorbehalt* enthält, sieht er im allgemeinen eine vorherige Unterzeichnung vor; die Ratifikation ist dann gewöhnlich der zweite Schritt in einem zweiphasigen Verfahren, das die Unterzeichnung und die Ratifikation umfasst. Bei Verträgen, die dieses Verfahren vorsehen, dient die Unterzeichnung vor allem dazu, den authentischen und endgültigen Text des Übereinkommens festzulegen (Art. 10 WVK). Die nachfolgende Ratifikation der Staaten lässt das Abkommmen dann für sie in Kraft treten; die vorhergehende Unterzeichnung allein hat diese Wirkung nicht. Durch die Unterzeichnung eines Vertrages, der der Ratifikation unterliegt, geht ein Staat zwar keine Verpflichtung ein, das Übereinkommen zu ratifizieren, aber er ist verpflichtet, sich aller Handlungen zu enthalten, die Ziel und Zweck des Vertrages vereiteln würden, es sei denn, er erklärt, nicht mehr ratifizieren zu wollen (Art. 18 WVK).

204 Völkerrechtliche Verträge sehen auch deshalb dieses *zweiphasige Verfahren* vor, um den beteiligten Regierungen zu ermöglichen, den Vertrag den zuständigen Gremien, gewöhnlich den Parlamenten bzw. den Gesetzgebern, zu unterbreiten, da diese nach innerstaatlichem Recht häufig ermächtigt sind, den Beitritt des Staates zu bestimmten internationalen Übereinkommen zu genehmigen. Die meisten nationalen Verfassungen sehen ein solches *Zustimmungserfordernis* vor, insbes. für Verträge, denen auf innerstaatlicher Ebene Wirksamkeit verliehen werden muss oder deren politische Bedeutung von besonderem Gewicht ist (Art. II, sec. 2 (2) US-Verfassung; Art. 59 Abs. 2 GG).

205 Verträge, die der Unterzeichnung und nachfolgender Ratifikation bedürfen, enthalten gewöhnlich auch eine *Bestimmung, die den Bei-*

tritt ermöglicht; sie kann etwa folgendermaßen lauten: „Dieser Vertrag kann von allen unterzeichnenden Staaten ratifiziert werden. Jeder andere Staat kann durch Hinterlegung einer Beitrittsurkunde Vertragspartei werden." Gemäß einer solchen Klausel wird ein unterzeichnender Staat durch Ratifikation des Übereinkommens Vertragspartei; der Beitritt steht den Staaten offen, die nicht unterzeichnen (Art. 15 WVK). Ist ein Staat auf Grund einer dieser Möglichkeiten zur Vertragspartei geworden, dann ist es unerheblich, ob dieser Status durch Ratifikation, Beitritt oder durch irgendein anderes nach dem Vertrag zulässiges Verfahren hergestellt wurde.

5. Inkrafttreten von Verträgen

Bilaterale Verträge treten auf völkerrechtlicher Ebene in Kraft, **206** wenn beide Staaten ihre Absicht anzeigen, zu einem bestimmten Zeitpunkt durch das Übereinkommen gebunden zu sein. *Multilaterale Verträge* enthalten oft eine Bestimmung, die angibt, wieviele Staaten einen Vertrag für verbindlich erklären müssen, bevor er zwischen ihnen gültig wird (Art. 24 WVK). Wie dargelegt, gilt für bilaterale und multilaterale Verträge, dass sie teils bereits mit Unterzeichnung, überwiegend jedoch erst mit Ratifikation in Kraft treten, je nachdem, was die Vertragsauslegung ergibt.

Lit. zu II.: *S. Bastid,* Les traités dans la vie internationale, 1985; *R. Bernhardt,* Treaties, EPIL, Bd. IV, 2000, S. 926–932; *S. Rosenne,* Treaties, Conclusion and Entry into Force, ibid. S. 932–935; *L. Henkin/R. Pugh/O. Schachter/H. Smit,* International Law, 3. Aufl. 1993, S. 416–463; *M. Herdegen,* Völkerrecht, 2. Aufl. 2002, S. 109–116; *P. Malanczuk,* Akehurst's Modern Introduction to International Law, 7. Aufl. 1997, S. 130–146; *I. Seidl-Hohenveldern/T. Stein,* Völkerrecht, 10. Aufl. 2000, Rdn. 190–316.

III. Vorbehalte zu Verträgen

1. Definition

Art. 2 Abs. 1d) der Wiener Vertragsrechtskonvention definiert **207** einen *Vorbehalt* folgendermaßen:

„Eine wie auch immer formulierte oder bezeichnete, von einem Staat bei der Unterzeichnung, Ratifikation, Annahme oder Genehmigung eines Vertrages oder bei dem Beitritt zu einem Vertrag ab-

gegebene einseitige Erklärung, durch die der Staat bezweckt, die Rechtswirkung einzelner Vertragsbestimmungen in der Anwendung auf diesen Staat auszuschließen oder zu ändern.“

208 Die Staaten unterzeichnen manchmal Verträge oder treten ihnen mit einer Erklärung bei, die sie als „Vorbehalt“, „Deklaration“, „Einvernehmen“, „Klarstellung“ oder ähnlich bezeichnen. Dadurch, dass die Definition der WVK einen Vorbehalt als „eine wie auch immer formulierte oder bezeichnete . . . einseitige Erklärung“ erläutert, gibt sie zu erkennen, dass die von einem Staat *gewählte Bezeichnung nicht entscheidend* ist. Wesentlich aber ist, dass die einseitige Erklärung „bezweckt, die Rechtswirkungen einzelner Vertragsbestimmungen in der Anwendung auf diesen Staat auszuschließen oder zu ändern“. In diesem Sinne ist die Erklärung des Vorbehalts der Versuch des Staates, den Anwendungsbereich des Vertrages zwischen sich und den anderen Vertragsparteien nach Maßgabe des Vorbehalts zu ändern, in den meisten Fällen einzuschränken.

209 Ein *einseitiger Hinweis* auf den Inhalt des Vertrages, eine entsprechende „Deklaration“ oder „Auslegungserklärung“ wäre dagegen eine Erklärung, durch die ein Staat zu verstehen gibt, dass er eine bestimmte Vorschrift des Vertrages in bestimmter und so von ihm bekanntgemachter Weise interpretiert, ohne dass er das ausdrückliche oder stillschweigende Einvernehmen irgendeines anderen Staates zu der von ihm vorgeschlagenen Auslegung erwartet. Soweit der Staat nicht beabsichtigt, dass eine solche Erklärung irgendeine rechtliche Wirkung zwischen ihm selbst und den anderen Staaten entfaltet und sie also den Vertrag nicht ändern soll, wird sie *nicht als Vorbehalt* betrachtet. In der Praxis besteht manchmal erhebliche Unklarheit darüber, ob eine Deklaration ein Vorbehalt oder lediglich eine einseitige Auslegung ist. Unter Umständen verlangen einige Vertragspartner dann Klarstellung, um spätere Missverständnisse zu vermeiden.

210 Die Staaten fügen ihren Ratifikationen oft aus innerstaatlichen politischen oder rechtlichen Erwägungen solche *Interpretationserklärungen* an. In Staaten, in denen innerstaatliche Gerichte internationale Übereinkommen anwenden und auslegen müssen, wird die formelle Interpretation einer Vertragsbestimmung durch die Regierung oder den Gesetzgeber von großem Gewicht sein. So werden sich die Gerichte in einigen Staaten daran gebunden halten, auch wenn diese einseitige Interpretation auf der internationalen Ebene ohne rechtliche Bedeutung ist.

2. Das Recht zur Erklärung von Vorbehalten

Es steht den Staaten grundsätzlich frei, einem *Vertrag mit Vorbehal-* **211**
ten beizutreten. Zu diesem Grundsatz gibt es *drei Ausnahmen*: wenn der Vertrag Vorbehalte verbietet; wenn der Vertrag nur bestimmte Arten von Vorbehalten zulässt und der erklärte Vorbehalt hiervon abweicht; wenn der Vorbehalt seinem Inhalt nach unvereinbar mit Ziel und Zweck des Vertrages ist (Art. 19 WVK). Welche Arten von Vorbehalten *unvereinbar mit Ziel und Zweck des Vertrages* sind, ist eine im Einzelfall oft schwierig zu beantwortende Frage. Der Interamerikanische Gerichtshof für Menschenrechte führte aus, dass ein Vorbehalt, der es einem Staat ermöglichen soll, irgendeines der (in der Amerikanischen Menschenrechtskonvention garantierten) nicht abdingbaren, grundlegenden Rechte zu suspendieren, als unvereinbar mit dem Ziel und Zweck der Amerikanischen Menschenrechtskonvention angesehen werden muss (Advisory Opinion on Restrictions to the Death Penalty, Inter-American Court of Human Rights, ILM, Bd. 23, 1984, S. 320; EuGRZ, Bd. 11, 1984, 214). Der Gerichtshof begründete dieses Ergebnis damit, dass die Amerikanische Menschenrechtskonvention es den Staaten ausdrücklich sogar im Falle eines Krieges oder eines anderen nationalen Notstandes untersagt, die oben in Bezug genommenen Rechte zu suspendieren. Die Amerikanische Menschenrechtskonvention misst also dem Schutz dieser Rechte eine so hohe Bedeutung zu, dass die Zulassung von Vorbehalten, die diese Rechte als Vertragsgegenstand aufheben, den übergreifenden Zweck des ganzen Vertrages zunichte machen würde (s. auch Advisory Opinion on the Genocide Convention, ICJ Rep. 1951, S. 15 und S. 23–24).

3. Die rechtliche Wirkung von Vorbehalten

Der Versuch eines Staates, einem Vertrag mit der Erklärung eines **212**
Vorbehalts beizutreten, stellt einen Vorschlag dar, die Bestimmungen des Vertrages zwischen ihm und den anderen Parteien zu modi-

fizieren. Bei einem *bilateralen Vertrag* würde die Annahme eines Vorbehalts zu einer Vertragsänderung führen. Bei einem *multilateralen Vertrag* erfüllt der Vorbehalt seinen Zweck nur, wenn zumindest einige Staaten bereit sind, ihn zu akzeptieren. Wenn *aber* einige Staaten den Vorbehalt annehmen und andere ihn zurückweisen, entsteht die Frage, welche vertraglichen Beziehungen, wenn überhaupt, dann bestehen. Es kann auch zweifelhaft sein, welche Handlungen eine Annahme darstellen, und ob diese implizit erfolgen kann. Art. 20 der Wiener Vertragsrechtskonvention soll diese und ähnliche Fragen regeln.

213 Ein durch einen Vertrag ausdrücklich zugelassener Vorbehalt bedarf keiner Annahme (Art. 20 Abs. 1 WVK; so auch Advisory Opinion on the Effect of Reservations, Inter-American Court of Human Rights, ILM, Bd. 22, 1983, S. 37; EuGRZ, Bd. 11, 1984, 202). Einige multilaterale Verträge indizieren wegen ihres besonderen Charakters und der begrenzten Zahl der Staaten, die sie ausgehandelt haben, dass ein Vorbehalt der Annahme durch alle Parteien bedarf (Art. 20 Abs. 2 WVK). Ein Vorbehalt zu einem Vertrag, der die Gründung einer internationalen Organisation zum Gegenstand hat, muss grundsätzlich durch die Organisation selbst angenommen werden (Art. 20 Abs. 3 WVK).

214 Unter den beschriebenen Voraussetzungen wird ein Staat, der die notwendigen Bedingungen für die Annahme seines Vorbehalts erfüllt, Vertragspartei. Zwischen ihm und den anderen Parteien wird der Vertrag nach Maßgabe des Vorbehalts modifiziert (Art. 21 WVK). Komplizierter ist die Rechtslage in Situationen, in denen Vorbehalte weder ausdrücklich verboten noch ausdrücklich zugelassen sind und ein Staat beantragt, mit einem Vorbehalt Partei zu werden. Wenn der Vorbehalt nicht mit Ziel und Zweck des Vertrages unvereinbar ist, steht es den anderen Vertragsparteien frei, den Vorbehalt anzunehmen oder zurückzuweisen (Art. 20 Abs. 4 WVK). Wenn der Vorbehalt durch eine Vertragspartei angenommen wurde, tritt der Vertrag zwischen ihr und dem den Vorbehalt erklärenden Staat in Kraft (Art. 20 Abs. 4a WVK). Zur Gestaltung der Beziehungen zwischen einem Staat, der dem Vorbehalt widerspricht, und dem den Vorbehalt anbringenden Staat hat der erstere zwei Möglichkeiten. Erstens kann er erklären, dass er dem Vorbehalt widerspricht und nicht wünscht, eine vertragliche Beziehung mit dem den Vorbehalt erklärenden Staat einzugehen. Zwischen diesen beiden Staaten gibt es dann keine vertraglichen Beziehungen. Zweitens kann ein Staat die Annahme eines Vorbehalts verweigern, aber doch der Herstellung vertraglicher Beziehungen zu dem den Vorbehalt anbringenden Staat nicht widersprechen. Eine Vertragsbeziehung ist dann geschaffen worden (Art. 20 Abs. 4b WVK). Jedoch finden diesenfalls „die Bestimmungen, auf die sich der Vorbehalt bezieht, in dem darin vorgesehenen Ausmaß zwischen den beiden Staaten keine Anwendung" (Art. 21 Abs. 3 WVK).

In den Fällen, in denen der Vorbehalt entweder von Rechts wegen **215** zulässig ist oder angenommen wurde, gilt der Vertrag zwischen dem den Vorbehalt anbringenden Staat und den anderen Parteien, aber ihre Verpflichtungen werden durch den Vorbehalt modifiziert (Art. 21 Abs. 1a WVK). Natürlich ändert der Vorbehalt die Vertragsbestimmungen für die anderen Vertragsparteien untereinander nicht (Art. 21 Abs. 2 WVK).

Um die Anwendung dieser Regeln zu veranschaulichen, sei von **216** einem multilateralen Vertrag mit einer großen Zahl von Parteien ausgegangen, der kein Verbot von Vorbehalten enthält. Des Weiteren sei davon ausgegangen, dass Staat A versucht, mit einem Vorbehalt zu ratifizieren, der einen bestimmten Artikel des Vertrages abändert.

Welches sind nun die vertraglichen Beziehungen des Staates A, wenn Staat B den Vorbehalt annimmt, Staat C ihn zurückweist, aber keinen Einspruch dagegen erhebt, dass Staat A Vertragspartei wird und Staat D dem Vorbehalt widerspricht und nicht will, dass der Vertrag zwischen ihm und Staat A in Kraft tritt?

Nach internationalem Vertragsrecht, so wie es in der Wiener Vertragsrechtskonvention niedergelegt ist, sieht das Resultat folgendermaßen aus:

(1) Zwischen Staat A und B gilt der Vertrag nach Maßgabe von A's Vorbehalt zu dem Artikel;
(2) zwischen Staat A und C gilt der Vertrag, aber der bestimmte Artikel ist nicht anwendbar;
(3) der Vertrag ist zwischen A und D nicht in Kraft;

(4) die vertraglichen Beziehungen zwischen B, C, D und allen anderen Parteien und ihre Verpflichtungen untereinander werden durch A's Vorbehalt nicht berührt.

Der hypothetische Fall würde komplizierter, wenn viele der anderen Vertragsparteien selbst auch verschiedene Arten von Vorbehalten anbrächten. Das würde die Verästelung der Vertragsbeziehungen noch vervielfältigen. Das heißt, dass unter den oben beschriebenen Regeln Vorbehalte einen multilateralen Vertrag in ein kompliziertes Netzwerk wechselbezüglicher bilateraler Übereinkommen verwandeln können, was auch tatsächlich geschieht.

217 In neuerer Zeit ist eine von Menschenrechtsinstitutionen, z.B. dem Menschenrechtsausschuss der Vereinten Nationen, mitgetragene Tendenz festzustellen, wonach mit Ziel und Zweck des Menschenrechtsübereinkommens unvereinbare Vorbehalte weder das Ausmaß der vertraglichen Bindung, noch das Inkrafttreten des Übereinkommens für den den Vorbehalt anbringenden Staat beeinträchtigen. Danach sind mit Ziel und Zweck von Menschenrechtsübereinkommen unvereinbare Vorbehalte schlechthin unbeachtlich.

Lit. zu III.: *R. L. Bindschedler/Giegerich,* Treaties, Reservations, EPIL, Bd. IV, 2000, S. 965–980; *R. Goodman,* Human Rights, Invalid Reservations, and State Consent, AJIL, Bd. 96, 2002, 531; *T P. Hipold,* Das Vorbehaltsregime der Wiener Vertragsrechtskonvention, AVR, Bd. 34, 1996, 376–425; *R. Kühner,* Vorbehalte zu multilateralen Verträgen, 1986.

IV. Die Einhaltung von Verträgen

1. Pacta sunt servanda

218 Art. 26 der Wiener Konvention erklärt: „Ist ein Vertrag in Kraft, so bindet er die Vertragsparteien und ist von ihnen nach Treu und Glauben zu erfüllen". Die Völkerrechtskommission (ILC) der Vereinten Nationen charakterisierte diese Regel in ihrem Kommentar als „grundlegendes Prinzip des Vertragsrechts" (ILC Report 1966; AJIL, Bd. 61, 1967, 248, 334). Art. 27 der Wiener Konvention stellt außerdem klar, dass die Verpflichtung, Verträge nach *Treu und Glauben* zu erfüllen, auf der Ebene des Völkerrechts und also für die vom Völkerrecht geregelten Beziehungen unabhängig von jeglichem widersprechenden innerstaatlichen Recht gilt. Dort heißt es, dass „eine Vertragspartei ... sich nicht auf ihr innerstaatliches Recht berufen (kann), um die Nichterfüllung eines Vertrages zu rechtfertigen" (s. auch Art. 46 WVK). Auch dies ist ein unbestrittenes und grundlegendes Prinzip des Völkerrechts. Im Übrigen ist die *Regel pacta sunt servanda* dem Begriff des Vertrages immanent, so dass die Frage, wann ein Vertrag ausnahmsweise nicht erfüllt werden muss, die eigentliche Problematik des Vertragsrechts ausmacht.

Lit. zu IV. 1.: *M. Lachs,* Pacta Sunt Servanda, EPIL, Bd. III, 1997, S. 847–854.

2. Territorialer Anwendungsbereich

Art. 29 der Wiener Konvention bestimmt recht knapp, dass „sofern keine abweichende Absicht aus dem Vertrag hervorgeht oder anderweitig festgestellt ist, ... ein Vertrag jede Vertragspartei hinsichtlich ihres gesamten Hoheitsgebiets" bindet. Einige Verträge enthalten sog. *Bundesstaatsklauseln*, die es Bundesstaaten, in denen keine innerstaatliche gesetzgeberische Zuständigkeit des Bundes für einen im Vertrag behandelten Gegenstand besteht, erlauben sollen, ihre vertraglichen Verpflichtungen auf Gegenstände innerhalb ihrer Bundeszuständigkeit zu begrenzen. So soll ein Eingriff in die Zuständigkeit des Bundes durch völkerrechtlichen Vertrag vermieden werden. Wie sich aus Art. 29 ergibt, sind solche Klauseln zulässig. Sind sie aber nicht in einen Vertrag aufgenommen, ist ein Vertragsstaat nicht berechtigt, die territoriale Anwendbarkeit des Vertrages auf sein gesamtes Staatsgebiet in Abrede zu stellen, selbst wenn es sich um einen Bundesstaat handelt, sofern er insoweit keinen ausdrücklichen Vorbehalt angebracht hat. **219**

Lit. zu IV. 2.: *K. Doehring*, The Scope of the Territorial Application of Treaties, ZaöRV, Bd. 27, 1967, 483 ff.; *M. Akehurst*, Treaties, Territorial Application, EPIL, Bd. IV, 2000, S. 990–992.

3. Die Auslegung von Verträgen

Obwohl die für die *Vertragsauslegung* geltenden Regeln zeitweise umstritten waren, besteht heute weitgehend Klarheit über die anwendbaren Prinzipien. Art. 31 Abs. 1 WVK formuliert die grundlegende Regel wie folgt: „Ein Vertrag ist nach Treu und Glauben in Übereinstimmung mit der gewöhnlichen, seinen Bestimmungen in **220** ihrem Zusammenhang zukommenden Bedeutung und im Lichte seines Zieles und Zweckes auszulegen." Daher ist der Ausgangspunkt für die Auslegung eines internationalen Vertrages sein *Text*, von dem man annimmt, dass er „den authentischen Ausdruck der Absichten der Parteien" darstellt (ILC Report, AJIL, Bd. 61, 1967, 354). Bei der *Erforschung des Sinns* der im Text verwendeten Begriffe und Formulierungen ist deren *übliche Bedeutung* Richtschnur. Die Wiener Konvention anerkennt jedoch, dass „eine besondere Bedeutung . . . einer Formulierung beizulegen (ist), wenn feststeht, dass die Vertragsparteien dies beabsichtigt haben" (Art. 34 Abs. 4 WVK).

221 Gemäß Art. 31 Abs. 2 WVK sollen bei der Auslegung des Vertrages neben dessen Wortlaut, der Präambel und Anlagen als Vertragsbestandteile auch beachtet werden:

„(a) jede sich auf den Vertrag beziehende Übereinkunft, die zwischen allen Vertragsparteien anlässlich des Vertragsabschlusses getroffen wurde; und

(b) jede Urkunde, die von einer oder mehreren Vertragsparteien anlässlich des Vertragsabschlusses abgefasst und von den anderen Vertragsparteien als eine sich auf den Vertrag beziehende Urkunde angenommen wurde."

222 Das grundlegende Prinzip ist hier, dass der Vertrag in seiner Gesamtheit interpretiert werden muss. Bei der Erforschung der Bedeutung einer Vertragsvorschrift reicht es nicht aus, nur den Wortlaut der einzelnen Vorschrift heranzuziehen; er muss in einer Art und Weise gedeutet werden, die den spezifischen Gehalt der Vorschrift mit *Ziel und Zweck des Vertrages* in Beziehung setzt, wie sie sich aus dem gesamten *Vertragswortlaut* und den in Art. 31 Abs. 2 WVK erwähnten *Zusatzdokumenten* ergeben. Die *Präambel* kann oft von besonderer Bedeutung für die Bestimmung von Ziel und Zweck der Vereinbarung sein, auch wenn sie nicht zum sog. operativen Teil des Vertrages gehört.

223 Die Wiener Konvention bestimmt auch, dass *spätere Übereinkünfte* zwischen den Vertragsparteien über die Auslegung oder Anwendung des Vertrages sowie eine *spätere Praxis zwischen den Vertragsparteien* in gleicher Weise zu berücksichtigen sind (Art. 31

Abs. 3 WVK). Die *Entstehungsgeschichte* oder die sog. *„travaux préparatoires"* eines völkerrechtlichen Vertrages werden *als ergänzende Auslegungsmittel* eingeordnet (Art. 32 WVK), aber sie können *nur in zwei Fällen* herangezogen werden: zum einen, um eine sich aus der Auslegung des Vertragswortlauts ergebende Bedeutung zu „bestätigen"; zum anderen, wenn die Auslegung des Vertragswortlauts mehrdeutig oder dunkel bleibt oder zu einem offensichtlich sinnwidrigen oder unvernünftigen Ergebnis führt.

Es wurde auch die Auffassung vertreten, dass völkerrechtliche Verträge *im Zweifel restriktiv* zu interpretieren seien, da zu vermuten sei, dass kein Staat sich zu mehr verpflichten wolle als nachweisbar ist *(in dubio mitius)*. Zweifelhaft ist, ob und ggf. für welche Verträge diese Regel heute noch aufrechterhalten werden kann. Keinesfalls gilt sie für rechtsetzende Verträge *(law-making treaties)*, einschließlich von Gründungsverträgen internationaler Organisationen *(effet utile)*. Ist ein Vertrag in mehreren Sprachen abgefasst und verbleiben Divergenzen, ist diejenige Bedeutung zugrundezulegen, die unter Berücksichtigung von Sinn und Zweck des Vertrages die Wortlaute am besten miteinander in Einklang bringt (Art. 33 Abs. 4 WVK). **224**

Lit. zu IV. 3.: *R. Bernhardt,* Interpretation in International Law, EPIL, Bd. II, 1995, S. 1416–1425; *L. Henkin/R. Pugh/O. Schachter/H. Smit,* International Law, 3. Aufl. 1993, S. 471–481; *I. Seidl-Hohenveldern/T. Stein,* Völkerrecht, 10. Aufl. 2000, Rdn. 332–371.

4. Verträge und dritte Staaten

Es ist ein grundlegendes Prinzip des internationalen Vertragsrechts, dass ein Vertrag für einen Drittstaat ohne dessen Zustimmung weder Pflichten noch Rechte begründet (Art. 34 WVK). Freiwillig können Drittstaaten jedoch Verpflichtungen aus Verträgen zwischen anderen Staaten übernehmen, und ihnen können Rechte in Verträgen zugestanden werden, deren Partner sie nicht sind (Art. 35–36 WVK). Diese Regeln sind nicht mit dem Prinzip zu verwechseln, wonach die in einem völkerrechtlichen Vertrag formulierten Normen für Staaten, die nicht Parteien sind, dann bindend werden können, wenn das im Vertrag kodifizierte Recht bereits Völkergewohnheitsrecht ist oder sich im Anschluss an den Vertrag und **225** als seine Folge bildet (Art. 38 WVK; s. auch Kap. 4). Regelmäßig aber sind sog. *„Verträge zu Lasten Dritter"* für diese *unwirksam*. Bei *„Verträgen zu Gunsten Dritter"* wird deren Zustimmung (widerleglich) vermutet und sie können dann Ansprüche Dritter erzeugen (Art. 35, 36 WVK). Erwähnt seien noch sog. Statusverträge, durch deren Abschluss die Vertragsparteien z.B. über den Status eines Territoriums verfügen. Bestand die Verfügungsbefugnis der Vertragsparteien, haben Drittstaaten den neuen Status des Territoriums hinzunehmen.

Lit. zu IV. 4.: *H. Ballreich,* Treaties, Effect on Third States, EPIL, Bd. IV, 2000, S. 945–949; *I. Seidl-Hohenveldern/T. Stein,* Völkerrecht, 10. Aufl. 2000, Rdn. 317–331.

V. Ungültigkeit, Beendigung und Suspendierung von Verträgen

1. Ungültigkeit von Verträgen

226 Die üblichen Gründe, auf denen im innerstaatlichen Recht die Ungültigkeit von Verträgen beruhen kann, d.h. Irrtum, Betrug, Bestechung und Zwang, ermöglichen auch die Berufung auf die Ungültigkeit völkerrechtlicher Verträge (Art. 48–52 WVK). Auch ist ein Vertrag von Anfang an nichtig, wenn er im Zeitpunkt seines Abschlusses im Widerspruch zu einer zwingenden Norm des allgemeinen Völkerrechts (ius cogens) steht (Art. 53 WVK). Während das innerstaatliche Recht viele Rechtsvorschriften und insbes. solche zum Schutze des Allgemeinwohls enthält, die insofern zwingend sind, als Privatpersonen keine vertraglichen Vereinbarungen eingehen können, die mit ihnen in Widerspruch stehen, besteht im Völkerrecht eine weit größere *Vertragsfreiheit*. Die Staaten sind regelmäßig frei, Verträge abzuschließen, die das zwischen ihnen sonst anwendbare Völkergewohnheitsrecht abändern.

227 *Eingeschränkt* wird diese Freiheit dadurch, dass eine Regel mit dem Rang zwingenden Rechts *(ius cogens)* durch Vertrag nicht abbedungen werden kann. Insoweit, als der Vertrag diesen Rechtssätzen widerspricht, ist er nichtig. Die Wiener Vertragsrechtskonvention definiert eine *„zwingende" Norm* des allgemeinen Völkerrechts als eine solche, „die von der internationalen Staatengemeinschaft in ihrer

Gesamtheit angenommen und anerkannt wird als eine Norm, von der nicht abgewichen werden darf und die nur durch eine spätere Norm des allgemeinen Völkerrechts derselben Rechtsnatur geändert werden kann“ (Art. 53 WVK). Die Konvention nennt keine solche Norm ausdrücklich, und es gibt wenig generelle Übereinstimmung in dieser Frage. Jedoch ist allgemein anerkannt, dass etwa ein Vertrag zur Begehung von Völkermord oder zur Legalisierung des Sklavenhandels als Verstoß gegen ius cogens nichtig wäre (*J. A. Frowein,* Ius Cogens, EPIL, Bd. III, 1997, S. 65–69). Das gleiche würde für einen Vertrag gelten, der die Durchführung eines verbotenen Angriffskrieges zum Gegenstand hat. Das Gewaltverbot und der Schutz der fundamentalsten Menschenrechte sind sicherlich Teil des zwingenden Rechts. Schließlich sollte besonders erwähnt werden, dass ein Vertrag, der zum Zeitpunkt seines Abschlusses gültig war, nichtig wird, wenn er einer nachfolgend entstandenen ius cogens-Norm widerspricht (Art. 64 WVK).

2. Innerstaatliches Recht und Ungültigkeit

Die *Staaten versuchen* manchmal, *sich* der Erfüllung ihrer vertragli- **228**
chen Verpflichtungen *zu entziehen*, indem sie vorbringen, ihre Zustimmung, durch den Vertrag gebunden zu sein, sei ungültig, weil sie im Widerspruch zu ihrem innerstaatlichen, das Vertragsabschlussverfahren betreffenden Recht zustande gekommen sei. Dieses Argument ist *unbeachtlich*, „sofern nicht die Verletzung offenkundig war und eine innerstaatliche Rechtsvorschrift von grundlegender Bedeutung betraf“ (Art. 46 Abs. 1 WVK). Die Konvention bringt weitere Klarheit, indem sie vorsieht, dass eine Verletzung dann als offenkundig gilt, „wenn sie für jeden Staat, der sich hierbei im Übereinklang mit der allgemeinen Übung und nach Treu und Glauben verhält, objektiv erkennbar ist“ (Art. 46 Abs. 2 WVK). Man könnte sich natürlich fragen, ob z.B. die Tatsache, dass der Präsident der Vereinigten Staaten einen völkerrechtlichen Vertrag dem Senat vor der Ratifizierung nicht zur Zustimmung vorlegte, es den Vereinigten Staaten erlauben würde, ihre Zustimmung für ungültig zu erklären. Die gleiche Frage könnte gestellt werden, wenn ein Vertrag von der Bundesrepublik Deutschland ratifiziert wird, ohne dass die Zustimmung des Parlaments, soweit sie nach Art. 59

Abs. 2 GG erforderlich ist, eingeholt würde. Man muss diese Frage verneinen, weil es im Recht der Bundesrepublik und der Vereinigten Staaten verschiedene Arten von Abschlussverfahren bei internationalen Übereinkommen gibt, bei denen die Regierung mit oder auch ohne Zustimmung des Parlaments oder des Senats ratifizieren kann. Die Rechtslage ist auf diesem Gebiet selbst im innerstaatlichen Recht nicht immer klar und wird oftmals erst von einem obersten Gerichtshof oder einem Verfassungsgericht entschieden (s. Kap. 15, unten). Unter diesen Umständen wäre ein solcher Verstoß für einen fremden Staat sicherlich nicht offenkundig (ALI, Restatement, § 311 Comment c; *K. Doehring,* Das Staatsrecht der Bundesrepublik Deutschland, 3. Aufl. 1984, S. 194–196).

3. Beendigung, Suspendierung und Bruch von Verträgen

229 Allein die Tatsache, dass die Regierung eines Vertragsstaates gewechselt hat oder gestürzt worden ist, beendigt einen Vertrag weder rechtlich noch führt sie zu seiner Suspendierung. Das gleiche gilt, wenn die Parteien die diplomatischen oder konsularischen Beziehungen abbrechen (Art. 63 WVK). Ein Vertrag kann allerdings suspendiert werden, wenn nachgewiesen werden kann, dass er speziell die Existenz einer bestimmten Regierung voraussetzte oder wenn diplomatische oder konsularische Beziehungen unerlässlich für seine Anwendung sind.

230 Die Parteien können von einem Vertrag nach Maßgabe der Vertragsbestimmungen oder bei Einvernehmen zwischen allen Vertragsparteien zurücktreten, ihn beendigen oder suspendieren (Art. 54 und 57 WVK). Völkerrechtliche Verträge enthalten vielfach Bestimmungen, die den *Rücktritt* unter gewissen Notifizierungserfordernissen zulassen, aber selbst wenn der Vertrag eine entsprechende Klausel nicht enthält, kann ein *Kündigungsrecht* unter bestimmten Umständen stillschweigend angenommen werden (Art. 56 WVK).

231 Es ist ein anerkanntes Völkerrechtsprinzip, dass eine *erhebliche Vertragsverletzung* zur Suspendierung oder Beendigung eines Vertrages berechtigt. Eine erhebliche Verletzung in diesem Sinne wird herkömmlicherweise als eine solche definiert, die „in der Verletzung einer für die Erreichung des Vertragsziels oder des Vertragszwecks wesentlichen Bestimmung“ liegt (Art. 60 Abs. 3b) WVK). Die Ablehnung der Erfüllung des Vertrages in seiner Gesamtheit stellt natürlich auch eine erhebliche Verletzung dar (Art. 60 Abs. 3 a) WVK), wenn sie nicht aus einem besonderen Grunde zulässig ist.

Die Wiener Vertragsrechtskonvention unterscheidet zwischen der erheblichen Verletzung eines *zweiseitigen* und derjenigen eines *mehrseitigen* Vertrags (Art. 60 WVK). Im ersten Falle erklärt sie: „Eine erhebliche Verletzung eines zweiseitigen Vertrags durch eine Vertragspartei berechtigt die andere Vertragspartei, die Vertragsverletzung als Grund für die Beendigung des Vertrags oder für seine gänzliche oder teilweise Suspendierung geltend zu machen“ (Art. 60 Abs. 1 WVK). Wenn eine Partei einen mehrseitigen Vertrag erheblich verletzt hat, muss zwischen den Rechten aller vertragstreuen Parteien einerseits und denjenigen der besonders betroffenen Parteien andererseits unterschieden werden (Art. 60 Abs. 2 WVK). Die Letzteren sind berechtigt, den Vertrag im Verhältnis zwischen ihnen und dem vertragsbrüchigen Staat gänzlich oder teilweise zu suspendieren, aber nicht zu beendigen (Art. 60 Abs. 2b WVK). Die Ersteren sind berechtigt, den Vertrag gänzlich oder nur im Verhältnis zwischen ihnen und dem vertragsbrüchigen Staat zu suspendieren oder zu beendigen, vorausgesetzt die vertragstreuen Parteien beschließen das einstimmig (Art. 60 Abs. 2a WVK). **232**

Die Wiener Vertragsrechtskonvention bestimmt ausdrücklich, dass die für die Suspendierung oder Beendigung von Verträgen wegen einer erheblichen Verletzung vorgesehenen Regeln *keine Anwendung* finden „*auf* Bestimmungen über den Schutz der menschlichen Person in Verträgen humanitärer Art, insbes. auf Bestimmungen zum Verbot von Repressalien jeder Art gegen die durch derartige Verträge geschützten Personen“ (Art. 60 Abs. 5 WVK). *Verträge humanitären Charakters* sind z.B. die Genfer Konventionen von 1949 über die Behandlung von Kriegsgefangenen, den Schutz von Zivilpersonen und verletzter Soldaten usw. Eine erhebliche Verletzung dieser Verträge oder moderner Menschenrechtsverträge durch eine Partei berechtigt also die andere nicht, diese Schutzbestimmungen zu Lasten der zu schützenden Individuen zu suspendieren, **233** selbst wenn diese Staatsangehörige des vertragsbrüchigen Staates sind (Inter-American Court of Human Rights, ILM, Bd. 22, 1983, S. 37; EuGRZ, Bd. 11, 1984, 202).

234 Es ist im Völkerrecht anerkannt, dass eine grundlegende Änderung der Umstände *(rebus sic stantibus)* und die Unmöglichkeit der Erfüllung in bestimmten Situationen die Beendigung eines oder den Rücktritt von einem Vertrag rechtfertigen können. *Unmöglichkeit der Erfüllung* kann z.B. geltend gemacht werden, wenn sich diese „aus dem endgültigen Verschwinden oder der Vernichtung eines zur Ausführung des Vertrags unerlässlichen Gegenstandes ergibt" (Art. 61 Abs. 1 WVK). Aber das ist kein ausreichender Grund für die Vertragsbeendigung, den Rücktritt oder die Suspendierung durch die sich hierauf berufende Partei, „wenn sie die Unmöglichkeit durch die Verletzung einer Vertragsverpflichtung oder einer sonstigen, gegenüber einer anderen Vertragspartei bestehenden internationalen Verpflichtung selbst herbeigeführt hat" (Art. 61 Abs. 2 WVK).

235 Eine von den Parteien nicht vorausgesehene, aber *grundlegende Änderung der Umstände* rechtfertigt die Beendigung des oder den Rücktritt vom Vertrag nicht, „es sei denn, (a) das Vorhandensein jener Umstände bildete seinerzeit eine wesentliche Grundlage für die Einigung der Vertragsparteien, durch den Vertrag gebunden zu sein, und (b) die Änderung der Umstände würde das Ausmaß der auf Grund des Vertrags noch zu erfüllenden Verpflichtungen tiefgreifend umgestalten" (Art. 62 Abs. 1 WVK; ICJ Rep. 1973, S. 3).

236 Aber selbst wenn die beiden oben erwähnten Bedingungen erfüllt sind, kann das *nicht* als Grund für die Beendigung des oder den Rücktritt vom Vertrag geltend gemacht werden, *wenn* der Vertrag die *Festlegung einer Grenze* betrifft. Das gleiche gilt, wenn eine Vertragspartei die geänderten Umstände durch eine *Verletzung* einer Vertragsverpflichtung oder einer sonstigen, gegenüber einer anderen Vertragspartei bestehenden internationalen Verpflichtung *selbst herbeigeführt* hat und sich nun auf die Änderung der Umstände berufen will (Art. 62 Abs. 2 WVK). Selbstverständlich berechtigen die Gründe, die ein Staat für die Beendigung eines oder den Rücktritt von einem internationalen Vertrag geltend machen kann, auch zu dem weniger einschneidenden Mittel einer Suspendierung des Vertrages (Art. 61 Abs. 1 und 62 Abs. 3 WVK).

Die *Wirkung des Krieges* oder anderer bewaffneter Feindseligkeiten auf den Bestand von Verträgen wurde von der Wiener Konvention ausdrücklich *als Regelungsgegenstand ausgenommen* (Art. 73 WVK). In der Praxis gelten die meisten Verträge als im Kriegszustand suspendiert oder sogar beendet, wenn es sich um sog. *politische Verträge* handelt. Das gilt natürlich nicht für völkerrechtliche Verträge, die gerade in kriegerischen Situationen anwendbar sein sollen, wie z.B. Verträge über das Kriegsrecht und humanitäre Verträge. Verschiedene Menschenrechtsverträge enthalten außerdem Bestimmungen, die eine Suspendierung bestimmter grundlegender und vertraglich zugesicherter Rechte und Pflichten sogar im Krieg verbieten (Art. 4 IPbürgR; Art. 15 EMRK; Art. 27 AMRK). **237**

Häufig berufen sich die Staaten auf die verschiedenen, soeben erwähnten Gründe, um die Suspendierung oder Beendigung von Verträgen zu rechtfertigen und so ihren Verpflichtungen zu entgehen, auch wenn kein stichhaltiger Grund vorliegt. Um solche *Missbräuche einzuschränken*, sieht die Wiener Konvention ein *formelles Verfahren* vor, das die Staaten dann einzuhalten haben, wenn sie das Recht zur Beendigung oder zum Rücktritt von einem Vertrag aus diesen Gründen geltend machen wollen (Art. 65–68 WVK). **238**

Lit. zu V.: *K. Doehring,* Völkerrecht, 1999, Rdn. 153–161; *M. Akehurst,* Treaties, Territorial Application, EPIL, Bd. IV, 2000, S: 987–990; *I. Seidl-Hohenveldern/T. Stein,* Völkerrecht, 10. Aufl. 2000, Rdn. 380–442; *A. Verdross/B. Simma,* Universelles Völkerrecht, 3. Aufl. 1984, §§ 802–946.

VI. Einseitige Rechtsgeschäfte und Verpflichtungen

1. Zustandekommen

In gleicher Weise wie die Staaten gemäß dem Grundsatz der Vertragsfreiheit die Übernahme von gegenseitigen Pflichten und die Zuerkennung von Rechten verschiedenster Art vereinbaren können, steht es einem Staat auch frei, einseitig Pflichten gegenüber der Staatengemeinschaft zu übernehmen oder Rechte zu proklamieren. Zwar bedürfen derartige *einseitige Rechtsakte* nicht unbedingt der **239** speziellen Annahme durch einen anderen Staat oder die Staatengemeinschaft, aber jedenfalls setzt ihre rechtliche Wirksamkeit auch ihre Bekanntgabe voraus. Diese wird der Klarheit halber häufig durch Notifikation vollzogen.

240 Ein Staat kann sich einseitig zu einem bestimmten Verhalten verpflichten. Gibt seine Regierung das *durch Notifikation oder Proklamation* in einer Weise bekannt, durch die die Staatengemeinschaft ausreichend informiert wird, ist der Staat an diese Erklärung *gebunden*. Andere Staaten dürfen sich darauf verlassen, dass diese Selbstverpflichtung eingehalten wird (Vertrauensschutz). Die Nichteinhaltung der Selbstverpflichtung würde dem *Estoppel-Prinzip* widersprechen, wonach sich ein Staat sein eigenes vorhergehendes Verhalten zurechnen lassen muss *(Müller/Cottier,* Estoppel, EPIL, Bd. II, 1995, S. 116–119). Ein *Beispiel* für eine solche Rechtslage bildete die Erklärung Frankreichs, keine Atomtest-Versuche im Pazifik mehr vornehmen zu wollen (ICJ Rep. 1974, S. 269). In einem weiteren Sinne könnte man in einer solchen, der Staatengemeinschaft gegenüber abgegebenen Erklärung auch eine quasi-vertragliche Bindung sehen. Die Selbstbindung des erklärenden Staates tritt aber nur ein, wenn die Erklärung den Bindungswillen erkennen lässt.

241 Häufig werden einseitige Erklärungen *zur Wahrung von Rechtspositionen* abgegeben. Hierzu zählt in erster Linie der Protest gegenüber der Rechtsbehauptung oder dem rechtlich relevanten Verhalten eines anderen Staates. Rechte können auch einseitig durch Proklamationen der Regierung begründet werden, die sich dabei ausdrücklich auf die Berechtigung zur Begründung neuer Rechtspositionen beruft oder diese stillschweigend voraussetzt. So kann ein Staat, der bisher nur Hoheitsgewässer von drei Seemeilen in Anspruch nahm, proklamieren, dass er nunmehr 12 Seemeilen beanspruche. In ähnlicher Weise kann einseitig anderen Staaten bestätigt werden, dass diese ein Recht in Anspruch nehmen dürfen. Hierher werden auch die Anerkennung von Staaten, von Regierungen und von fremden Hoheitsakten gezählt. Auch der einseitige Verzicht räumt anderen Staaten das Recht ein, sich hierauf zu berufen.

2. Wirkung

Diesen einseitigen Erklärungen ist gemeinsam, dass sie der ausdrücklichen Annahme in der Art eines Vertragsangebotes nicht bedürfen, um wirksam zu sein. Sie können *rein deklaratorischen Charakter* haben, d.h. nur ein schon bestehendes Recht bestätigen. Dennoch erzeugen sie auch dann eine gewisse Rechtswirkung, denn sie stellen einen bestimmten Rechtszustand außer Streit und können dem erklärenden Staat entgegengehalten werden, wenn dieser die Rechtslage später anders beurteilen sollte. Die Erklärungen können *auch konstitutiv* wirken, d.h. bisher nicht bestehende Rechtspositionen begründen. Ihre rechtliche Relevanz ist in diesem Falle evident, nur ist dabei noch von Bedeutung, ob die Erklärung unwiderruflich abgegeben wurde oder unter Vorbehalt einer Rücknahme. In erster Linie ist für diese Unterscheidung die Interpretation der Erklärung wesentlich, denn es muss festgestellt werden, worauf und wie weit der *Bindungswille* des Erklärenden sich erstreckt, bzw. wie ein *objektiver Betrachter* ihn hat auffassen dürfen. Soweit eine einseitige Erklärung Bindungswirkung erzeugt, ist sie einer vertraglichen Verpflichtung vergleichbar; streitig kann nur sein, wer sich nun auf sie berufen kann. Hierüber kann ebenfalls nur die Auslegung der Erklärung Aufschluss geben, denn es kommt darauf an, ob der erklärende Staat sich gegenüber nur einzelnen anderen Staaten binden wollte oder gegenüber der gesamten Staatengemeinschaft. **242**

Lit. zu VI.: *K. Doehring,* Völkerrecht, 1999, Rdn. 323–326; *J. Kokott,* Art. 59 Abs. 2 GG und einseitige völkerrechtliche Akte, in: Hailbronner/Ress/T. Stein (Hrsg.), FS Doehring; *A. P. Rubin,* The International Legal Effects of Unilateral Declarations, AJIL, Bd. 71, 1977, 1 ff.; *I. Seidl-Hohenveldern/T. Stein,* Völkerrecht, 10. Aufl. 2000, Rdn. 173–189.

9. Kapitel

Die Rechte der Individuen

I. Einführung

243 Die nachfolgende Betrachtung befasst sich mit dem *Schutz der Menschenrechte* und also dem der Einzelperson geltenden Völkerrecht (s. allg. *T. Buergenthal/D. Shelton/D. Stewart,* International Human Rights in a Nutshell, 2002). Das für diesen Bereich maßgebliche Recht entwickelte sich aus zwei verschiedenen Zweigen des Völkerrechts: den internationalen Menschenrechten und dem Recht der völkerrechtlichen Verantwortlichkeit der Staaten für Rechtsverletzungen gegenüber Fremden, dem sog. *Fremdenrecht.* Obwohl es richtig ist, dass die wesentlichen Rechte, die in diesen beiden Fällen geschützt werden, sich in den letzten Jahrzehnten einander angenähert haben, gibt es weiterhin bedeutende Unterschiede zwischen ihnen, je nach der Eigenart des Rechtsinstituts, mit dessen Hilfe die Rechte durchgesetzt werden sollen, weshalb die internationalen Menschenrechte und das Fremdenrecht gesondert behandelt werden.

244 Die beiden so angedeuteten Rechtszweige unterscheiden sich in einer wesentlichen Beziehung: das *Fremdenrecht* schützt Individuen gegen die Verletzung ihrer Rechte nur, wenn ihre Staatsangehörigkeit nicht diejenige des verletzenden Staates und der Verletzte nicht staatenlos ist. Die *internationalen Menschenrechte* schützen die Individuen dagegen unabhängig von ihrer Staatsangehörigkeit. Der Begriff der Staatsangehörigkeit ist für den Menschenrechtsschutz irrelevant, weil man davon ausgeht, dass das Individuum selbst Inhaber dieser Rechte ist. Die Staatsangehörigkeit hingegen ist von entscheidender Bedeutung für das Fremdenrecht, weil man hier davon ausgeht, dass die einem Individuum zugefügte Schädigung eine Verletzung der Rechte des Staates ist, dessen Staatsangehörigkeit es innehat. Diese rechtliche Fiktion beruht auf der überkommenen Doktrin, wonach Individuen keine Völkerrechtssubjekte und also nicht Inhaber von Rechten sind (Barcelona Traction-Fall, ICJ Rep. 1970, S. 3). Deshalb müsste, wenn ein Individuum

staatenlos oder Angehöriger des verletzenden Staates ist, jedes Rechtsmittel, welches auf völkerrechtlicher Ebene zur Verfügung stehen kann, im Bereich der internationalen Menschenrechte gefunden werden.

II. Universelle Menschenrechte

1. Historische Entwicklung

Die Entwicklung der völkerrechtlichen Menschenrechte nahm besonderen Aufschwung mit der *Charta der Vereinten Nationen*. Das soll nicht heißen, dass vor 1945 keine Rechtsregeln existierten, die heute als Teil des internationalen Menschenrechtsschutzes gelten. Was aber vor dieser Zeit nicht bestand, war ein umfassendes Regelwerk zum Schutze des Individuums in seiner Eigenschaft als menschliches Wesen. Das Völkerrecht der Zeit vor Inkrafttreten der UN-Charta entwickelte jedoch bereits verschiedene Rechtssätze und Schutzvorkehrungen, die heute Bestandteil einer umfassenden Sicherung der Menschenrechte sind (vgl. *L. Sohn,* The New International Law: Protection of the Rights of Individuals Rather than States, American University Law Review, Bd. 31, 1982, 1–61). **245**

Die *Lehre von der humanitären Intervention*, die das Recht von Staaten und internationalen Organisationen betrifft, den Angehörigen eines Staates zu Hilfe zu kommen, wenn dieser sie in einer Art behandelt, die „das Gewissen der Menschheit schockiert", kann bis auf Grotius zurückverfolgt werden *(L.B. Sohn/T. Buergenthal,* The International Protection of Human Rights, 1973, S. 137–143). Internationale Übereinkommen zur Bekämpfung des Sklavenhandels entstanden in den frühen Jahrzehnten des 19. Jahrhunderts. Die Verträge, die den Frieden von Westfalen (1648) besiegelten, betrafen u.a. auch einige Aspekte der Religionsfreiheit in Europa. **246**

Die *Friedensverträge*, die den Ersten Weltkrieg (1914–1918) beendeten, errichteten ein *formales System zum Schutz* nationaler, religiöser und sprachlicher *Minderheiten* unter der Kontrolle des Völkerbundes; es betraf vorwiegend den Schutz in Teilen Zentral-, Ost- und Südosteuropas. Der Pakt des Völkerbundes schuf dann das sog. *Mandatssystem*. Es bezog sich auf die Verwaltung bestimmter Ko- **247** lonialgebiete unter dem Schutz und der Überwachung des Völkerbundes, und es sollte so gewährleistet werden, dass die diese Gebiete verwaltenden Staaten das Wohlergehen der eingeborenen Bevölkerung förderten (Namibia Gutachten, ICJ Rep. 1971, S. 16). Während des gleichen Zeitraums begann die Internationale Arbeitsorganisation ihre Aktivitäten zur Förderung des Schutzes der Arbeitnehmer nach internationalen Maßstäben.

248 Internationale Bemühungen, einigen grundlegenden humanitären Normen für die Kriegsführung Geltung zu verschaffen, erlangten bereits 1864 formelle und mehrseitige Anerkennung. Viele Regelungen des heutigen ius in bello gehen auf die Ideen des Gründers des Roten Kreuzes, Henri Dunant, zurück. Das auf die Verantwortlichkeit der Staaten für die Verletzung von Fremden anwendbare Recht, das bis zur Anfangsperiode des modernen Völkerrechts zurückverfolgt werden kann, ist sicherlich auch ein Vorläufer des internationalen Menschenrechtsschutzes. Obwohl es unmittelbar nur fremde Staatsangehörige schützt, erzeugte es doch einen Komplex von Normen, die alle Staaten binden, universellen Charakter haben und jedenfalls mittelbar den Individualschutz fördern. Auch die Anerkennung und Kodifizierung von Grundrechten und Grundfreiheiten in den Verfassungen hat zur Verfestigung der internationalen Menschenrechte beigetragen.

2. Verbürgung der Menschenrechte durch die Charta

249 Die Menschenrechtsbestimmungen der Charta der Vereinten Nationen unterscheiden sich von früheren internationalen Verträgen und von dem überkommenen Völkergewohnheitsrecht durch ihre allgemeine Reichweite. Die Regeln aus der Zeit vor der Charta sollten bestimmte Kategorien menschlicher Wesen oder bestimmte Arten von Rechten schützen. Die *Charta* aber ist nicht in dieser Weise begrenzt. Sie bezieht sich auf Menschenrechte und Grundfreiheiten *für alle Menschen* ohne Unterschied der Rasse, des Geschlechts, der Sprache oder der Religion (Art. 55c UN-Charta; siehe auch Art. 1 Abs. 3, 13 Abs. 1b) und 62 Abs. 2 UN-Charta).

250 Die *Charta begründet zwei* miteinander verbundene, internationale *Verpflichtungen*. Zum einen sieht sie vor, dass die Vereinten Nationen „die allgemeine Achtung und Verwirklichung der Menschenrechte und Grundfreiheiten für alle ohne Unterschied der Rasse, des Geschlechts, der Sprache oder der Religion“ fördern (Art. 55c) UN-Charta). Zum anderen enthält sie ein Versprechen aller Mitgliedstaaten, „gemeinsam und jeder für sich mit der Organisation zusammenzuarbeiten, um die in Art. 55 dargelegten Ziele zu erreichen“ (Art. 56 UN-Charta). Die Verpflichtung, die Menschenrechte und grundlegenden Freiheiten zu fördern, wurde also als Rechtspflicht sowohl der Organisation als auch ihrer Mitgliedstaaten begründet. Der moderne Menschenrechtsschutz findet seinen Ursprung in diesen beiden Vorschriften. Sie legten das begriffliche Fundament für die Entwicklung der wesentlichen Menschenrechte und dafür, dass diese zu einer Angelegenheit von internationalem Interesse wurden *(T. Buergenthal,* The Normative and Institutional Evolution of International Human Rights, Human Rights Quarterly, Bd. 19, 1997, 703–723).

3. Die Allgemeine Erklärung der Menschenrechte

Die Charta der Vereinten Nationen erwähnt nur „Menschenrechte **251**
und Grundfreiheiten“, ohne diese zu definieren oder aufzuzählen. Diese Funktion sollte die *Allgemeine Erklärung der Menschenrechte* erfüllen, die am 10. Dezember 1948 von der Generalversammlung der Vereinten Nationen verkündet wurde. Obwohl sie in Form einer nicht-bindenden Resolution angenommen wurde, ist sie im Laufe der Jahre als authentische Definition und Auslegung derjenigen Rechte anerkannt worden, die die Vereinten Nationen und ihre Mitgliedstaaten nach Art. 55 und 56 der Charta fördern sollen. Zumindest einige der in der Allgemeinen Erklärung verkündeten Menschenrechte haben heute den Status von Völkergewohnheitsrecht erlangt, so das Recht von einer systematischen staatlichen Praxis der Folter, der Sklaverei, des Mordes, der willkürlichen Haft, des Verschwindenlassens von Personen, der Rassendiskriminierung und anderer grober und brutaler Rechtsverletzungen verschont zu bleiben. Auch verletzt ein Staat, der eine Politik verfolgt, die Individuen oder Gruppen die in der Erklärung verkündeten Rechte wegen ihrer Rasse, ihres Geschlechts, ihrer Sprache oder Religion verwehrt, das Diskriminierungsverbot, welches für die von den Mit-

gliedstaaten der Charta der Vereinten Nationen übernommenen Menschenrechtsverpflichtungen grundlegend ist.

252 Die Allgemeine Erklärung verkündet einen *Katalog ziviler, bürgerlicher und politischer Grundrechte*, einschließlich des Rechts auf Leben, auf Freiheit von Sklaverei und von Folter, auf gleichen Schutz durch das Gesetz, auf die Garantien zur Gewährleistung eines ordnungsgemäßen Verfahrens, auf Rede- und Versammlungsfreiheit, auf Freizügigkeit, auf das Recht auf eine Privatsphäre u.a.m. Sie gewährleistet auch das Recht auf Eigentum sowie wirtschaftliche, soziale und kulturelle Rechte, wie das Recht auf Arbeit, auf Erziehung, auf Gesundheitsfürsorge, auf verschiedene andere soziale Leistungen und auf Teilnahme am kulturellen Leben der Gemeinschaft. Alle diese Rechte werden jedoch nur generell proklamiert und weisen nicht die Bestimmtheit eines Vertrages oder eines Gesetzes auf. Die Erklärung erkennt schließlich an, dass die Staaten die verkündeten Rechte durch Gesetze beschränken können, „um die Anerkennung und Achtung der Rechte und Freiheiten der anderen zu gewährleisten und den gerechten Anforderungen der Moral, der öffentlichen Ordnung und der allgemeinen Wohlfahrt in einer demokratischen Gesellschaft zu genügen" (Art. 29 Abs. 2 Allgemeine Erklärung).

Lit. zu II. 2. bis II. 3.: *T. Buergenthal/D. Shelton/D. Stewart,* International Human Rights in a Nutshell, 2002, S. 27–43; *J. Carillo Salcedo,* Human Rights, Universal Declaration, EPIL, Bd. II, 1995, S. 922–926.

4. Die Menschenrechtspakte

253 Im Jahre 1966 nahm die Generalversammlung der Vereinten Nationen den Internationalen Pakt über bürgerliche und politische Rechte (IPbürgR) sowie den Internationalen Pakt über wirtschaftliche, soziale und kulturelle Rechte (IPwirtR) an. Diese Übereinkommen zusammen mit den Zusatzprotokollen zum Internationalen Pakt über bürgerliche und politische Rechte, der Allgemeinen Erklärung der Menschenrechte und den Menschenrechtsbestimmungen der Charta der Vereinten Nationen umfassen das, was man als die *„International Bill of Human Rights"* bezeichnet *(T. Buergenthal/D. Shelton/D. Stewart,* International Human Rights in a Nutshell, 2002, S. 34–70).

Die *Pakte* sind *völkerrechtliche Verträge*, die der Ratifikation bedürfen. Sie traten 1976 nach der für ihr Inkrafttreten erforderlichen Ratifikation durch 35 Staaten in Kraft. Die Zahl der Mitgliedstaaten hat sich seither mehr als vervierfacht. Die Vereinigten Staaten haben den Pakt über bürgerliche und politische Rechte 1992 ratifiziert und den Pakt über wirtschaftliche, soziale und kulturelle Rechte lediglich unterzeichnet. Die Bundesrepublik Deutschland hat beide Pakte ratifiziert. **254**

Zusätzlich zur Verkündung zweier sog. *Rechte der Völker* in Art. 1 – des Rechts auf Selbstbestimmung und des Rechts aller Völker, frei über ihre natürlichen Reichtümer und ihre Ressourcen zu verfügen – garantiert der Pakt über bürgerliche und politische Rechte eine große Zahl von Menschenrechten und Grundfreiheiten. Der Katalog enthält u.a. das Recht auf Leben und Freiheit von Folter und Sklaverei, das Recht auf Freiheit und persönliche Sicherheit, das Recht festgenommener Personen, menschlich behandelt zu werden, das Recht, nicht wegen Schulden in Haft genommen zu werden, das Recht auf Freizügigkeit, das Recht auf ein faires Gerichtsverfahren, das Verbot rückwirkender Gesetze und Strafen, das Recht auf Achtung der Privatsphäre, der Gedanken-, Meinungsäußerungs-, Gewissens- und Religionsfreiheit, die Versammlungs- und Vereinigungsfreiheit, das Recht zu heiraten und eine Familie zu gründen, die Rechte des Kindes, das Recht, an der Staatswillensbildung beteiligt zu sein und das Recht auf gleichen Schutz durch das Gesetz. Das in der Allgemeinen Erklärung der Menschenrechte verkündete Recht auf Eigentum erscheint in keinem der Pakte. **255**

Der *Pakt über bürgerliche und politische Rechte* ist mit größerer juristischer Präzision abgefasst als die Allgemeine Erklärung der Menschenrechte. Die Rechte sind mit Einschränkungen und Begrenzungen versehen. Es gibt auch eine besondere Vorschrift, die zur Suspendierung einiger Rechte in Notstandssituationen berechtigt (Art. 4). Die zulässigen Einschränkungsmöglichkeiten sollen die Beachtung auch der Interessen der Allgemeinheit gewährleisten. **256**

Der *Pakt über wirtschaftliche, soziale und kulturelle Rechte* erweitert die auf diesem Gebiet in der Allgemeinen Erklärung der Menschenrechte schon verkündeten Rechte. In Art. 1 garantiert er auch **257** die schon genannten Rechte der Völker (Selbstbestimmungsrecht und Recht auf Verfügung über natürliche Reichtümer). Der wesentliche Unterschied zwischen den beiden Pakten liegt, abgesehen von der Art der gewährleisteten Rechte, darin, dass sie verschiedenartige Verpflichtungen auferlegen. Die Fähigkeit nämlich, viele der proklamierten wirtschaftlichen, sozialen und kulturellen Rechte gewährleisten zu können, setzt das Vorhandensein wirtschaftlicher und anderer Ressourcen voraus, über die nicht alle Staaten in gleichem Ausmaß verfügen. Dagegen sind im Allgemeinen wenige solcher Ressourcen erforderlich, damit die Staaten ihren Verpflichtungen, bürgerliche und politische Rechte zu achten, nachkommen können; in der Mehrzahl der Fälle sind sie lediglich verpflichtet, sich einer Handlungsweise zu enthalten, die diese Rechte verletzen würde. Diese Erwägungen erklären, warum sich die Vertragsstaaten im Internationalen Pakt über wirtschaftliche, soziale und kulturelle Rechte lediglich verpflichten, „unter Ausschöpfung aller (ihrer) Möglichkeiten Maßnahmen zu treffen, um nach und nach mit allen geeigneten Mitteln, vor allem durch gesetzgeberische Maßnahmen, die volle Verwirklichung der in diesem Pakt anerkannten Rechte zu erreichen" (Art. 2 Abs. 1 IPwirtR). Der Pakt über bürgerliche und politische Rechte dagegen verlangt von jedem Mitgliedstaat, dass er garantiert, „die in diesem Pakt anerkannten Rechte zu achten und sie allen in seinem Gebiet befindlichen und seiner Herrschaftsgewalt unterstehenden Personen ... zu gewährleisten" (Art. 2 Abs. 1 IPbürgR). Hier also ist die Verpflichtung zur Erfüllung eine unmittelbare, während die Mitgliedstaaten des Paktes über wirtschaftliche, soziale und kulturelle Rechte eine Verpflichtung progressiven Charakters übernehmen, die an die Verfügbarkeit von entsprechenden Ressourcen geknüpft ist.

258 Auch die *Durchsetzungsmaßnahmen*, d.h. die internationalen Verfahren zur Überwachung der Staaten bei der Erfüllung ihrer Verpflichtungen aus den jeweiligen Pakten, unterscheiden sich. Der Pakt über bürgerliche und politische Rechte, ergänzt durch ein Zusatzprotokoll, sieht ein, wenn auch recht schwaches System zur Untersuchung und quasi-gerichtlichen Entscheidung von Individualbeschwerden und Staatenbeschwerden durch einen Sachverständigenausschuss vor. Dieses Gremium überprüft auch die periodischen

Berichte der Mitgliedstaaten. Obwohl der Pakt über wirtschaftliche, soziale und kulturelle Rechte nur ein System periodischer Berichte vorsieht, die beim Wirtschafts- und Sozialrat der Vereinten Nationen einzureichen sind, hat dieses Gremium nunmehr einen besonderen Ausschuss für wirtschaftliche, soziale und kulturelle Rechte errichtet. Dieser Ausschuss besteht aus 18 in persönlicher Eigenschaft gewählten Experten. Seine Aufgabe besteht darin, die Berichte zu überprüfen, die die Mitgliedstaaten und Sonderorganisationen dem Wirtschafts- und Sozialrat gemäß den Bestimmungen des Pakts unterbreiten müssen (vgl. *P. Alston/B. Simma,* First Session of the UN Committee on Economic, Social and Cultural Rights, AJIL, Bd. 81, 1987, 747–756). Diskutiert wird in neuerer Zeit darüberhinaus aber auch die Einführung eines Individualbeschwerdeverfahrens durch ein Zusatzprotokoll zum Pakt über wirtschaftliche, soziale und kulturelle Rechte.

Lit. zu II. 4.: *T. Buergenthal/D. Shelton/D. Stewart,* International Human Rights in a Nutshell, 2002, S. 43–70; *T. Buergenthal,* The UN Human Rights Committee, Max Planck Y.B.U.N.L., Bd. 5, 2001, 341–398; *H.-M. Empell,* Die Kompetenzen des UN-Menschenrechtsausschusses im Staatenberichtsverfahren (Art. 40 des Internationalen Paktes über bürgerliche und politische Rechte), 1987; *G. C. Jonathan,* Human Rights Covenants, EPIL, Bd. II, 1995, S. 915–922; *A. Verdross/B. Simma,* Universelles Völkerrecht, 3. Aufl. 1984, §§ 1233–1251.

5. Weitere Verträge zum Schutz der Menschenrechte

Die *„International Bill of Human Rights"* wird *durch* eine große **259** Zahl im Rahmen der Vereinten Nationen geschlossener oder durch sie geförderter *Verträge ergänzt*. Die wichtigsten sind die Konvention über die Verhütung und Bestrafung des Völkermordes (1948), die Internationale Konvention zur Beseitigung aller Formen der Rassendiskriminierung (1965), das Übereinkommen zur Beseitigung jeder Form von Diskriminierung der Frau (1979), das Übereinkommen gegen Folter und andere grausame, unmenschliche oder erniedrigende Behandlung oder Strafe (1984) und das Übereinkommen über die Rechte des Kindes (1989). Alle diese Verträge sind in Kraft getreten und wurden durch eine große Mehrheit der Mitgliedstaaten der Vereinten Nationen ratifiziert.

6. Die Sonderorganisationen und regionalen Organisationen

260 Die *Sonderorganisationen der Vereinten Nationen*, insbes. die Internationale Arbeitsorganisation und die UNESCO, haben ihre Kodifizierungsbemühungen im Bereich der Menschenrechte mit denjenigen der Vereinten Nationen koordiniert und viele Verträge, Deklarationen und Resolutionen auf diesem Gebiet erarbeitet. Drei *regionale internationale Organisationen* – der Europarat, die Organisation Amerikanischer Staaten und die Organisation Afrikanischer Einheit – haben auf vertraglicher Grundlage spezielle Systeme zum Schutz der Menschenrechte errichtet, die in hohem Maße von der Allgemeinen Erklärung der Menschenrechte und anderen entsprechenden Aktivitäten der Vereinten Nationen inspiriert worden sind.

7. Die Auswirkung der Kodifizierung internationaler Menschenrechte

261 Die erwähnten völkerrechtlichen Verträge und zahlreiche andere internationale Übereinkommen, die hier nicht alle genannt werden können, haben insgesamt einen *großen Bestand internationaler Menschenrechte* geschaffen (R. B. Lillich (Hrsg.), International Human Rights Instruments, 1983). Die Parteien dieser Verträge sind selbstverständlich rechtlich gebunden, die darin eingegangenen Verpflichtungen zu erfüllen. Eine schwierigere Frage aber betrifft den *Umfang der Verpflichtungen* solcher Staaten, die nur die Charta der Vereinten Nationen und vielleicht noch einige wenige der anderen Abkommen ratifiziert haben. In dem Maße nun, in dem mehrseitige internationale Abkommen auch eine Quelle des Völkergewohnheitsrechts bilden (siehe oben Kap. 4), hat auch die Praxis der Vereinten Nationen internationale Menschenrechte begründet. Die ursprüngliche und wesentlichste Rechtsquelle ist die Charta der Vereinten Nationen zusammen mit der Allgemeinen Erklärung der Menschenrechte. Darüber hinaus haben die vielen bestehenden internationalen Verträge, die Resolutionen und sonstigen Maßnahmen internationaler Organisationen sowie die Staatenpraxis die Charta auf diesem Gebiet konkretisiert und ausgestaltet.

262 Die Existenz eines beachtlichen Bestandes internationaler Menschenrechte im allgemeinen Völkerrecht wird heute im Hinblick auf einige fundamentale Grundsätze, wie z.B. das Verbot des Völkermordes, der Folter, der Sklaverei, der willkürlichen Tötung und unmenschlichen Behandlung, nicht mehr ernstlich bestritten. Weniger klar ist die Rechtslage *bei Verletzungen weniger gewichtiger Rechte*, die in allen oder einigen dieser Verträge garantiert sind. Auf kaum einem Gebiet des Völkerrechts erfolgt so viel Rechtsetzung und Kodifizierung wie bei der Vervollständigung des Menschenrechtsschutzes.

Eine gleichermaßen bedeutsame Auswirkung der Menschenrechts- **263**
bestimmungen der Charta der Vereinten Nationen und der allgemeinen rechtsetzenden Praxis betrifft die *Internationalisierung der Menschenrechte* in der neueren Entwicklung des Völkerrechts. Vor dem Ersten Weltkrieg war der Menschenrechtsschutz nicht Gegenstand des allgemeinen Völkerrechts, und deshalb nahm man an, dass diese Fragen in die innere Zuständigkeit der Staaten fielen. Die Art, auf die ein Staat seine eigenen Staatsangehörigen behandelte, war, mit einigen Ausnahmen, keine Angelegenheit von internationalem Interesse und deshalb eine Frage, die sich der Beurteilung durch andere Staaten auf völkerrechtlicher Ebene entzog. Heute aber ist die Art, auf die ein Staat seine eigenen Staatsangehörigen behandelt, durchaus nicht mehr ipso facto eine Angelegenheit, die zu seiner inneren Zuständigkeit gehört. Allgemein gesprochen trifft das Gegenteil zu, weil ein so umfangreicher und gewichtiger Komplex des Völkerrechts die Menschenrechte betrifft und zum Teil sogar dem ius cogens zugerechnet wird. So stellt es keine Intervention in die inneren Angelegenheiten eines Staates dar, wenn ein anderer Staat seine Besorgnis über umfangreiche Verletzungen international anerkannter Menschenrechte ausdrückt oder diesbezügliche Erklärungen verlangt. Das gegenwärtige Völkerrecht steht derartigen „Einmischungen" nicht entgegen.

Lit. zu II. 5. bis II. 7.: *T. Buergenthal/D. Shelton/D. Stewart,* International Human Rights in a Nutshell, 2002, S. 71–133; *K. Doehring,* Völkerrecht, 1999, Rdn. 967–994; *L. Henkin,* Human Rights, EPIL, Bd. II, 1995, S. 886–892; *S.P. Marks,* Human Rights, Activities of Universal Organizations, EPIL, Bd. II, 1995, S. 893–902.

III. Regionaler Menschenrechtsschutz

1. Das europäische System

a) Die Europäische Menschenrechtskonvention

264 Die *Europäische Menschenrechtskonvention* (EMRK) wurde im Rahmen des Europarats ausgearbeitet und trat 1953 in Kraft. 44 europäische Staaten, einschließlich aller Mitgliedstaaten der Europäischen Union, haben die Konvention gegenwärtig (Jan. 2003) ratifiziert. So wie sie ursprünglich angenommen wurde, schützt die Konvention nur ein Dutzend fundamentaler bürgerlicher und politischer Rechte, aber dieser Katalog von Rechten wurde durch verschiedene Zusatzprotokolle wesentlich erweitert, da die Vertragsstaaten den Schutz auf solche Rechte ausdehnen wollten, die sich ihnen im Laufe der Entwicklung als wesentlich darstellten. Das Recht auf Eigentum z.B. wurde erst mit Inkrafttreten des l. Zusatzprotokolls im Jahre 1954 durch die Konvention garantiert; 1998 trat das 6. Zusatzprotokoll über die Abschaffung der Todesstrafe in Kraft.

b) Die Organe der Konvention

265 Die Konvention errichtet das wohl fortschrittlichste der heute existierenden Systeme zum Schutze der Menschenrechte. Bis 1998 bestand es aus der *Europäischen Menschenrechtskommission* und dem *Europäischen Gerichtshof für Menschenrechte*, die zusammen mit dem *Ministerausschuss des Europarates* die Einhaltung der in der Konvention garantierten Rechte überwachten. Ende 1998 wurden die Kommission und der alte Gerichtshof durch einen neuen, ständigen, d.h. mit hauptamtlich bestellten Richtern besetzten Gerichtshof ersetzt (Art. 19 EMRK). Er hat 44 am Sitz des Gerichtsthofs in Straßburg ansässige Mitglieder; seine Größe entspricht der Zahl der Vertragsparteien (Art. 20 EMRK).

266 Der *neue ständige Gerichtshof* (s. auch oben Kapitel 7., V. 3. a)) entspricht der zunehmenden Menge und Komplexität der Fälle, dem stark erweiterten territorialen Anwendungsbereich der Konvention sowie der infolge der Demokratisierung Mittel- und Osteuropas enorm gestiegenen Zahl der Vertragsparteien. Seine Zuständigkeit umfasst alle die Auslegung und Anwendung der EMRK und der Protokolle dazu betreffenden Angelegenheiten, mit denen er durch

Staaten- oder Individualbeschwerde oder im Rahmen eines Gutachtenantrages des Ministerkomitees befasst wird (Art. 32 EMRK). Dem Plenum verbleiben nur noch Aufgaben im organisationsinternen Bereich, wie z.B. die Bildung von Kammern und der Beschluss einer Verfahrensordnung (Art. 26 EMRK). Plenarentscheidungen über Individual-oder Staatenbeschwerden sind nicht mehr vorgesehen, zumal eine aus 44 Mitgliedern bestehende Richterbank kaum effektive Arbeit leisten könnte. Vielmehr tagt der Gerichtshof in Ausschüssen mit drei Richtern, in Kammern mit sieben Richtern und in einer großen Kammer mit siebzehn Richtern (Art. 27 EMRK). Die Ausschüsse können in unproblematischen Fällen Individualbeschwerden für unzulässig erklären (Art. 28 EMRK). Ansonsten entscheidet eine Kammer über die Zulässigkeit und Begründetheit von Individualbeschwerden und auch von Staatenbeschwerden (Art. 29 EMRK). Bei schwerwiegenden Auslegungsfragen oder Gefahr der Divergenz zu einem früheren Urteil des Gerichtshofs kann die Kammer die Sache jederzeit, bevor sie ihr Urteil gefällt hat, an die Große Kammer abgeben, sofern nicht eine Partei widerspricht (Art. 30 EMRK). Außerdem können die Parteien innerhalb von drei Monaten nach dem Datum des Urteils der Kammer Verweisung an die große Kammer beantragen. Ein solcher Antrag wird angenommen, sofern die Rechtssache schwerwiegende Fragen aufwirft (Art. 43 EMRK). Schließlich behandelt die Große Kammer Anträge auf Erstattung von Gutachten.

Die *Unzulässigkeitserklärungen* der Ausschüsse und die Urteile der **267**
Großen Kammer sind endgültig. *Urteile* einer Kammer werden endgültig, wenn die Parteien erklären, dass sie die Verweisung der Rechtssache an die Große Kammer nicht beantragen werden oder wenn ein derartiger Antrag abgelehnt worden ist, sowie wenn innerhalb von drei Monaten nach dem Datum des Urteils keine Verweisung der Rechtssache an die Große Kammer beantragt worden ist. Der Gerichtshof hat nicht nur die Befugnis zu entscheiden, ob ein Vertragsstaat die Konvention oder die Protokolle dazu verletzt hat, sondern ist auch berechtigt, der verletzten Partei eine Entschädigung zuzusprechen (Art. 41 EMRK).

c) Die Durchsetzung der Rechte

268 Der Gerichtshof entscheidet grundsätzlich gesondert über die Zulässigkeit und Begründetheit (Art. 29 Abs. 3 EMRK). Eine Einzelperson, die sich für das Opfer einer Verletzung eines in der Konvention garantierten Rechtes hält, muss alle zur Verfügung stehenden innerstaatlichen Rechtsbehelfe erschöpfen, bevor sie den Fall vor den Gerichtshof bringen kann (Art. 35 Abs. 1 EMRK). Die *Zulässigkeit einer Individualbeschwerde* setzt weiterhin voraus, dass sie nicht anomym und nicht im wesentlichen mit einer schon vorher vom Gerichtshof geprüften Beschwerde übereinstimmt oder schon einer anderen internationalen Untersuchungs- oder Vergleichsinstanz unterbreitet worden ist und keine neuen Tatsachen enthält. Der Gerichtshof erklärt eine Individualbeschwerde auch dann für unzulässig, „wenn er sie für unvereinbar mit dieser Konvention oder den Protokollen dazu, für offensichtlich unbegründet oder für einen Missbrauch des Beschwerderechts hält" (Art. 35 EMRK). „Erklärt der Gerichtshof die Beschwerde für zulässig, so a) setzt er mit den Vertretern der Parteien die Prüfung der Rechtssache fort und nimmt, falls erforderlich, Ermittlungen vor; die betreffenden Staaten haben alle zur wirksamen Durchführung der Ermittlungen erforderlichen Erleichterungen zu gewähren; b) hält er sich zur Verfügung der Parteien mit dem Ziel, eine gütliche Einigung auf der Grundlage der Achtung der Menschenrechte, wie sie in dieser Konvention und den Protokollen dazu anerkannt sind, zu erreichen" (Art. 38 EMRK). Die *Verhandlung* vor dem Gerichtshof ist *grundsätzlich öffentlich.* Die *Durchführung der Urteile* des Gerichtshofs wird vom Ministerausschuss überwacht (Art. 46 Abs. 2 EMRK). Seit seiner Errichtung im Jahre 1959 hat der Gerichtshof zahlreiche Urteile erlassen, in denen festgestellt wurde, dass Vertragsstaaten ihre Verpflichtungen aus der Konvention nicht erfüllt hatten. Auch die Zahlung von Entschädigungen wurde angeordnet. Die Staaten befolgen regelmäßig die Urteile.

Lit. zu III. 1.: *A. Drzemczewski,* The European Human Rights Convention: Protocol No. 11 – Entry into Force and First Year of Application, HRLJ, Bd. 21, 2000, 1–17; *J. A. Frowein/W. Peukert,* Europäische Menschenrechtskonvention, EMRK-Kommentar, 2. Aufl. 1996; *S. Prebensen,* Inter-State Complaints under Treaty Provisions – The Experience under the European Convention on Human

Rights, HRLJ, Bd. 20, 1999, 446–455; *V. Schlette,* Europäischer Menschenrechtsschutz nach der Reform der EMRK, JZ, Bd. 54, 1999, 219–226.

2. Das interamerikanische System

Das interamerikanische System zum Schutz der Menschenrechte hat *zwei unterschiedliche* rechtliche *Grundlagen*. Die eine ist die Charta der Organisation Amerikanischer Staaten, die andere ist die Amerikanische Menschenrechtskonvention. Die Institutionen dieses Systems haben eine unterschiedliche Entstehungsgeschichte und verfügen über unterschiedliche Befugnisse, je nachdem, ob sie gemäß der Charta oder der Konvention tätig werden *(T. Buergenthal,* Menschenrechtsschutz im interamerikanischen System, EuGRZ, Bd. 11, 1984, 169 ff.). Deshalb ist es notwendig, sie getrennt zu behandeln. **269**

a) Die Charta der OAS

Im Jahre 1960 errichtete die *Organisation Amerikanischer Staaten* auf der Grundlage einiger nur allgemein gehaltener Bestimmungen ihrer *Charta* von 1948 die Interamerikanische Menschenrechtskommission. Sie wurde als „autonome Einheit" der OAS gemäß einem vom Rat der OAS beschlossenen Statut geschaffen und mit der Förderung der in der Amerikanischen Erklärung über die Rechte und Pflichten des Menschen verkündeten Menschenrechte beauftragt. Diese Erklärung war im Jahre 1948 in Form eines nicht-bindenden Konferenzbeschlusses der OAS angenommen worden. Mit der Änderung der Charta der OAS im Jahre 1970 wurde die Kommission zum Organ der OAS (Art. 52e) der geänderten Charta). Diese Änderung verstärkte die Rechtsstellung und die rechtlichen Befugnisse der Kommission und dadurch auch Funktion und Bedeutung der Amerikanischen Erklärung (Art. 111 und 150 der geänderten Charta der OAS; *T. Buergenthal,* The Revised OAS Charta and the Protection of Human Rights, AJIL, Bd. 69, 1975, 828). **270**

Dieser Kontext ergibt, dass ein Mitgliedstaat der OAS, der die Amerikanische Menschenrechtskonvention nicht ratifiziert hat, dennoch einer sich aus der Charta der OAS ergebenden Verpflichtung unterliegt, die in der Amerikanischen Erklärung proklamierten Men- **271** schenrechte zu fördern (Art. 1 Abs. 2b) Statut der Interamerikanischen Menschenrechtskommission). Die Zuständigkeit, die Erfüllung dieser Verpflichtung sicherzustellen, liegt bei der Interamerikanischen Menschenrechtskommission und letztlich bei der Generalversammlung der OAS. In Erfüllung dieser Aufgabe nimmt die *Kommission* Individualbeschwerden entgegen, fertigt Studien über die Situation in den Staaten an und führt Untersuchungen vor Ort durch. Ihre Berichte über die Lage der Menschenrechte in Argentinien, Chile, Guatemala, Nicaragua u.a. hatten in einigen Fällen einen bedeutsamen Einfluss auf die Verhältnisse in diesen Ländern (*C. Medina Quiroga,* The Battle of Human Rights: Gross, Systematic Violations and the Inter-American System, 1988).

272 Wenn so die *Kommission* im Rahmen ihres Auftrages gemäß der Charta der OAS tätig wird, *kann* sie den *Zustand* der Menschenrechte in jedem Mitgliedstaat der OAS *untersuchen*, ohne formale Staaten- oder Individualbeschwerden abwarten zu müssen (Art. 18 und 20 Statut der Interamerikanischen Menschenrechtskommission). Diese an einen Antrag nicht gebundene Befugnis hat sich als besonders vorteilhaft für den Schutz der Menschenrechte im interamerikanischen System erwiesen, da sie ein unverzügliches Eingreifen bei gravierenden Menschenrechtssituationen und auch ein Tätigwerden zugunsten verschwundener Personen erlaubt.

b) Die Amerikanische Menschenrechtskonvention

273 Die *Amerikanische Menschenrechtskonvention* trat im Jahre 1978 in Kraft und wurde von 25 der 35 Mitgliedstaaten der OAS ratifiziert. Die Vereinigten Staaten und Kanada haben im Gegensatz zu allen anderen größeren Staaten der Region bislang nicht ratifiziert. Die Amerikanische Konvention orientiert sich am Vorbild der Europäischen Konvention und ähnelt letzterer in ihrer institutionellen Struktur. Sie garantiert 22 grundlegende bürgerliche und politische Rechte. Anders als ihr europäisches Gegenstück *enthält* sie eine sog. *Bundesstaatsklausel*, die es einigen Bundesstaaten ermöglicht, territorial begrenztere Verpflichtungen einzugehen als sie den Zentralstaaten obliegen (Art. 28 AMRK).

274 Die Amerikanische Konvention sieht eine *Interamerikanische Menschenrechtskommission* und einen *Interamerikanischen Gerichts-*

hof für Menschenrechte vor. Beide Gremien bestehen aus jeweils sieben Mitgliedern. Die Kommissionsmitglieder werden durch die Generalversammlung der OAS, die Richter durch die Mitgliedstaaten der Konvention gewählt (Art. 36 und 53 AMRK). Dieser Unterschied bezüglich der Wahlgremien erklärt sich aus der Tatsache, dass die Kommission gleichermaßen als Organ der OAS und als Organ der Konvention fungiert. So haben also alle Mitgliedstaaten der OAS ein Interesse an der Zusammensetzung der Kommission. Der Gerichtshof hingegen erfüllt keine vergleichbare Funktion.

Die wichtigste *Aufgabe der Kommission* ist es, sich mit Beschwerden zu befassen, mit denen die Verletzung der vertraglich garantierten Rechte geltend gemacht wird (Art. 41 f., 44–51 AMRK). Das Recht der Individualbeschwerde ist zwingend, das der Staatenbeschwerde fakultativ ausgestaltet (Art. 44–45 AMRK). Sobald ein Staat die Konvention ratifiziert hat, ist die Kommission zuständig, sich mit einer gegen ihn gerichteten Individualbeschwerde zu befassen. Ein Staat kann dagegen eine Beschwerde gegen einen anderen Staat nur erheben, wenn beide Staaten über die Ratifikation der Konvention hinaus die Zuständigkeit der Kommission anerkannt haben, sich mit Staatenbeschwerden zu befassen. **275**

Der *Gerichtshof* ist zuständig, Streitfälle zu entscheiden und Gutachten zu erstatten (Art. 62 und 64 AMRK). Im Rahmen der streitigen Gerichtsbarkeit werden Fälle entschieden, in denen geltend gemacht wird, ein Vertragsstaat habe ein in der Konvention garantiertes Recht verletzt. Diese Zuständigkeit ist fakultativ und muss von den Vertragsstaaten durch besondere Erklärung anerkannt werden, bevor Beschwerden von ihnen oder gegen sie anhängig gemacht werden können. Nur die Kommission und die Staaten können Fälle vor den Gerichtshof bringen. Individuen sind hierzu nicht berechtigt (Art. 61 AMRK); immerhin können sie aber im Rahmen eines laufenden Verfahrens vor dem Gerichtshof auftreten. **276**

Weiterhin ist der Gerichtshof zuständig, Gutachten über die Auslegung der Konvention und anderer den Schutz der Menschenrechte im interamerikanischen System betreffender Verträge zu erstellen (Art. 64 AMRK). Diese Zuständigkeit können alle Organe und alle Mitgliedstaaten der OAS unabhängig davon in Anspruch nehmen, **277** ob sie die Konvention ratifiziert haben. Sie ist weiter gefasst als die entsprechende Zuständigkeit irgendeines anderen, heute existierenden internationalen Gerichts (IACourtHR, 24. 9. 1982, ILM, Bd. 22, 1983, S. 51; EuGRZ, Bd. 11, 1984, 196 (Other Treaties); IACourtHR, 8. 9. 1983, ILM, Bd. 23, 1984, S. 320; EuGRZ, Bd. 11, 1984, 207 (Death Penalty)).

c) Die Durchsetzung der Konvention

278 Die Amerikanische Konvention gibt, anders als ihr europäisches Gegenstück, ganz allgemein Einzelpersonen und Organisationen das Recht, einen Fall vor die Kommission zu bringen, und zwar auch dann, wenn der Antragsteller selbst nicht Opfer der geltend gemachten Verletzung ist (Art. 44 AMRK). *Zulässigkeitsvoraussetzung* ist jedoch, dass alle verfügbaren innerstaatlichen Rechtsmittel vorher erschöpft wurden (Art. 46 AMRK). Weitere Zulässigkeitskriterien sind z.B., dass die Beschwerde auf Grund der vorgetragenen Tatsachen schlüssig eine Rechtsverletzung möglich erscheinen lässt und nicht offensichtlich unbegründet ist (Art. 47 AMRK). Es gibt kein Rechtsmittel gegen die Zurückweisung einer Eingabe durch die Kommission wegen Unzulässigkeit.

279 Ist ein Fall für zulässig erklärt, ermittelt die Kommission die Fakten und versucht, eine *gütliche Beilegung* zu erreichen (Art. 48 AMRK). Wenn das nicht gelingt, fertigt die Kommission einen Bericht an, der den betreffenden Staaten übermittelt wird und der ihre Sachverhaltsfeststellungen und Empfehlungen enthält (Art. 50 AMRK). Werden innerhalb eines Zeitraums von drei Monaten, vom Zeitpunkt der Übermittlung des Berichts gerechnet, die Empfehlungen der Kommission nicht akzeptiert oder der Fall dem Gerichtshof nicht vorgelegt, kann die Kommission eine *endgültige Entscheidung* in der Sache fällen und Fristen setzen, innerhalb derer der beschuldigte Staat die von der Kommission angegebenen Maßnahmen zu ergreifen hat (Art. 51 AMRK).

280 Der Fall kann von der Kommission und von den Vertragsstaaten vor den Gerichtshof gebracht werden, vorausgesetzt, die betreffenden Staaten haben die *Zuständigkeit des Gerichtshofs* anerkannt (Art. 61 AMRK). Aus der Konvention ergibt sich nicht eindeutig, ob ein Vertragsstaat dazu auch dann berechtigt ist, wenn er nicht an dem Verfahren vor der Kommission beteiligt war. Diese Frage muss noch vom Gerichtshof entschieden werden. Eindeutig steht jedoch fest, dass ein Fall nur dann von dem Gerichtshof im Rahmen seiner streitigen Zuständigkeit behandelt werden kann, wenn die Verfahren vor der Kommission in dieser Angelegenheit ordnungsgemäß durchgeführt wurden (Art. 61 Abs. 2 AMRK; IACourtHR, 13. 11. 1980, ILM, Bd. 20, 1981, S. 1424 und EuGRZ, Bd. 11, 1984, 189). Die Urteile des Gerichtshof sind endgültig und für die Parteien bindend (Art. 67–68 AMRK). Die Zubilligung auch finanzieller Entschädigungen für Menschenrechtsverletzungen spielt eine bedeutende Rolle in der Rechtsprechung des Gerichtshofs (Art. 63; vgl. z.B. IACourtHR, Caballero-Delgado and Santana v. Columbia, HRLJ, Bd. 19, 1998, 43). Unter bestimmten Umständen kann der Gerichtshof auch vorsorgliche Maßnahmen anordnen (Art. 63 Abs. 2 AMRK).

In den ersten Jahren nach seiner Errichtung im Jahre 1979 konzen- **281**
trierte sich die *Praxis des Gerichtshofs* auf die Erstellung von Gutachten *(T. Buergenthal,* The Advisory Practice of the Inter-American Court of Human Rights, AJIL, Bd. 79, 1985, 1–27). Nachdem ihm die Kommission 1986 die ersten Fälle betreffend verschwundene Personen unterbreitete, entscheidet der Gerichtshof nunmehr auch regelmäßig Streitfälle. Seine Rechtsprechung ist wie die Praxis der Kommission durch die gravierenden Menschenrechtsverletzungen der Hemisphäre geprägt. Probleme der Sachverhaltsfeststellung sind regelmäßig gewichtiger als die Auslegung von Rechtsvorschriften. Denn treffen beispielsweise im Falle des Verschwindenlassens von Personen die von den Angehörigen des Opfers oder anderen Beschwerdeführern vorgebrachten Tatsachen zu, so besteht an der Verletzung der fundamentalsten Menschenrechte auf Leben, Freiheit, Sicherheit, körperliche Unversehrtheit und Freiheit von Folter und unmenschlicher Behandlung regelmäßig kein Zweifel mehr. Der Interamerikanische Gerichtshof für Menschenrechte hat in diesem Zusammenhang Beweisregeln zu Gunsten der Opfer entwickelt (IACourtHR, 29. 7. 1988, Velásquez Rodríguez-Fall, HRLJ, Bd. 9, 1988, 212–249) und die staatlichen Schutzpflichten besonders betont (vgl. *J. Kokott,* The Duty to Protect and to Ensure Human Rights Under the Inter-American System of Human Rights,

in: E. Klein (Hrsg.), The Duty to Protect and to Ensure Human Rights, 2000, S. 235–276).

Lit. zu III. 2.: *T. Buergenthal,* Inter-American Court of Human Rights, EPIL, Bd. II, 1995, S. 1008–1011; *T. Buergenthal/D. Shelton,* Protecting Human Rights in the Americas, Cases and Materials, 1995; *S. Davidson,* The Inter-American Court of Human Rights, 1992; *J. Kokott,* Das interamerikanische System zum Schutz der Menschenrechte, 1986; *D. Harris/S. Livingstone,* The inter-American System of human rights, 1998; *C. Ruiz Miguel,* Advisory Function in the Inter-American System of Human Rights. A Comparative Approach. The Chrysalis of a Supra Constitutional Jurisdiction?, JöR, Bd. 47, 1999, 15–33; *B. Santoskoy,* La Commission interaméricaine des droits de l'homme et le développement de sa compétence par le système des pétitions individuelles, 1995.

3. Das afrikanische System

a) Die Afrikanische Charta der Rechte der Menschen und Völker

282 Die *Afrikanische Charta der Rechte der Menschen und Völker* wurde 1981 von der Organisation Afrikanischer Einheit angenommen und trat am 21. Oktober 1986 nach Hinterlegung des 26. Ratifikationsinstruments in Kraft. Afrika wurde damit zur dritten Region der Welt, die über ein eigenes System zum Schutz der Menschenrechte verfügt. Alle 53 Mitgliedstaaten der Afrikanischen Union haben die Charta ratifiziert. Damit hat das afrikanische System mehr Mitgliedstaaten als das europäische oder das interamerikanische Schutzsystem.

b) Die Organe

283 Ähnlich wie das interamerikanische sieht auch das afrikanische System einen Gerichtshof und eine Kommission vor. Die aus elf Mitgliedern bestehende *Afrikanische Kommission* für Rechte der Menschen und der Völker ist in der Charta selbst vorgesehen. Der ebenfalls elf Mitglieder umfassende *Afrikanische Gerichtshof* für Rechte der Menschen und der Völker ist erst auf der Grundlage des 1998 unterzeichneten, aber 2002 noch nicht in Kraft getretenen Protokolls zur Charta zu errichten.

284 Ähnlichkeiten mit dem interamerikanischen System liegen in der Zulässigkeit der Popularklage vor der *Kommission* sowie darin, dass den Kommissionen sowohl die allgemeine Förderung der

Menschenrechte als auch deren Schutz obliegt. Die Staatenbeschwerde vor der Kommission ist zwar zulässig, spielt aber wie in anderen Schutzsystemen in der Praxis keine erhebliche Rolle. Restriktiv ist das afrikanische System insoweit, als die Kommission die Aufmerksamkeit der Generalversammlung der Organisation Afrikanischer Einheit nur auf serienweise auftretende schwerwiegende oder massive Verletzungen der Rechte der Menschen oder der Völker lenken kann (Art. 58 Abs. 1 Charta). Außerdem lässt die Charta die Publizität, die stärkste Waffe im Kampf um den Schutz der Menschenrechte, nur beschränkt zu: Maßnahmen im Rahmen des Beschwerdeverfahrens sind so lange vertraulich, bis die Versammlung der Staats- und Regierungschefs anders entscheidet; auch die Tätigkeitsberichte der Kommission werden erst nach Erwägung durch diese Versammlung veröffentlicht (Art. 59 Charta).

Bemerkenswert weit ist hingegen die Auslegungszuständigkeit der **285** Kommission, die an die Zuständigkeit internationaler Gerichtshöfe, Gutachten zu erstellen, erinnert. Die Kommission kann auf Anforderung eines Mitgliedstaates der Charta, eines Organs der Organisation Afrikanischer Einheit oder einer von der Organisation Afrikanischer Einheit anerkannten afrikanischen Organisation alle Bestimmungen der Charta auslegen (Art. 45 Abs. 3 Charta). Weiterhin verfügt sie über quasi-legislative Zuständigkeiten, indem sie Prinzipien und Regeln formulieren und statuieren kann, die dazu bestimmt sind, Probleme im Hinblick auf die Rechte der Menschen und Völker und die Grundfreiheiten zu lösen, die als Grundlage für die Gesetzgebung afrikanischer Staaten in Betracht kommen (Art. 45 Abs. 1 lit. b) Charta). Diese quasi-judiziellen und quasi-legislativen Kompetenzen der Kommission sind im Lichte der Art. 60 und 61 der Charta zu sehen, wonach die Kommission das gesamte die Mitgliedstaaten bindende Völkerrecht sowie subsidiär zum Beispiel auch völkerrechtsgemäße afrikanische Praktiken im Bereich der Rechte der Menschen und der Völker zu berückichtigen hat.

Der vorgesehene *Afrikanische Gerichtshof für Rechte der Men-* **286** *schen und der Völker* kann auf Anfrage eines Mitgliedstaates der Organisation Afrikanischer Einheit, der Organisation oder eines ihrer Organe oder einer von der Organisation anerkannten afrikanischen Organisation Gutachten betreffend die Charta oder jedes andere Menschenrechtsinstrument erstellen (Art. 4 Protokoll). Die Kommission und die betroffenen Staaten können den Gerichtshof mit Streitfällen befassen (Art. 5 Abs. 1 Protokoll). Im Gegensatz zum europäischen und interamerikanischen System sind Richter, die Staatsangehörige eines an einem Streitfall beteiligten Staates sind, ausgeschlossen (Art. 22 Protokoll). Individualbeschwerden vor dem Gerichtshof sind ohne vorherige Befassung der Kommission zulässig, sofern der betroffene Staat sich durch Erklärung dem Individualbeschwerdeverfahren unterworfen hat (Art. 5 Abs. 3, 34 Abs. 4 Protokoll). Der Gerichtshof wendet nicht nur die Charta und das Protokoll, sondern auch andere einschlägige, von den betroffenen Staaten ratifizierte Menschenrechtsverträge an (Art. 3 Abs. 1 und Art. 7 Protokoll).

c) Die geschützten Rechte

287 Bezüglich der gewährleisteten Rechte orientiert sich die Afrikanische Charta stark an den Menschenrechtspakten der Vereinten Nationen, obwohl sie diese Rechte dann wieder durch Bestimmungen abschwächt, die weitgehende Einschränkungen und Begrenzungen zulassen (siehe z.B. Art. 6 Charta). Dafür enthält die Charta keine allgemeine Derogationsklausel für Fälle des Krieges oder eines öffentlichen Notstandes. Darin sowie in der Aufnahme nicht nur von Rechten, sondern auch von Pflichten, in der Garantie auch wirtschaftlicher, sozialer und kultureller Rechte und von Rechten der Völker, zum Beispiel eines Rechts auf Entwicklung (Art. 22), unterscheidet sie sich von der Europäischen und der Amerikanischen Menschenrechtskonvention. Bemerkenswert ist ferner, dass die Afrikanische Charta großzügig andere Menschenrechtsinstrumente inkorporiert. So ist Maßstab der Kommission nicht nur die Afrikanische Charta, sondern „das internationale Recht auf dem Gebiet der Menschenrechte und Rechte der Völker," insbes. die „Bestimmungen der verschiedenen afrikanischen Dokumente über Menschenrechte und die Rechte der Völker," ebenso die Charta der Vereinten Nationen, die Charta der OAU, die Allgemeinen Erklärungen der Menschenrechte und andere von den Vereinten Nationen und von afrikanischen Staaten verwandte Dokumente auf dem Gebiet der Menschenrechte und Rechte der Völker sowie „die Bestimmungen der verschiedenen UN-Sonderorganisationen, bei denen die

Vertragsstaaten dieser Charta Mitglieder sind." (Art. 60). Zudem sieht die Charta vor, dass der Staat die Beseitigung jeder Form der Diskriminierung von Frauen sowie die Rechte der Frauen und des Kindes gewährleistet, wie sie in internationalen Konventionen und Deklarationen niedergelegt sind (Art. 18 Abs. 3).

Lit. zu III. 3.: *E. A. Ankumah,* The African Commission on Human and Peoples' Rights, 1996; *E. G. Bello,* Human Rights, African Developments, EPIL, Bd. II, 1995, S. 902–910; *T. Buergenthal/D. Shelton/D. Stewart,* International Human Rights in a Nutshell, 2002, S. 282–313; *E.-R. Mbaya,* African Charter on Human and Peoples' Rights, EPIL, Bd. I, 1992, S. 54–58; *N. Krisch,* The Establishment of an African Court on Human and Peoples' Rights, Annex: Protocol to the African Charter on Human and Peoples' Rights on the Establishment of an African Court on Human and Peoples' Rights, ZaöRV, Bd. 58, 1998, 713–732; *V. Nmehielle,* The African Human Rights System, 2001; *C. A. Odinkalu/C. Christensen,* The African Commission on Human and Peoples' Rights, Human Rights Quarterly, Bd. 20, 1998, 235–280; *U. Oji Umozurike,* The African Charter on Human and Peoples' Rights, 1997.

IV. Das internationale humanitäre Recht

1. Definition und Rechtsquellen

Das internationale humanitäre Recht umfasst diejenigen Regeln zum Schutz der Menschenrechte, die in internationalen – und in erheblich geringerem Ausmaß auch in internen – bewaffneten Konflikten gelten. Man könnte es auch als die *menschenrechtliche Komponente des Kriegsrechts* umschreiben. **288**

Ein Teil des humanitären Rechts beruht auf Völkergewohnheitsrecht und denjenigen Verträgen über das Kriegsrecht, die auf den Haager Friedenskonferenzen von 1899 und 1907 geschlossen wurden. Die *wichtigsten Quellen* dieses Rechts sind jedoch die *vier Genfer Konventionen* von 1949, die 1950 in Kraft traten, und die zwei Zusatzprotokolle zu diesen Konventionen, die 1978 in Kraft traten. Die Vereinigten Staaten haben die Konventionen ratifiziert, nicht aber die Protokolle, wohingegen die Bundesrepublik Deutschland auch die beiden Protokolle ratifiziert hat. **289**

2. Die Genfer Konventionen

290 Die vier Genfer Konventionen, die sich ergänzen und einander entsprechen, umfassen

- das Genfer Abkommen zur Verbesserung des Loses der Verwundeten und Kranken der Streitkräfte im Felde,
- das Genfer Abkommen zur Verbesserung des Loses der Verwundeten, Kranken und Schiffbrüchigen der Streitkräfte zur See,
- das Genfer Abkommen über die Behandlung der Kriegsgefangenen und
- das Genfer Abkommen zum Schutz von Zivilpersonen in Kriegszeiten.

Über 180 Staaten sind Parteien dieser Konventionen, und so gehören sie, zusammen mit der Charta der Vereinten Nationen und dem Übereinkommen über die Rechte des Kindes, zu denjenigen internationalen Übereinkommen zum Schutz der Menschenrechte, die die größte weltweite Akzeptanz gefunden haben.

291 Die Genfer Abkommen finden primär Anwendung in bewaffneten Konflikten zwischen zwei oder mehreren der Vertragsparteien (gemeinsamer Art. 2 der Genfer Abkommen). D.h. sie gelten in internationalen bewaffneten Konflikten, indem sie humanitäre Regeln für die Behandlung von Kriegsgefangenen, verwundeten und kranken Mitgliedern der Land- und Seestreitkräfte und für die Behandlung der Zivilbevölkerung auferlegen. Nur eine Vorschrift – der gemeinsame Art. 3 – enthält Regeln, die auch „im Falle eines bewaffneten Konflikts [gelten], der keinen internationalen Charakter hat und auf dem Gebiet einer der Hohen Vertragsparteien entsteht".

292 Es ist nicht immer einfach, zwischen einem *internationalen und* einem *nicht-internationalen bewaffneten Konflikt* zu unterscheiden. Das gilt besonders für Bürgerkriegssituationen, in denen streitig ist, ob eine Intervention fremder Staaten vorliegt. Ähnlich schwierig und in der Praxis schwer feststellbar sind die exakten Voraussetzungen für die Anwendbarkeit des gemeinsamen Art. 3. Umstritten ist hier meist die Frage, ob nun eine Situation rechtlich als Konflikt zu qualifizieren ist, „der keinen internationalen Charakter hat", was zur Anwendung des Art. 3 führt, oder nur als geringfügige innere Unruhe, bei der die Genfer Abkommen keine Anwendung finden.

Viele Konflikte sind heute mit umfangreichen internen bewaffneten Aufständen verbunden, die nicht als internationale bewaffnete Konflikte zu qualifizieren sind. Hier ist der gemeinsame *Art. 3 der Genfer Abkommen* oft die einzige anwendbare humanitäre Bestimmung. Art. 3 verlangt von den am Streit beteiligten Parteien – den Staaten und den Aufständischen – alle „Personen, die nicht unmittelbar an den Feindseligkeiten teilnehmen, einschließlich der Mitglieder der Streitkräfte, welche die Waffen gestreckt haben, und der Personen, die durch Krankheit, Verwundung, Gefangennahme oder irgendeine andere Ursache außer Kampf gesetzt sind ... mit Menschlichkeit“ zu behandeln. Jede „auf Rasse, Farbe, Religion oder Glauben, Geschlecht, Geburt oder Vermögen oder auf irgendeinem anderen ähnlichen Unterscheidungsmerkmal beruhende Benachteiligung“ ist verboten. Verboten sind auch: **293**

- Angriffe auf das Leben und die Person, namentlich Tötung jeder Art, Verstümmelung, grausame Behandlung und Folterung;
- das Festnehmen von Geiseln;
- Beeinträchtigung der persönlichen Würde, namentlich erniedrigende und entwürdigende Behandlung;
- Verurteilung und Hinrichtung ohne vorhergehendes Urteil eines ordentlich bestellten Gerichts, das die von den zivilisierten Völkern als unerlässlich anerkannten Rechtsgarantien bietet.

Art. 3 fordert weiterhin, dass „die Verwundeten und Kranken ... **294**
geborgen und gepflegt“ werden. Er gestattet auch dem Internationalen Komitee vom Roten Kreuz, den Konfliktparteien seine humanitären Dienste anzubieten. Obwohl diese in Art. 3 ausgesprochenen Garantien knapp gehalten sind, bieten sie doch einigen Schutz in Situationen, in denen jede menschliche Behandlung, wie elementar die Maßstäbe auch sein mögen, einen Fortschritt darstellt.

3. Die Zusatzprotokolle

Zwei völkerrechtliche Verträge, die Protokolle I und II, ergänzen **295**
die vier Genfer Konventionen. Sie sollen jeweils unterschiedliche Funktionen erfüllen: *Protokoll I* findet auf internationale bewaffnete Konflikte Anwendung und *Protokoll II* auf interne Konflikte, wobei es den in dem gemeinsamen Art. 3 der Genfer Abkommen vor-

gesehenen Schutz erweitert. Das gilt zum Teil auch für Protokoll I, weil seine Bestimmungen nicht nur auf internationale Konflikte im Sinne des gemeinsamen Art. 2 der Genfer Abkommen Anwendung finden, sondern auch auf „bewaffnete Konflikte, in denen Völker gegen Kolonialherrschaft und fremde Besetzung sowie gegen rassistische Regimes in Ausübung ihres Rechts auf Selbstbestimmung kämpfen" (Art. 1 Abs. 4 Protokoll I). Bei sog. Befreiungskriegen müssen also die am Konflikt beteiligten Parteien den betroffenen Individuen die zusätzlichen Rechte und den zusätzlichen Schutz gewähren, den sie sonst nur genießen würden, wenn der Konflikt einen internationalen Charakter hätte. Diese Geltungserstreckung ist umstritten und hält einige Staaten immer noch von einer Ratifikation ab. Das gleiche gilt für die Erweiterung des Schutzes der Kombattanten, der nun unter bestimmten Voraussetzungen auch dann aufrecht erhalten werden soll, wenn sich die Kombattanten nicht von der Zivilbevölkerung unterscheiden (Art. 44 Abs. 3 S. 2 Protokoll I).

Lit. zu IV. 1. bis IV. 3.: *T. Buergenthal/D. Shelton/D. Stewart,* International Human Rights in a Nutshell, 2002, S. 314–346; *K. Doehring,* Völkerrecht, 1999, Rdn. 580–638; *T. Meron,* The Humanization of Humanitarian Law, AJIL, Bd. 94, 2000, 239–278; *A. Schlögel,* Geneva Red Cross Conventions, EPIL, Bd. II, 1995, S. 531–541.

4. Menschenrechtskonventionen, Derogationsklauseln und humanitäres Recht

296 Die wesentlichen heute geltenden Menschenrechtsabkommen enthalten sog. *Derogationsklauseln*, die dazu berechtigen, im Falle eines Krieges oder einer anderen Notstandssituation bestimmte, durch diese Verträge garantierte Rechte zu suspendieren (Art. 4 IPbürgR; Art. 15 EMRK; Art. 27 AMRK). Dieses Derogationsrecht ist jedoch in zwei wichtigen Beziehungen eingeschränkt. Zum einen zählen alle Derogationsklauseln gewisse fundamentale Menschenrechte auf, die unter keinen Umständen suspendiert werden dürfen. Zum anderen ist vorgesehen, dass selbst hinsichtlich der suspendierbaren Rechte die Maßnahmen, die die Staaten in Notstandssituationen ergreifen können, „ihren sonstigen völkerrechtlichen Verpflichtungen nicht zuwiderlaufen" dürfen (Art. 4 Abs. 1 IPbürgR, s.a. Art. 27 Abs. 1 AMRK und Art. 15 Abs. 1 EMRK).

Der Verweis auf andere internationale Verpflichtungen hat bedeutsame *Konsequenzen*. Bei einem Staat nämlich, der sowohl einen der oben erwähnten Menschenrechtsverträge als auch die Genfer Abkommen und die beiden Protokolle ratifiziert hat, ist davon auszugehen, dass die humanitären Abkommen durch Verweis in die Derogationsklausel inkorporiert sind und jeder mit dem humanitären Recht unvereinbaren Derogation entgegenstehen. Außerdem können bestimmte, nicht durch die Genfer Abkommen oder die Protokolle im Falle des Krieges oder eines nationalen Notstandes verbotene Maßnahmen rechtmäßigerweise doch nicht ergriffen werden, wenn sie ein Menschenrecht verletzen würden, das nach dem Vertrag nicht derogierbar ist (*T. Meron,* On the Inadequate Reach of Humanitarian Law and Human Rights and the Need for a New Instrument, AJIL, Bd. 77, 1983, 589–606). **297**

V. Schutz der Einzelnen nach Fremdenrecht

1. Historische Entwicklung

Während die internationalen Menschenrechte eine relativ kurze Geschichte haben, können die Grundprinzipien des Rechts über die Verantwortlichkeit der Staaten für Rechtsverletzungen gegenüber Fremden bis in die Frühzeit des modernen Völkerrechts zurückverfolgt werden. Die das sog. *Fremdenrecht* betreffenden Regeln wurden durch die Praxis der internationalen Schiedsgerichtsbarkeit im 19. und frühen 20. Jahrhundert und, in einem geringeren Ausmaß, durch den Ständigen Internationalen Gerichtshofs erweitert und verfeinert. Die Regeln entstanden im Völkergewohnheitsrecht und gleichermaßen aufgrund vertraglicher Vereinbarungen. **298**

Das Fremdenrecht umfasst Verfahrensregeln und materielle Standards. Letztere beziehen sich auf den Inhalt des Fremdenrechts, d.h. auf die von ihm geschaffenen Rechte und Verpflichtungen. Das Verfahrensrecht behandelt die Art und Weise, mit der diese Rechte und Verpflichtungen durchgesetzt werden. **299**

2. Verfahrensrechtliche Fragen

a) Das Erfordernis der Staatsangehörigkeit

300 Die *Verantwortlichkeit* eines Staates *für Rechtsverletzungen gegenüber Fremden* kann auf völkerrechtlicher Ebene nur von einem Staat geltend gemacht werden, dessen Staatsangehöriger Opfer einer Rechtsverletzung geworden ist (zur Staatsangehörigkeit siehe unten Kap. 10). Dabei muss das Band der Staatsangehörigkeit sowohl zur Zeit der Schädigung als auch zur Zeit der Geltendmachung des Schadens bestehen. Für die Zwecke der Geltendmachung eines Anspruchs wird die Rechtsverletzung, wenn eine solche vorliegt, als eine Verletzung der Rechte des Staates, dem der Fremde angehört, betrachtet (PCIJ, Ser. A/B, No. 76, 1939; PCIJ, Ser. A, Nr. 2, 1924). Zwar wird heute zunehmend in Zweifel gezogen, dass die Verletzung eines Fremden ausschließlich die Rechtsposition seines Heimatstaates betrifft (vgl. *K. Doehring,* Völkerrecht, 1999, Rd. 870). Dennoch gilt weiterhin: Wenn der Fremde staatenlos ist oder die Staatsangehörigkeit des Staates hat, von dem behauptet wird, er habe rechtswidrig gehandelt, ist die Beschwerde zurückzuweisen. Das gleiche gilt, wenn die Staatsangehörigkeit des Fremden, obgleich er formell ein Angehöriger des den Anspruch geltend machenden Staates ist, völkerrechtlich nicht anerkannt werden muss (ICJ Rep. 1955, S. 4).

301 Bei *Doppel- oder Mehrstaatlern* ist derjenige Staat zum Schutz berechtigt, zu dem die effektivere Bindung besteht. Dabei sind jedoch zwei Konstellationen zu unterscheiden: die Schutzausübung durch einen Heimatstaat des Doppelstaatlers gegenüber Drittstaaten einerseits und gegenüber dem anderen Heimatstaat andererseits. Nach der traditionellen Regel konnte jeder der Heimatstaaten den Doppelstaatler zwar gegenüber Drittstaaten, nicht aber gegenüber dem anderen Heimatstaat schützen. Heute hat sich demgegenüber das Effektivitätsprinzip auch im Verhältnis der mehreren Heimatstaaten eines Doppel- oder Mehrstaatlers durchgesetzt, d.h. der Staat, zu dem die effektivere Beziehung besteht, kann den Doppelstaatler auch gegenüber dem anderen Heimatstaat schützen.

302 Ansprüche gemäß dem Recht der Staatenverantwortlichkeit können *auch zugunsten von juristischen Personen* geltend gemacht werden

(ICJ Rep. 1970, S. 3). Ein Staat, der wegen der Schädigung einer juristischen Person Ansprüche erhebt, muss darlegen, dass diese seine Staatszugehörigkeit besitzt. In einem konkreten Fall könnten drei Staaten eine juristische Person als Staatszugehörige reklamieren: der Staat, nach dessen Recht die juristische Person gegründet wurde *(Gründungstheorie)*, der Staat, in dem sie ihren Sitz hat *(Sitztheorie)* sowie bei einer Aktiengesellschaft schließlich der Staat, dem die meisten Aktionäre entstammen *(Kontrolltheorie)*. Während die Gründungstheorie und auch die Sitztheorie allgemein anerkannt sind, versprechen auf die Kontrolltheorie gestützte Ansprüche nur unter besonderen Umständen Erfolg.

b) Erschöpfung der innerstaatlichen Rechtsbehelfe

Bevor ein Staat einen Anspruch wegen Schädigung eines seiner **303**
Staatsangehörigen geltend machen kann, muss dargelegt werden, dass sein Staatsangehöriger alle zur Verfügung stehenden Rechtsbehelfe vor den Gerichten und Behörden des Staates in Anspruch genommen hat, der für die Rechtsverletzung einstehen soll (ICJ Rep. 1959, S. 6). Diese Voraussetzung soll es einem Staat ermöglichen, einem Unrecht schon auf innerstaatlicher Ebene abzuhelfen, bevor es zu einem Streit auf internationaler Ebene führt und so unnötigerweise die Beziehungen zwischen den Staaten belasten kann. In diesem Zusammenhang sollte besonders erwähnt werden, dass die *Erschöpfung der innerstaatlichen Rechtsbehelfe* gerade auch eine in verschiedenen internationalen Menschenrechtsabkommen zu findende Beschwerdevoraussetzung ist. Zum Erfordernis der Erschöpfung der innerstaatlichen Rechtsbehelfe gibt es heute sehr viel Rechtspraxis, die zum großen Teil im Zusammenhang mit Menschenrechtsbeschwerden entstand, aber gleichermaßen relevant für Fälle im Bereich der allgemeinen Staatenverantwortlichkeit ist.

Der *Staat*, gegen den die Beschwerde erhoben wurde, *kann* auf die **304**
Einwendung *verzichten*, dem Erfordernis der Erschöpfung des innerstaatlichen Rechtsweges sei nicht genügt (European Court of Human Rights Publications, Ser. A, Nr. 12, 1971). Befreiung kann auch gewährt werden, wenn nachgewiesen werden kann, dass es zwecklos gewesen wäre, innerstaatliche Rechtsbehelfe in Anspruch zu nehmen oder wenn faktisch keine zur Verfügung stehen (*A. A.*

Cançado Trindade, The Application of the Rule of Exhaustion of Local Remedies in International Law. Its Rationale in the International Protection of Individual Rights, 1983; *K. Doehring,* Local Remedies, Exhaustion of, EPIL, Bd. III, 1997, S. 238–242; IACourtHR, Velásquez Rodríguez Case, Prel. Objections, Ser. C, Decisions & Judgments, No. 1 (1987)).

c) Erhebung und Abwicklung der Ansprüche

305 Nachdem der geschädigte Staatsangehörige vergeblich versucht hat, durch Inanspruchnahme von Rechtsbehelfen im vermeintlichen Verletzerstaat Abhilfe zu erlangen, kann sein *Heimatstaat* seinen Anspruch geltend machen. Ob dies erfolgt, hängt von der politischen, im Ermessen des betreffenden Staates liegenden Entscheidung ab. Das Völkerrecht erlaubt, aber fordert kein Tätigwerden, und auch das innerstaatliche Recht des geschädigten Staatsangehörigen wird der Regierung im allgemeinen ein weites Ermessen zubilligen.

306 Nimmt sich der Staat der Sache an, wird sie zu einer *internationalen Angelegenheit* in dem Sinn, dass sie Gegenstand völkerrechtlicher Auseinandersetzungen zwischen dem Heimatstaat des Geschädigten und dem Staat, gegen den die Vorwürfe erhoben werden, ist. Manchmal wird die Angelegenheit alsdann durch Verhandlungen beigelegt. Falls nicht, können sich die beteiligten Staaten entscheiden, ihre Ansprüche im Prozesswege vor einem internationalen Schiedsgericht oder vor dem Internationalen Gerichtshof zu verfolgen (vgl. ICJ-Urteil v. 20. 7. 1989: the ELSI Case, ILM Bd. 28, 1989, S. 1111–1164, S. D. Murphy, The ELSI Case: An Investment Dispute at the International Court of Justice, Yale Journal of International Law, Bd. 16, 1991, 391–452).

307 Manchmal vereinbaren die Staaten auch ein *Pauschalabkommen* bezüglich aller ausstehender Forderungen (vgl. *D. Bedermann,* Interim Report on „Lump Sum Agreements and Diplomatic Protection“, in: The International Law Association, Report of the 70th Conference, New Delhi, 2002, im Erscheinen), oder sie beschließen, die Forderungen besonderen Schiedsgerichten zu unterbreiten, vor denen auch Einzelne klagen können. Das iranisch-amerikanische Schiedsgericht ist ein Beispiel für ein Übereinkommen der letztgenannten Art. Manche Ansprüche können jedoch niemals befriedigend geregelt werden.

Ein *Staat*, der sich eines Anspruchs eines seiner Staatsangehörigen annimmt, *ist* nach Völkerrecht *berechtigt*, auf ihn *zu verzichten*, ihn abzuwickeln und alle diesbezüglichen Verhandlungen oder einen Prozess zu führen. Außerdem werden die Gelder, die ein Staat zur Befriedigung eines Anspruchs erhält, völkerrechtlich als ihm gehörig betrachtet. Das innerstaatliche Recht kann vorsehen, dass ein Staat die Summe an den individuell geschädigten Staatsbürger auskehren muss, aber das Völkerrecht enthält keine solche Verpflichtung. Einige Staaten, zum Beispiel die Vereinigten Staaten, haben von Zeit zu Zeit Kommissionen eingerichtet, die über die Ansprüche ihrer Staatsangehörigen auf einen Anteil an der von dem Pauschalabkommen umfassten Entschädigungssumme zu entscheiden haben. **308**

Um zu verhindern, dass fremde Staaten Ansprüche wegen Verletzung der Rechte ihrer Staatsangehörigen erheben, haben einige Staaten versucht, Ausländer als Bedingung für die Ausübung geschäftlicher Tätigkeit innerhalb ihres Hoheitsgebietes zu veranlassen, *im Voraus* auf das Recht zu verzichten, ihre Heimatstaaten um diplomatischen Schutz zu ersuchen. Bestimmungen, die solche *Verzichtserklärungen* enthalten, wurden in die innerstaatliche Gesetzgebung oder in Konzessionsverträge aufgenommen, insbes. in Lateinamerika. Internationale Gerichte halten diese „Calvo- Klauseln", benannt nach dem argentinischen Diplomaten und Rechtsgelehrten, der sie anregte, für *unwirksam*; dem Heimatstaat des Fremden kann demnach nicht das Recht abgeschnitten werden, sich des Anspruchs seines Staatsangehörigen anzunehmen, wenn dieser völkerrechtswidrig geschädigt wurde *(F. W. García Amado,* Calvo Doctrine, Calvo Clause, EPIL, Bd. I, 1992, S. 521–523). **309**

Aufgrund der wachsenden Bedeutung der eben nicht an die Staatsangehörigkeit anknüpfenden Menschenrechte verlieren die traditionellen Regeln des diplomatischen Schutzes teilweise an Bedeutung. Auch in dem Bereich, in dem das materielle Fremdenrecht mehr Schutz gebietet als die internationalen Menschenrechte, nämlich hinsichtlich des Eigentums und der Investitionen im Ausland, ver- **310** liert der diplomatische Schutz an Boden. Grund ist das sich verdichtende Netz bilateraler Investitionsschutzverträge mit eigenen Streitbeilegungsmechanismen bzw. regelmäßigem Verweis auf die Streitbeilegung nach Maßgabe des Washingtoner Übereinkommens vom 18. 3. 1965 zur Beilegung von Investitionsstreitigkeiten zwischen Staaten und Angehörigen anderer Staaten (U.N.T.S., Bd. 575, S. 159). Letzteres schließt ausdrücklich den diplomatischen Schutz aus (Art. 27 Abs. 1); die vorherige Erschöpfung der innerstaatlichen Rechtsmittel ist grundsätzlich nicht erforderlich (Art. 26; zu diesem Washingtoner Übereinkommen s. auch oben Kap. 7, III. 7.).

Lit. zu V. 1. bis V. 2.: *W. K. Geck,* Diplomatic Protection, EPIL, Bd. I, 1992, S. 1045–1067; *K. Doehring,* Die Pflicht des Staates zur Gewährung diplomatischen Schutzes, 1959; ders., Völkerrecht, 1999, Rdn. 868–889; *J. Kokott,* Interim Report on „the Role of Diplomatic Protection in the Field of the Protection of Foreign Investment", in: The International Law Association, Report of the 70th Conference, New Delhi, 2002 (S. 261–277); G. Ress/T. Stein (Hrsg.), Der diplomatische Schutz im Völker- und Europarecht, 1996.

3. Materielles Recht

a) Zurechenbarkeit

311 Ein Staat ist völkerrechtlich für die einem fremden Staatsangehörigen zugefügten Schäden nur *verantwortlich, wenn* ihm die rechtswidrige Handlung oder Unterlassung *zugerechnet* werden kann. Nach diesem Prinzip ist ein Staat verantwortlich für das *Verhalten seiner Staatsorgane, seiner Einrichtungen und Beamten.* Das gilt jedenfalls, sofern diese ihre Befugnisse nicht offensichtlich und manifest überschreiten. Es kommt nicht darauf an, ob die staatlichen Einrichtungen oder Beamten der Bundesverwaltung oder örtlichen Verwaltungseinheiten angehören.

312 Die *privaten Handlungen einzelner* werden dem Staat grundsätzlich nicht zugerechnet, es sei denn, der Staat hat eine solche Tätigkeit gefördert oder keine geeigneten Maßnahmen zum Schutz der Fremden ergriffen (United States Diplomatic and Consular Staff in Tehran, U.S. v. Iran, ICJ Rep. 1980, S. 61 ff.). Der Staat kann auch dadurch verantwortlich werden, dass er diejenigen, die eine Rechtsverletzung gegenüber einem Fremden begangen haben, nicht bestraft oder Ansprüche auf Wiedergutmachung und entsprechenden

Gerichtsschutz verweigert (IACourtHR, 29. 7. 1988, Velásquez Rodríguez, HRLJ, Bd. 9, 1988, 212–249, 242,). Weiterhin kommt eine Staatenverantwortlichkeit aufgrund der Billigung privater Akte in Betracht (ICJ Rep. 1980, S. 3).

b) Verschulden

Nicht ganz geklärt im allgemeinen Recht der Staatenverantwortlichkeit ist die Frage, ob es eines Verschuldens bedarf. Die Relevanz dieser Fragestellung ist jedoch begrenzt. Denn – anders als etwa im nationalen Strafrecht – ist der Unterschied zwischen *Verschuldens- und Erfolgshaftung* im Recht der Staatenverantwortlichkeit nicht groß. Abzustellen ist nämlich nicht auf den individuell handelnden Beamten, sondern entsprechend dem objektivierten Verschuldensbegriff darauf, wie ein ordnungsgemäß ausgesuchter und pflichtgemäß handelnder Beamter sich verhalten hätte. Es kommt also nicht auf das individuelle Verschulden oder gar die Schuldfähigkeit des handelnden Beamten an. Eine *Gefährdungshaftung*, die – sofern sich die Gefahr realisiert – auch an rechtmäßiges gefährliches Handeln knüpft, kommt nur aufgrund von Verträgen in Betracht. **313**

Lit. zu V. 3. a) bis V. 3 b): *K. Doehring,* Völkerrecht, 1999, Rdn. 827–837 und 846–850; ILC, Draft Articles on Responsibility of States for International Wrongful Acts v. 31. Mai 2001, UN-Doc. A/CN4/L.602/Rev.1 v. 26. Juli 2001; M. Schröder, Verantwortlichkeit, Völkerstrafrecht, Streitbeilegung und Sanktionen, in: W. Graf Vitzthum (Hrsg.), Völkerrecht, 2. Aufl. 2001, S. 545–602; M. Shaw, International Law, 1997, S. 541–573; *A. Verdross/B. Simma,* Universelles Völkerrecht, 3. Aufl. 1984, §§ 1262–1283.

c) Reichweite der Verantwortlichkeit

Nach überkommenem Völkerrecht hielt man die Staaten für solche offiziellen Handlungen oder Unterlassungen für verantwortlich, die eine dem „internationalen Mindeststandard" nicht mehr entsprechende *Rechtsverweigerung* bedeuteten. Der Ausdruck „Rechtsverweigerung" wurde manchmal nur auf die von den Rechtsprechungsorganen eines Staates begangenen Verletzungen, manchmal auf alle einem Staat zurechenbaren, rechtswidrigen Akte angewendet. Das Kriterium für die Entscheidung, ob eine Handlung oder Unterlassung Unrecht ist, war dabei der sog. *internationale Mindeststandard.* Einige Staaten, besonders lateinamerikanische, beriefen sich **314** früher darauf, dass Fremde nur „Inländergleichbehandlung" fordern könnten. Danach hatte ein Fremder, sofern er nicht diskriminiert wurde, kein Recht darauf, besser behandelt zu werden als die Staatsangehörigen des Aufenthaltsstaates. Der *Grundsatz der Inländergleichbehandlung* hat sich nicht durchgesetzt, zumal manche Staaten ihren eigenen Staatsangehörigen nur einen sehr niedrigen Standard zubilligen. Der statt dessen anwendbare Mindeststandard kann über, aber auch unter dem Inländerstandard liegen.

315 Obwohl der *internationale Mindeststandard* letztlich als das für Ansprüche im Rahmen des Rechts der Staatenverantwortlichkeit entscheidende Kriterium anerkannt wurde, blieb doch sein *wesentlicher Inhalt* Gegenstand beträchtlicher Meinungsverschiedenheiten (*D. Vagts,* Minimum Standard, EPIL, Bd. III, 1997, S. 408–410). Auch die Schiedsgerichte konnten in diesem Bereich nur auf wenige Grundsätze des Völkergewohnheitsrechts verweisen und stützten sich deshalb bei der Entscheidung, was nun eine Fremdenrechtsverletzung darstellte, weitgehend auf aus nationaler Gesetzgebung und nationalen Gerichtsentscheidungen hergeleitete allgemeine Rechtsgrundsätze. Einige Staaten, insbes. Entwicklungsländer, betrachteten diese Grundsätze als typisch europäische Gerechtigkeitsstandards, die ihnen ohne Rücksicht auf die innerstaatliche, rechtliche und politische Wirklichkeit auferlegt wurden.

316 Mit der Proklamation der *Allgemeinen Erklärung der Menschenrechte* und anderer Menschenrechtsverbürgungen verlor die Debatte erheblich an Bedeutung. Diese Instrumente liefern einen *internationalen Standard*, der von der internationalen Gemeinschaft für die Behandlung aller Menschen, unabhängig von ihrer Staatsangehörigkeit, entwickelt und anerkannt wurde. Davon geht auch § 711 Restatement des ALI aus, wonach ein Staat für solche Rechtsverletzungen gegenüber fremden Staatsangehörigen verantwortlich ist, die sich aus Amtshandlungen oder -unterlassungen ergeben, die die international anerkannten Menschenrechte verletzen. Der Inhalt des fremdenrechtlichen Mindeststandards entspricht in etwa demjenigen der allgemeinen Menschenrechte, übersteigt letzteren allerdings hinsichtlich des Eigentumsschutzes.

Selbstverständlich haftet ein Staat auch für die *Verletzung völkerrechtlicher Verträge*, die *zum Schutz der Rechte fremder Staatsangehöriger*, die sich auf seinem Territorium befinden, geschlossen wurden. So gibt es heute zahlreiche Verträge, die bestimmten Fremden eine Vielfalt bürgerlicher, wirtschaftlicher und anderer Rechte garantieren. **317**

d) Wirtschaftliche Rechte

Ansprüche wegen der *Verletzung wirtschaftlicher Rechte* beruhen oftmals auf *Enteignungen* oder der *Kündigung oder Beeinträchtigung von Verträgen*, beispielsweise Konzessionsabkommen, die ausländische Unternehmen mit einem Staat abgeschlossen haben. Während unbestritten ist, dass ein Staat in Ausübung seiner Souveränität innerhalb seiner Grenzen Fremde enteignen kann, bestehen erhebliche Meinungsverschiedenheiten darüber, ob und in welcher Höhe dann Entschädigung gezahlt werden muss (*R. Dolzer*, Eigentum, Enteignung und Entschädigung im geltenden Völkerrecht, 1985). Die Kapital exportierenden Staaten nehmen weitgehend den Standpunkt ein, dass eine Enteignung nur zulässig ist, wenn sie im öffentlichen Interesse erfolgt, keine an die Staatsangehörigkeit anknüpfende Vergeltungsmaßnahme gegenüber dem betreffenden Fremden und keine Diskriminierung darstellt. Bei einer Enteignung sei prompte, angemessene und effektive Entschädigung zu leisten. **318**

Eine sehr restriktivere Haltung kommt demgegenüber in der Charta über wirtschaftliche Rechte und Pflichten der Staaten zum Ausdruck, die 1974 von der Generalversammlung der Vereinten Nationen durch Votum von 120 zu 6 Stimmen mit 10 Enthaltungen angenommen wurde. Die Charta deklariert ein Recht für jeden Staat, ausländisches Vermögen zu nationalisieren, zu enteignen oder das Eigentum daran zu übertragen. In diesem Falle habe der solche Maßnahmen ergreifende Staat eine angemessene Entschädigung zu zahlen. Dabei seien alle seine erheblichen Gesetze und Verordnungen und alle Umstände zu berücksichtigen, die er für einschlägig halte. Jedenfalls seien Streitigkeiten über die Entschädigung nach dem innerstaatlichen Recht des enteignenden Staates und durch seine Gerichte zu entscheiden, wenn nicht etwas anderes vereinbart ist. Diese Regelung würde die Bedeutung des allgemeinen Völker- **319** rechts als Maßstab für die Bestimmung einer Entschädigung negieren. Ein in einem fremden Staat investierendes Privatunternehmen wäre nur noch gesichert, wenn sein Heimatstaat zuvor eine völkerrechtliche Vereinbarung zu seinem Schutz mit dem Gaststaat getroffen hat.

320 Die Entwicklungsländer erkennen, dass eine entschädigungslose Enteignung zwar kurzfristigen Liquiditätsinteressen, nicht aber einem längerfristigen Interesse an ausländischen Investitionen dient. Sie bestätigen das Recht eines Staates, ausländisches Vermögen zu enteignen; jedoch sei eine „gerechte" oder „angemessene" Entschädigung geboten. Diese sei im Lichte aller die Enteignung bestimmender Umstände zu bemessen, einschließlich des Zweckes der Enteignung und der Zahlungsfähigkeit des enteignenden Staates. Insgesamt ist eine Annäherung der Positionen im Sinne der Verpflichtung zu einer angemessenen Entschädigung festzustellen, wobei die Entschädigung bei Individualenteigungen höher ausfällt als bei Umstrukturierungsmaßnahmen von Wirtschaftszweigen oder gar der gesamten Wirtschaft eines Landes.

321 Strittig ist, ob vertragliche Rechte und Konzessionsverträge ebenso wie Sacheigentum zu behandeln sind, wenn ihr Wert durch staatliche Maßnahmen beeinträchtigt oder vernichtet wird. Der *Vertragsbruch* als solcher hat noch keine völkerrechtliche Haftung zur Folge, es sei denn, ein *Missbrauch staatlicher Macht* kommt hinzu, z.B. dadurch, dass kein Zugang zu den Gerichten zum Zwecke der Verhandlung über die Frage des Vertragsbruchs gewährt wird. Auch die *willkürliche Annullierung* eines Vertrages oder einer Konzessionsvereinbarung wird als Völkerrechtsverletzung angesehen.

322 Nach § 712 Restatement des ALI ist eine *Enteignung völkerrechtswidrig*, wenn sie *nicht im öffentlichen Interesse* erfolgt, *diskriminierend* ist oder wenn *keine „gerechte Entschädigung"* geleistet wird. Das Restatement definiert die „gerechte Entschädigung" als den „Verkehrswert", es sei denn, besonders außergewöhnliche Umstände liegen vor. In der Praxis wurde bei den meisten internationalen Streitbeilegungen der herkömmliche Entschädigungsmaßstab, wie er im Restatement niedergelegt ist, angewendet. Danach muss die Entschädigung dem Wert des Eigentums entsprechen und zum Zeitpunkt der Wegnahme gezahlt oder bei späterer Zahlung verzinst werden. Die Zahlung hat in einer wirtschaftlich von dem fremden Staatsangehörigen nutzbaren Art zu erfolgen. Diese Grundsätze finden sich auch in den meisten zweiseitigen Investitionsabkommen (BITs), in Freundschafts-, Handels- und Schifffahrtsverträgen sowie in Entscheidungen des iranisch-amerikanischen Schiedsgerichts (Starret Housing Corp. v. Islamic Republic of Iran, ILM, Bd. 23, 1984, S. 1090; American International Group v. Islamic Republic of Iran, ILM, Bd. 22, 1983, S. 1; Kuwait v. American Independent Oil Co., ILM, Bd. 21, 1982, S. 976).

Lit. zu V. 3. c) bis V. 3. d): *R. Arnold,* Aliens, EPIL, Bd. I, 1992, S. 102–107; *I. Seidl-Hohenveldern/T. Stein,* Völkerrecht, 10. Aufl. 2000, Rdn. 1596–1632; *M. Shaw,* International Law, 1997, S. 573–584; *J. Stoll* Vereinbarungen zwischen Staat und ausländischem Investor, 1982.

10. Kapitel

Der Herrschaftsbereich der Staaten

I. Einführung

323 Dieses Kapitel betrifft die *Grundsätze über den Herrschaftsbereich der Staaten*, wie sie sich aus dem Völkergewohnheitsrecht ergeben und von den innerstaatlichen Gerichten angewendet werden. Diese Grundsätze regeln:

- die Befugnis eines Staates, Verhaltensregeln für Personen innerhalb und außerhalb der staatlichen Grenzen aufzustellen (jurisdiction to prescribe)
- die Befugnis eines Staates, über die Rechte streitender Parteien durch seine Gerichte oder andere staatliche Einrichtungen zu entscheiden (jurisdiction to adjudicate), und
- die Befugnis eines Staates, die von ihm rechtmäßig erlassenen Normen durchzusetzen (jurisdiction to enforce).

Dementsprechend geht das Restatement des ALl (§ 401) von drei Kategorien aus: *Zuständigkeit zur Regelung, zur richterlichen Entscheidung und zur Durchsetzung*.

324 Der Umfang des Herrschaftsbereichs eines Staates über bestimmte Personen oder Vorkommnisse entspricht dem Interesse dieses Staates, auf den betreffenden Bereich einzuwirken. Dieses Interesse wird von der Art und der Intensität der zwischen dem Staat und den betroffenen Personen und Vorgängen bestehenden Verbindungen bestimmt. Völkerrechtlich können durchaus *konkurrierende Zuständigkeiten* bestehen, weil mehr als ein Staat berechtigte Interessen an der Regelung, der richterlichen Entscheidung und der Durchsetzung seines eigenen Rechts in Bezug auf bestimmte Vorgänge oder Personen haben kann. Grundsätze des internationalen Entgegenkommens *(comity)* sind oftmals dafür entscheidend, wie die Ausübung konkurrierender Befugnisse koordiniert oder ein Konflikt beigelegt werden kann. Nach dem Restatement verlangt das Völkerrecht bei einer zu kollidierenden Regelungen führenden, konkurrierenden Zuständigkeit der Staaten, dass jeder beteiligte

Staat sein Interesse und das des oder der anderen Staaten an der Ausübung der Zuständigkeit im Lichte aller Umstände gegeneinander abwägt. Der Staat mit dem schwächeren Interesse sollte nachgeben (§ 403 Abs. 3).

II. Grundsätze über die Erstreckung des Herrschaftsbereichs

1. Der Lotus-Fall

Die *Leitentscheidung* zu den einschlägigen Prinzipien des Völkergewohnheitsrechts ist immer noch der *Lotus-Fall* (StIGH, Frankreich v. Türkei, 1927, PCIJ Ser. A, No. 10). Frankreich hatte Einwände gegenüber einem Versuch der Türkei erhoben, einen französischen Marineleutnant vor Gericht zu stellen, weil er fahrlässig einen Zusammenstoß zwischen seinem und einem türkischen Schiff auf Hoher See verursacht und so den Tod mehrerer türkischer Staatsbürger herbeigeführt habe. In seiner Entscheidung über den Herrschaftsbereich der Staaten folgerte der StIGH, dass die Türkei Handlungsfreiheit hatte, solange kein völkergewohnheitsrechtliches Verbot der Ausübung von Souveränitätsrechten dem entgegenstand. Nachdem festgestellt wude, dass die territoriale Zuständigkeit ein fundamentales Element des Souveränitätsgrundsatzes im Völkerrechtssystem sei, führte der Gerichtshof aus, es bestehe keineswegs ein allgemeines Verbot, wonach die Staaten die Anwendung ihrer Gesetze und die Zuständigkeit ihrer Gerichte nicht auf Personen, Eigentum und Handlungen außerhalb ihres Territoriums erstrecken könnten. Es sei ihnen diesbezüglich weites Ermessen belassen, welches lediglich in bestimmten Fällen durch Verbote begrenzt sei. Hinsichtlich anderer Fälle bleibe es dabei, dass jeder Staat die Grundsätze anwenden könne, die ihm am besten und am geeignetsten erscheinen. 325

Der Gerichtshof kam zu der Schlussfolgerung, dass alles, was man von einem Staat fordern könne, in der Einhaltung derjenigen Grenzen bestehe, die das Völkerrecht der Ausübung staatlicher Herrschaft setzt; innerhalb dieser Grenzen gehöre das Recht, Zuständigkeiten auszuüben, zur staatlichen Souveränität.

326 Auf diesem Konzept aufbauend formulierten schon die Autoren des Harvard Research in International Law (AJIL, Bd. 29, 1935, Supp. 435) *fünf Prinzipien*, die man zur *Begründung staatlicher Zuständigkeiten* in Anspruch nehmen könne:

- den Territorialitätsgrundsatz (s. unten II. 2.),
- das Staatsangehörigkeits- oder aktive Personalitätsprinzip (s. unten II. 3.),
- das passive Personalitätsprinzip (s. unten II. 4.)
- das Schutzprinzip (s. unten II. 5.),
- das Universalitätsprinzip (s. unten II. 6.).

Territorialitätsgrundsatz, Staatsangehörigkeitsprinzip und Schutzprinzip sind Bestandteil des allgemeinen Völkergewohnheitsrechts, das Universalitätsprinzip ist für bestimmte Situationen anerkannt, während das passive Personalitätsprinzip weitgehend auf Ablehnung stößt. Ein Staat ist danach berechtigt, „Jurisdiktion" auszuüben über alle innerhalb seines Staatsgebiets sowie über alle von seinen Angehörigen begangenen Handlungen und außerdem über solche außerhalb vorgenommenen Handlungen, die die Staatssicherheit oder bestimmte andere staatliche Interessen bedrohen. Jeder Staat ist auch zuständig zur Bestrafung von Taten wie etwa der Piraterie und von Verbrechen gegen die Menschlichkeit, die nach universeller Anschauung unabhängig vom Ort ihrer Begehung und unabhängig von der Staatsangehörigkeit des Täters eine Bedrohung der Völkerrechtsgemeinschaft darstellen *(Universalitäts- oder Weltrechtsprinzip)*. Normalerweise hat ein Staat, dessen Angehöriger durch eine Tat verletzt wurde, nicht schon deshalb das Recht der Jurisdiktion, weil der Verletzte sein Staatsangehöriger ist. Das wäre besonders dann bedenklich, wenn die Tat am ausländischen Tatort nicht mit Strafe bedroht ist. Obgleich diese Grundsätze primär den Jurisdiktionsbereich eines Staates in Strafsachen umschreiben, gelten sie auch, wenn Staaten den Handel oder andere Tätigkeiten außerhalb ihrer Grenzen zu regeln versuchen, auch wenn diese Regelungen keine Kriminalstrafen vorsehen.

Lit. zu II. 1.: *K. Doehring,* Völkerrecht, 1999, Rdn. 808–826; *B. H. Oxman,* Jurisdiction of States, EPIL, Bd. III, 1997, S. 55–60; *M. Shaw,* International Law, 1997, S. 452–490.

2. Das Territorialitätsprinzip

a) subjektives und objektives Territorialitätsprinzip

Ein Staat hat absolute, aber nicht notwendigerweise ausschließliche Befugnis zum Normerlass, zur Normdurchsetzung und zur richterlichen Entscheidung über Verhalten innerhalb seines Staatsgebiets. Er kann auch im Hinblick auf Interessen an einer Sache oder den Status einer Person innerhalb seines Staatsgebiets tätig werden. Das folgt aus dem *(subjektiven) Territorialitätsprinzip*. Die Völkerrechtsgemeinschaft erkennt an, dass ein Staat ohne die Befugnis, Handlungen oder Sachen in seinem Gebiet zu kontrollieren, nicht existieren kann. Andere Staaten müssen sich auf die Territorialherrschaft eines Staates einschließlich seiner Verantwortlichkeit, die Rechte und Interessen anderer Staaten innerhalb seines Territoriums zu schützen, verlassen können. Der Territorialitätsgrundsatz dient also sowohl zur Begrenzung staatlicher Macht als auch zur Kompetenzverteilung zwischen den Mitgliedern der Staatengemeinschaft. Ein Staat kann einem anderen Staat auch die Genehmigung erteilen, Hoheitsakte auf seinem Gebiet vorzunehmen, aber ohne eine solche besteht dieses Recht nicht. **327**

Darüber hinaus ist ein Staat zuständig für den Erlass und die Durchsetzung von Normen sowie für richterliche Entscheidungen hinsichtlich von Tätigkeiten, die außerhalb seines Staatsgebiets stattfinden, aber Auswirkungen innerhalb haben. Dieser *„objektive Territorialitätsgrundsatz"* wurde im Lotus-Fall (PCIJ, Ser. A, No. 10) anerkannt; der Gerichtshof entschied, dass strafbare Fahrlässigkeit an Bord eines französischen Schiffes auf Hoher See nach türkischem Recht abgeurteilt und bestraft werden konnte, da die Fahrlässigkeit Wirkungen auf den türkischen Jurisdiktionsbereich gehabt hatte. Der Gerichtshof legte dar, dass Delikte, deren Täter sich zur Tatzeit auf dem Gebiet eines anderen Staates befinden, dennoch so zu behandeln seien, als wären sie innerhalb des Staatsgebiets begangen worden, wenn eines der das Delikt konstituierenden Elemente, insbes. seine Auswirkungen, dort auftreten. **328**

Diese Theorie erkennt an, dass ein Staat ohne die Befugnis, Handlungen fremden Ursprungs, die inländische Auswirkungen haben, aburteilen zu können, machtlos wäre und seine Staatsangehörigen **329** nicht schützen könnte. Dieser Schutz sei eine *conditio sine qua non* der Staatlichkeit. Der Hauptanwendungsfall dieser „Extraterritorialität“ und zugleich der umstrittenste Bereich betrifft die Regelung von Aktivitäten außerhalb des Staatsgebiets, die nachteilige Auswirkungen auf die Wirtschaft des regelnden Staates haben. Die objektive Territorialitätstheorie hängt mit der Entwicklung einer *internationalen Störerdoktrin* zusammen. Danach ist ein Staat einem anderen verantwortlich, wenn er es zulässt, dass sein Gebiet in einer Weise benutzt wird, die Schaden auf dem Gebiet des letzteren entstehen lässt (The Trail Smelter Arbitration, United States v. Canada, 3 U.N.Rep.Int.Arb.Awards 1911 (1946)).

b) Räumliche Umgrenzung des Herrschaftsbereichs

330 Die Landgrenzen eines Staates wurden und werden normalerweise durch ausdrückliche oder stillschweigende *Vereinbarungen* mit seinen Nachbarn festgelegt. Es gibt also keine allgemeinen Grundsätze für die Festlegung dieser Grenzen. Eine *Ausnahme* bildet jedoch die *völkergewohnheitsrechtliche Regel*, wonach Grenzen in einem schiffbaren Fluss dessen „Talweg“ entsprechen, d.h. der Mitte der Schifffahrtsrinne. Bei anderen internationalen Wassergrenzen gilt die Mittellinie des angrenzenden Gewässers. Diese Regeln gelten nicht absolut, sondern nur dann, wenn nicht besondere Umstände eine Abweichung von ihnen erkennen lassen.

331 Nach der 1982 unterzeichneten und 1994 in Kraft getretenen Seerechtskonvention haben die Staaten das Recht zur Inanspruchnahme eines bis zu *12 Seemeilen* breiten Küstenmeeres (Art. 3). Die Herrschaftsgewalt der Staaten erstreckt sich in gleichem Maße auf das Küstenmeer wie auf Festland und Binnengewässer. Über die Küstengewässer hinaus haben die Staaten begrenzte Hoheitsrechte in angrenzenden Zonen (Anschlusszonen). Insbesondere anerkennt die Seerechtskonvention eine ausschließliche Wirtschaftszone von bis zu 200 Seemeilen und erkennt ihnen dort bestimmte Hoheitsbefugnisse zu (Art. 55 ff.).

332 Jeder Staat hat die ausschließliche *Hoheitsgewalt über den Luftraum* über seinem Landgebiet und seinen Küstengewässern. Deshalb kann es einen berechtigten Überflug durch Zivil- oder Militärflugzeuge eines anderen Staates nur mit ausdrücklichem Einverständnis des sich darunter befindlichen Staates geben (*K. Hailbronner,* Der Schutz der Luftgrenzen im Frieden, 1972).

Ursprünglich nahm man an, dass der staatliche Herrschaftsbereich **333** über dem Staatsgebiet unbegrenzt sei. Mit dem Entstehen der Raumfahrt aber wurde klar, dass der Herrschaft der Staaten über den Luftraum Grenzen gesetzt sein müssen. Obwohl die äußeren Grenzen dieses staatlichen Herrschaftsbereichs nicht vertraglich festgelegt sind, scheint doch prinzipiell anerkannt zu sein, dass es eine Obergrenze gibt, die den Beginn eines Bereichs des „freien Gebrauchs" des Weltraums kennzeichnet. Hier besteht eine Analogie zur Doktrin der Freiheit der Meere. Zum Teil wird eine Grenze von etwa 100 Kilometern als Diskussionsgrundlage angenommen.

Lit. zu II. 2.: *S. T. Bernardez,* Territorial Sovereignty, EPIL, Bd. IV, 2000, S. 823–830; *M. Bothe,* Boundaries, EPIL, Bd. I, 1992, S. 443–449; *K. Doehring,* Völkerrecht, 1999, Rdn. 95–110 und 544–550; *I. Seidl-Hohenveldern/ T. Stein,* Völkerrecht, 10. Aufl. 2000, Rdn. 1110–1134 und Rdn. 1163–1243.

3. Das Staatsangehörigkeits- oder aktive Personalitätsprinzip

Staaten üben *Herrschaftsgewalt über* ihre *Staatsbürger* aus, selbst **334** wenn diese sich außerhalb der Landesgrenzen befinden. Das beruht darauf, dass die Staatsangehörigen ihrem Heimatland unabhängig davon Treue schulden, wo sie sich aufhalten. Umgekehrt ist der Heimatstaat zu ihrem Schutz berechtigt und verpflichtet. Schließlich ist jeder Staat anderen Staaten für das Verhalten seiner Angehörigen in gewissem Umfang verantwortlich und hat ein Interesse an ihrem Wohlergehen, auch während sie im Ausland weilen.

a) Bestimmung der Staatsangehörigkeit natürlicher Personen

Jeder Staat hat das Recht zu bestimmen, wer zu seinen Staatsange- **335** hörigen zählt. Die *Staatsangehörigkeit* kann „natürlich" *durch Geburt* erworben werden, sei es durch Geburt auf dem Territorium eines Staates *(ius soli)* oder auf Grund der Staatsangehörigkeit der Eltern *(ius sanguinis).* Jeder Staat ist nach Völkerrecht frei, seine Staatsangehörigkeit nach einem dieser Prinzipien zu erteilen, aber auch beide miteinander zu verbinden. Das Nebeneinanderbestehen beider Prinzipien kann zu Staatenlosigkeit führen – ein Kind, dessen Eltern einem Staat angehören, der das ius soli anwendet, wird in einem fremden Staat geboren, der das ius soli nicht anwendet – und auch zu doppelter Staatsangehörigkeit – ein Kind wird in einem Staat geboren, der das ius soli anwendet und seine Eltern gehören einem Staat an, der das ius sanguinis anwendet. Die Staatsangehörigkeit kann auch „künstlich", *durch Einbürgerung*, erworben werden. Die Einbürgerung kann durch freiwilligen Antrag und Annahme im Rahmen eines formalen Verfahrens erfolgen oder zufolge Eheschließung, Adoption oder durch Erneuerung, den Wiedererwerb einer ursprünglichen Staatsangehörigkeit durch Gesetz. Regelmäßig ist die Zustimmung des Betroffenen Voraussetzung dafür, dass ein Staat ihm seine Staatsangehörigkeit verleihen kann. Ein Mensch kann jedoch auch Angehöriger eines Staates werden, der das Territorium erwirbt, auf dem er lebt. Ein solcher *„automatischer" Erwerb* sollte allerdings dadurch vermieden werden, dass den so Eingebürgerten ein Optionsrecht eingeräumt wird, das zur Ablehnung berechtigt.

336 Obwohl herkömmlicherweise die Beziehungen zwischen einem Staat und seinen Staatsangehörigen nicht vom Völkerrecht geregelt werden, wirft die Beanspruchung von Herrschaftsgewalt über eine natürliche oder juristische Person, die auch von einem anderen Staat auf Grund seines Staatsangehörigkeitsrechts reklamiert wird, die Frage auf, welcher Staat angemessenerweise diesen Anspruch in erster Linie erheben kann. Unter bestimmten Umständen besteht eine doppelte, jeweils rechtmäßige Staatsangehörigkeit.

337 Ein Staat muss eine hinreichende Verbindung zu dem Betreffenden haben, selbst wenn dieser zustimmt. Damit ein Staat rechtmäßig Herrschaftsgewalt auf der Grundlage der Staatsangehörigkeit beanspruchen kann, muss eine nicht nur rein formale, sondern auch *reale Verbindung (genuine link)* zwischen dem die Herrschaftsgewalt beanspruchenden Staat und der Person oder dem Rechtssubjekt bestehen, über das die Herrschaftsgewalt beansprucht wird (ICJ Rep. 1955, S. 4). Das Maß und die Art dieser zur Begründung einer effektiven Staatsangehörigkeit notwendigen Verbindung hängen von den Umständen des Einzelfalles ab; jedenfalls muss die Geltendmachung im Lichte dieser Umstände angemessen und vernünftig sein. In bestimmten Konstellationen, insbes. im Rahmen zivilrechtlicher Angelegenheiten, anerkennt das Völkerrecht, dass ein Staat auf der

Grundlage der *Ansässigkeit* oder des Wohnsitzes Jurisdiktion ausüben kann.

b) Bestimmung der Staatsangehörigkeit juristischer Personen

Für die Bestimmung der *Staatszugehörigkeit juristischer Personen*, insbes. Gesellschaften des Handelsrechts, erkennt das Völkerrecht folgende Anknüpfungen an: den Sitz der juristischen Person *(Sitztheorie)*, das Zentrum ihrer Tätigkeit und das Recht, nach dem sie gegründet wurde *(Gründungstheorie)* (ICJ Rep. 1970, S. 3 und 168). In besondereren Fällen kann die Staatszugehörigkeit einer juristischen Person auch nach der Staatsangehörigkeit der Personen bestimmt werden, von denen sie tatsächlich beherrscht wird *(Kontrolltheorie)*, z.B. wenn das Unternehmen in Wahrheit nur ein Firmenmantel ist. Während in den angelsächsischen Staaten die Gründungstheorie vorherrscht, knüpfen kontinentaleuropäische Staaten oft an den Sitz der Unternehmensleitung an. **338**

c) Herrschaftsgewalt über Schiffe

Ein Staat übt *Herrschaftsgewalt über Schiffe* seiner Staatszugehörigkeit aus. Ein Schiff hat, unabhängig von der Staatsangehörigkeit des Eigentümers oder der Mannschaft, die Staatszugehörigkeit des Staates, in dem es registriert ist und unter dessen Flagge es fährt. Der betreffende Staat entscheidet alleine auf der Grundlage seiner Gesetze über die Registrierung eines Schiffes, aber ob diese Registrierung im Außenverhältnis anerkannt wird, bestimmt die internationale Gemeinschaft. Einige Staaten, insbes. Panama und Liberia, gestatten eine Schiffsregistrierung unter recht geringen Voraussetzungen gegen Zahlung einer Gebühr. Das führt zu sog. *billigen Flaggen*, auch „offenes Registerverfahren" genannt. Die Eintragung von Schiffen, die wenig oder keine Verbindung mit dem Registerland haben, erfolgt in diesen Fällen, damit Schiffseigner von günstigen Seeregelungssystemen profitieren können. **339**

Die *Zulässigkeit des Billigflaggensystems* unterliegt der Kritik, es müsse auch hier eine hinreichende Verbindung bzw. ein echter Anknüpfungspunkt *(genuine link)* für die Zugehörigkeit des Schiffes zu dem Staat, dessen Flagge es führt, vorliegen. Die im Nottebohm-Fall aufgestellte Regel müsse analog auf Schiffe angewendet wer- **340** den (ICJ Rep. 1955, S. 4). Art. 5 der Konvention über die Hohe See von 1958 machte sich die Regel über die hinreichende Verbindung *(genuine link)* zu eigen und fügte hinzu, dass der Registerstaat „über die seine Flagge führenden Schiffe seine Hoheitsgewalt und seine Kontrolle in technischen, sozialen und Verwaltungsangelegenheiten tatsächlich ausüben" muss. Die Konvention enthält jedoch keine Bestimmungen über die Folgen einer Registrierung ohne hinreichende Verbindung. Art. 91 der Seerechtskonvention wiederholt die Voraussetzung einer hinreichenden Verbindung zwischen Schiff und Flaggenstaat, aber ebenfalls ohne die Rechtsfolgen bei Registrierung unter Missachtung dieser Voraussetzung zu normieren.

d) Anwendbarkeit auf Flugzeuge und Raumschiffe

341 Die gleichen allgemeinen Regeln, die für die *Staatsangehörigkeit* von Schiffen gelten, sind nach dem Chicagoer Abkommen über die zivile Luftfahrt von 1944 auch auf *Flugzeuge* anwendbar. *Raumschiffe* unterstehen gemäß Art. 8 des Vertrages über die Tätigkeit der Staaten bei der Erforschung und Benutzung des Weltraums, einschließlich des Mondes und anderer Himmelskörper, der Jurisdiktion des Registerstaates. Dieser Vertrag verwendet das Merkmal Staatsangehörigkeit oder Staatszugehörigkeit nicht, sondern weist sachlich Jurisdiktion und Kontrolle dem Registerstaat zu.

Lit. zu II. 3.: *K. Doehring,* Völkerrecht, 1999, Rdn. 61–87 und 525–526; *K. Hailbronner/G. Renner,* Staatsangehörigkeitsrecht, 3. Aufl. 2001; *O. Kimminich/S. Hobe,* Einführung in das Völkerrecht, 7. Aufl. 2000, S. 90–98; *A. N. Makarov,* Allgemeine Lehren des Staatsangehörigkeitsrechts, 2. Aufl. 1962; *A. Randelzhofer,* Nationality, EPIL, Bd. III, 1997, S. 501–510; *I. Seidl-Hohenveldern/T. Stein,* Völkerrecht, 10. Aufl. 2000, Rdn. 1310–1357.

4. Das passive Personalitätsprinzip

342 Nach diesem Prinzip beansprucht ein Staat *Zuständigkeit* hinsichtlich im Ausland begangener Taten allein deshalb, weil sie *einen* seiner *Staatsangehörigen verletzen.* Die englischsprachigen Länder und Frankreich lehnen dieses Prinzip herkömmlicherweise ab; einige andere Staaten wenden es an. Das passive Personalitätsprinzip wurde auch im Lotus-Fall des Ständigen Internationalen Gerichtshofs erörtert, aber die Richtermehrheit sprach sich nicht über seine Gültigkeit aus. Das passive Personalitätsprinzip ist zwar nicht allgemein als völkergewohnheitsrechtlicher Grundsatz über den Herrschaftsbereich der Staaten anerkannt. Es hat aber in letzter Zeit in Zusammenhang mit Fällen von Terrorismus oder anderen absichtlichen Schädigungen der Angehörigen bestimmter Staaten an Boden gewonnen, wobei bei Akten des Terrorismus auch das Universalitätsprinzip in Betracht kommt.

5. Das Schutzprinzip

Dieser Grundsatz ermöglicht es einem Staat, *Zuständigkeiten* hin- **343**
sichtlich von Verhaltensweisen, die seine Sicherheit bedrohen, *außerhalb seines Staatsgebiets* auszuüben, sofern dieses Verhalten allgemein in der internationalen Gemeinschaft für strafbar gehalten wird. In diesem Rahmen wird der staatliche Herrschaftsbereich unter Bezugnahme auf die durch den fremden Akt bedrohten nationalen Interessen bestimmt. Insofern hängt dieses Prinzip eng mit dem objektiven Territorialitätsgrundsatz zusammen, kann aber von ihm unterschieden werden. Während der letztere es einem Staat erlaubt, vorwiegend Privatinteressen vor *tatsächlichem* Schaden zu schützen, beruht das erstgenannte Prinzip auf dem Interesse, den Staat vor einem *drohenden Schaden* zu schützen. Eine in einer extensiven Inanspruchnahme des Prinzips begründete Gefahr liegt in seiner potentiellen Verwendung zur Bestrafung von im Ausland begangenen Taten, die in dem Staat, auf dessen Territorium sie vorgenommmen wurden, als Grundfreiheiten besonders geschützt sind, beispielsweise durch die Meinungs- oder Pressefreiheit.

6. Das Universalitätsprinzip

Das *Universalitätsprinzip* anerkennt, dass gewisse Tätigkeiten, die **344**
universell für alle Staaten und ihre Angehörigen gefährlich sind, die Strafhoheit aller Mitglieder der Staatengemeinschaft begründen sollten, unabhängig davon, wo sie begangen werden und auch unabhängig von einer besonderen Verbindung zwischen dem die Tat verfolgenden Staat und den an ihr Beteiligten. Dieses sog. Weltrechtsprinzip wurde schon früh für die Ahndung des Verbrechens der Piraterie auf Hoher See anerkannt, weil jeder Staat, der einen Seeräuber festnahm und bestrafte, auch im Interesse der Staatengemeinschaft handelte. Nach dem Zweiten Weltkrieg wurden gewichtige

und weitgehend auf den Grundsätzen der Nürnberger Kriegsverbrecherprozesse und verschiedener Resolutionen der Vereinten Nationen beruhende Gründe dafür geltend gemacht, dass das *Weltrechtsprinzip* auch bei Begehung des Völkermordes und der Verbrechen gegen die Menschlichkeit gelten solle. Die israelische Regierung rechtfertigte den Strafprozess (nicht aber die Entführung) Adolf Eichmanns zum Teil mit dem Universalitätsgrundsatz. Darüber hinaus sind möglicherweise Luftpiraterie, Sklavenhandel und einige Formen des Terrorismus, insbes. Terrorismus gegenüber Diplomaten, vom Weltrechtsprinzip erfasst.

345 Eine Reihe *internationaler Übereinkommen*, z.B. die Haager Konvention zur Verhütung der rechtswidrigen Inbesitznahme von Flugzeugen, die Konvention von Montreal zur Verhütung rechtswidriger Akte gegen die Sicherheit der zivilen Luftfahrt, die Konvention über die Verhinderung und Bestrafung von Verbrechen gegen international geschützte Personen, einschließlich Diplomaten, und die internationale Konvention zur Verhütung und Bestrafung des Verbrechens der Apartheid deuten darauf hin, dass es auch *gewohnheitsrechtlich anerkannt* ist, die dort umschriebenen Verbrechen in das Weltrechtsprinzip einzubeziehen. Zunehmend sehen solche Abkommen eine Strafverpflichtung der Vertragspartner vor, auch wenn die Verstöße nicht in ihrem Staatsgebiet oder von ihren Staatsangehörigen begangen wurden.

Lit. zu II. 4. bis II. 6.: *K. Doehring,* Völkerrecht, 1999, Rdn. 817–822; *B. H. Oxman,* Jurisdiction of States, EPIL, Bd. III, 1997, S. 55–60; *M. Shaw,* International Law, 1997, S. 467–473.

11. Kapitel

Internationales Strafrecht

I. Nationales und internationales Strafrecht

Das Völkerrecht kennt keine Bestrafung von *Staaten* im Sinne eines Strafrechts, wie es in den nationalen Rechtsordnungen sich entwikkelt hat. Ein solches setzt den Begriff der persönlichen Schuld voraus. Die Ausübung von Strafjustiz über Einzelpersonen hingegen war herkömmlicherweise eine Angelegenheit der individuellen Staaten. Erste Ansätze zu einem unmittelbar auf Völkerrecht beruhenden Strafrecht, das *Einzelpersonen*, insbes. solche, die Regierungsverantwortung tragen, zur Verantwortung zu ziehen suchte, begannen aber immerhin schon mit dem Strafvorschlag gegenüber Kaiser Wilhelm II. nach dem Ersten Weltkrieg. Sie setzten sich im Nürnberger Prozess fort und finden nunmehr in den Tribunalen für Kriegsverbrecher in Jugoslawien und Ruanda ihre Fortsetzung, ebenso wie in der Errichtung eines Internationalen Strafgerichtshofs. Heute kann man von einem auf Individuen anwendbaren Völkerstrafrecht sprechen. **346**

Abgesehen von den schon erwähnten internationalen Strafgerichtshöfen, auf die zurückzukommen ist, enthält das Völkerrecht vertragliche Regeln darüber, wann ein Staat *zur Strafverfolgung verpflichtet* ist, wobei dann primär nationales Strafrecht anzuwenden ist. Bei der Anwendung nationalen Strafrechts haben die Staaten völkerrechtliche Regeln zu beachten, z.B. die Genfer Konventionen zum Schutz der Kriegsopfer, wobei sie regelmäßig die völkerrechtlichen Regeln in nationales Strafrecht transformieren. **347**

Es bestehen zahlreiche *völkerrechtliche Verträge*, die die Vertragspartner zur Bestrafung bestimmter Täter verpflichten (z.B. die Konvention über die Verhütung und Bestrafung des Völkermordes, 1948). Aber auch nach Völkergewohnheitsrecht kann heute von einer Verpflichtung der Staaten zur Bestrafung von Verbrechen gegen die Menschlichkeit ausgegangen werden. Bei weniger schwerwiegenden Delikten ist ein Staat regelmäßig zur Bestrafung nicht verpflichtet, bei hinreichender Anknüpfung (s. dazu Kap. 10) u.U. **348** hierzu aber berechtigt. Dabei sind die völkerrechtlichen Regeln einzuhalten, die auch das allgemeine Völkerrecht zum Schutz der Menschenrechte enthält, etwa die Pflicht, dass der Angeklagte nur einem fairen Verfahren unterworfen werden darf. Neben Verträgen, die die Staaten zur Bestrafung von Rechtsbrechern verpflichten, bestehen auch Verträge, die vorsehen, dass dann, wenn die Bestrafung nicht erfolgt, die Täter an einen Staat auszuliefern sind, dessen Rechtsordnung durch die Tat ebenfalls beeinträchtigt war. Durch solche Verträge sollen Interessen der gesamten Staatengemeinschaft geschützt werden, z.B. das Interesse an der Terrorismusbekämpfung oder am Schutz von Diplomaten.

II. Das Rechtsinstitut der Auslieferung

349 Das Rechtsinstitut der *Auslieferung* dient in besonderem Maße den internationalen und auch den nationalen Interessen an einer Strafverfolgung. Ein Staat ist allerdings zur Auslieferung eines Straftäters an einen anderen Staat nur verpflichtet, wenn eine solche Pflicht vertraglich begründet wurde. Manche, vor allem kontinental-europäische Staaten, verbieten in ihren Rechtsordnungen die Auslieferung eigener Staatsangehöriger, wobei dann gemäß nationalem Strafrecht häufig eine sog. stellvertretende Strafrechtsverfolgung stattfindet. Andere Staaten, insbes. solche, die dem Common Law-Rechtskreis angehören, haben keine Bedenken, eigene Staatsangehörige auszuliefern, was deshalb folgerichtig sein kann, weil ihr nationales Strafrecht nur die Verfolgung von auf dem eigenen Territorium begangenen Straftaten vorsieht. Im Übrigen verbietet das Völkerrecht den Staaten nicht, auch ohne vertragliche Verpflichtung einen Straftäter auszuliefern, es sei denn, das führe zu einer Verletzung fundamentaler Menschenrechte.

350 In der Praxis des Auslieferungsrechts wurden in diese Verträge *Klauseln* aufgenommen, von denen man im Laufe der Rechtsentwicklung annehmen kann, dass sie, jedenfalls zum Teil, auch gelten, ohne ausdrücklich genannt zu sein. Regelmäßig wird vereinbart, dass der *Grundsatz der Gegenseitigkeit* einzuhalten ist, d.h., dass die gegenseitigen Zusagen sich zu entsprechen haben. Vielfach wird verabredet – und das gilt nur bei ausdrücklicher Erwähnung –, dass die Strafverfolgung im ersuchenden Staat sich nur auf diejenigen Delikte erstrecken darf, wegen derer ausgeliefert wurde *(Grundsatz der Spezialität)*. Ausgeschlossen von der Auslieferung wird vielfach das sog. *politische Delikt.* Dieses ist dann anzunehmen, wenn die Tat überwiegend aus politischer Motivation begangen wurde, so dass die meist gleichzeitig verwirklichte Kriminalität dahinter zurücktritt. Hier ist zweifelhaft, ob eine solche Einschränkung auch gilt, wenn sie nicht ausdrücklich genannt wurde. Eine Ausnahme von der Ausnahme bildet wiederum die sog. *Attentatsklausel.* Sie bedeutet, dass Angriffe auf Regierungsmitglieder als nicht politisch fingiert werden, so dass die Auslieferung erfolgt. Diese Ausnahme ist heute in multilateralen Verträgen häufig auf den Schutz von Diplomaten erstreckt und auch bei Terrorismusbekämpfung vereinbart. Wegen fiskalischer und militärischer Delikte schließlich findet meist keine Auslieferung statt.

Bei der Auslieferung und insbes. bei der gegebenenfalls erfolgen- **351**
den Übergabe des Straftäters ist der *Schutz der Menschenrechte* zu beachten, so dass bei ihrer ernsthaften Gefährdung keine Auslieferung erfolgen muss, und gemäß Verträgen zum Schutz der Menschenrechte auch meist nicht erfolgen darf.

III. Die Strafgerichtshöfe von Nürnberg und Tokyo

Die *Strafgerichtshöfe von Nürnberg und Tokio* fungierten nicht als **352**
internationale Gerichtshöfe i.e.S., was daran lag, dass ihre Zuständigkeit von den Siegermächten und also den Beteiligten am Kriege selbst begründet wurde und sie so in gewisser Weise in eigener Sache tätig wurden. Da auch nationale Gerichte über fremde Verbrecher, insbes. Kriegsverbrecher, zur Jurisdiktion berechtigt sind, bestanden aus dieser Sicht keine Bedenken gegen die Kriegsverbrecherprozesse nach dem Zweiten Weltkrieg. Es sind allerdings Vorwürfe gegen die Anklage erhoben worden, weil die Regel *nullum crimen sine lege* nicht eingehalten worden sei, wurden doch die Straftatbestände vertraglich erst nach Tatbegehung definiert, nämlich zu Ende des Krieges im August 1945. Die Anklage lautete auf Verbrechen im Sinne des *ius in bello*, Verbrechen gegen die Menschlichkeit und Verbrechen gegen den Frieden. Diese beiden

ersten Anklagepunkte stießen überwiegend nicht auf Bedenken, denn diese Art der Verbrechen wurde und wird auch nach nationalem Strafrecht überwiegend als Straftatbestand anerkannt. Verbrechen gegen den Frieden allerdings gab es bisher nach geltendem Völkerrecht als Strafbestand nicht, so dass diese Grundlage einer internationalen Strafbarkeit fehlte. Da eine Bestrafung nur wegen Verbrechen gegen den Frieden nicht ausgesprochen wurde, sondern immer nur in Verbindung mit anderen Anklagepunkten, erledigte sich das Problem. Der Strafgerichtshof von Nürnberg würdigte als strafschärfend auch die Beteiligung an verbrecherischen Organisationen des Nationalsozialismus, zu denen aber das Oberkommando der Wehrmacht nicht gezählt wurde (Das Urteil von Nürnberg. Der vollständige Text in: Military Government Information Control Nr. US – E. – 174, 1946; H. H. Jescheck, Nuremberg Trials, EPIL, Bd II, 1997, S. 747–754).

353 Der *Strafgerichtshof von Nürnberg* ließ einen Entlastungsgrund wegen Handelns auf Befehl nicht zu. Auch eine Immunität von Regierungsmitgliedern oder Staatsoberhäuptern wurde wegen der Schwere der Verbrechen abgelehnt. Urteile, zum Teil Todesstrafe, wurden vollstreckt.

354 Der Strafgerichtshof von Tokyo entspricht in den Verfahrensausgestaltungen dem Nürnberger Tribunal, jedenfalls in den fundamentalen Fragen.

Zur modernen internationalen Strafgerichtsbarkeit, s.o. Kap. 7.

Lit. zu Kap. 11: *K. Doehring*, Völkerrecht, 1999, Rdn. 904 ff. und 1146 ff.; *H. H. Jescheck*, Nuremberg Trials, EPIL, Bd. III, 1997, S. 747–754; *D. Oehler*, International Criminal Law, EPIL, Bd. I, 1992, S. 878 ff.; *T. Stein*, Die Auslieferungsausnahme bei politischen Delikten, 1983.

12. Kapitel

Seerecht, Luft- und Weltraumrecht

I. Seerecht

1. Einführung

Wesentliche Teile des Seerechts bestanden lange Zeit als *völkerrechtliches Gewohnheitsrecht*, obwohl eine Reihe von bedeutsamen Verträgen abgeschlossen wurde, von denen die wichtigsten genannt seien: Genfer Übereinkommen über das Küstenmeer und die Anschlusszone v. 29. 4. 1958 (U.N.T.S., Bd. 516, S. 205); Genfer Übereinkommen über die Hohe See v. 29. 4. 1958 (U.N.T.S., Bd. 450, S. 82); Genfer Übereinkommen über den Festlandsockel v. 29. 4. 1958 (U.N.T.S., Bd. 499, S. 311). Die in solchen Verträgen verstreut zu findenden Regelungen wurden 1982 in dem *Seerechtsübereinkommen (SRÜ) der Vereinten Nationen* zusammengefasst, ergänzt und aufeinander abgestimmt, und es war das Ziel der Vertragspartner, internationale Regelungen auf alle Sachgebiete auszudehnen, für die dies nun, auch hinsichtlich der technischen Entwicklung, als erforderlich angesehen wurde (Seerechtsübereinkommen der Vereinten Nationen v. 10. 12. 1982, BGBl. 1994 II, S. 1799). Wegen Widerständen vieler Industriestaaten, einschließlich Deutschlands, Großbritanniens und der Vereinigten Staaten, gegen das Meeresbodenregime gem. Teil XI des Seerechtsübereinkommens trat das Übereinkommen erst 1994 in Kraft, nach erheblichen Modifikationen durch das Übereinkommen zur Durchführung des Teiles XI v. 28. Juli 1994. Nach dem Seerechtsübereinkommen und nach Völkergewohnsheitsrecht basiert das Seerecht wesentlich auf den verschiedenen Meereszonen sowie auf bestimmten Nutzungsfunktionen der See. **355**

Das *Regime der Hohen See* beginnt jenseits der Hoheitsgewässer des Anliegerstaates, deren Ausdehnung bis zu 12 Seemeilen zulässig ist (Art. 3 SRÜ). Begrenzte Hoheitsbefugnisse des Anliegerstaates setzen sich in den Raum der Hohen See fort, so die Nutzungsrechte am Festlandsockel (200 Seemeilen, Art. 76 ff. SRÜ), **356** in der Wirtschaftszone (200 Seemeilen, Art. 57 SRÜ) und in der Anschlusszone (bis zu 24 Seemeilen, Art. 33 SRÜ).

357 Die *Nutzung der Hohen See* steht allen Staaten im Sinne eines Gemeingebrauchs zur Verfügung, d.h. unter gegenseitiger Rücksichtnahme und zu friedlichen Zwecken. Das wirkt sich nicht nur im Hinblick auf militärische Nutzung aus, sondern auch im Verbot der Seeräuberei, die, durchgeführt von Privatpersonen und nicht von Staaten, als völkerrechtliches Delikt betrachtet wird, gegen das jeder Staat einzuschreiten berechtigt ist (Art. 101 ff. SRÜ). Eingehend ist auch das Recht zur Verlegung von Kabeln geregelt.

2. Freiheit der Schifffahrt

358 Die *Freiheit der Schifffahrt* bildet ein Kernstück des Gemeingebrauchs an der Hohen See. Jedes Schiff hat eine Staatszugehörigkeit zu erhalten, die jeder Staat nach den von ihm festgelegten Bedingungen gewährt. Schiffe sind im Schiffsregister ihres Heimatstaates eingetragen und führen dessen Flagge (Art. 91 SRÜ). Ein staatenloses Schiff wird nicht zur internationalen Schifffahrt zugelassen, da für solche Schiffe kein Staat im Sinne einer Zulassung und Überwachung haften würde. Ein Missbrauch wird aber doch auch in der Verleihung sog. billiger Flaggen gesehen, d.h. solcher, die keine ausreichende Verbindung zum Registerstaat haben und unter Umständen nur erlangt wurden, um Regulierungen und hohe Steuern zu vermeiden. Es fehlt solchen Schiffen an dem sog. genuine link (vgl. Art. 91 Abs. 1 S. 3 SRÜ, s. oben Kap. 10, II. 3 c)). Das Schiff untersteht der Hoheitsgewalt seines Flaggenstaates. Trägt es mehrere Flaggen, kann keiner der Flaggenstaaten Rechte geltend machen, insbes. Schutz ausüben; das Schiff gilt als staatenlos (vgl. Art. 92 Abs. 2 SRÜ).

359 Schiffe haben das *Recht zur friedlichen Durchfahrt*, auch durch die Hoheitsgewässer eines Anliegerstaates (Art. 17 ff. SRÜ). Als nicht friedlich in diesem Sinne gilt militärische Nutzung, Spionage, feindliche Propaganda, vorsätzliche schwere Wasserverschmutzung, unerlaubtes Fischen u.a.m. Der Küstenstaat kann Schifffahrtswege vorschreiben, aber er darf die Schifffahrt nicht unangemessen behindern. Die Strafhoheit auf dem Schiff steht auch bei friedlicher Durchfahrt dem Flaggenstaat zu, es sei denn, Straftaten beeinträchtigten die Rechtsordnung des Küstenstaates. Kriegsschiffe genießen Immunität, d.h. bei Verstößen gegen völkerrechtlich zulässige Regelungen des Küstenstaates können sie aus den Hoheitsgewässern ausgewiesen werden, nicht jedoch werden Zwangsmaßnahmen, z.B. das Betreten des Schiffes, zugelassen. Unterseeboote haben in fremdem Hoheitsgewässer aufgetaucht zu fahren (Art. 20 SRÜ).

3. Inseln

Für *Inseln* gelten hinsichtlich sie umschließender Hoheitsgewässern bzw. Küstenmeer, Anschlusszone, Ausschließliche Wirtschaftszone und Festlandsockel die allgemeinen Regeln wie für sonstige Landgebiete (Art. 121 SRÜ). **360**

Das Regime der Archipel-Staaten, d.h. solcher Staaten, deren Staatsgebiet sich aus mehreren Inseln zusammensetzt, hat in der Konvention eingehende Regelungen gefunden (Art. 46 ff. SRÜ), die sich auf die den Inseln gemeinsamen Hoheitsgrenzen zur Hohen See beziehen. Der Archipel-Staat hat die friedliche Durchfahrt durch die Inselgruppe zu gestatten.

4. Rechte der Binnenstaaten

Auch die *Rechte der sog. Binnenstaaten (land locked-states)* haben im Seerechtsübereinkommen eine Regelung erfahren. Sie sollen einen Anspruch auf Zugang zum Meer haben, so dass die sie umschließenden Staaten eine Durchfahrt zur Erreichung der Küste genehmigen sollen (Art. 124 ff. SRÜ). Jedoch ist eine Interessenabwägung bei Kollisionen von Durchfahrtsrechten und Souveränität des Transitstaates notwendig. Nehmen die Binnenstaaten an der Schifffahrt teil, haben sie in fremden Seehäfen die gleichen Rechte wie andere Staaten. **361**

5. Regeln über die Nutzung des Meeresbodens

Die bisher dargestellten Teile des SRÜ entsprechen in etwa dem schon vorher geltenden Gewohnheitsrecht, wenn auch mit gewissen Änderungen und Ergänzungen. Eine Neuerung dagegen bedeutet **362** der Teil XI des Abkommens. Es geht um die *Ausnutzung des Meeresbodens*, d.h. den sog. Tiefseebergbau. Die Organisation dieser Nutzung beruht auf dem Gedanken, dass die Hohe See und ihr Untergrund nicht nur dem Gemeingebrauch aller Staaten zugänglich sein sollen, sondern dass sie ein gemeinsames Erbe der Menschheit bedeuten *(common heritage of mankind,* Art. 136 SRÜ*)*. Nicht also die Nutzung durch einzelne Staaten soll stattfinden, sondern eine solche durch die Staatengemeinschaft und unter gemeinschaftlicher Verantwortung.

363 Die *Ausbeutung* soll von der Internationalen Meeresbodenbehörde organisiert werden, die Nutzungsrechte für den Meeresboden und den Meeresuntergrund jenseits der Grenzen des Bereichs nationaler Hoheitsbefugnisse (Art. 1 Abs. 1 SRÜ) zuteilt. Auch die wissenschaftliche *Forschung* soll koordiniert werden, und die für die Nutzung erarbeitete und erstellte Technologie soll auch Staaten zugänglich gemacht werden, die zu dieser Nutzung bisher selbst nicht in der Lage waren.

364 Die *Behörde*, deren Mitglieder die Vertragsstaaten sind, verfügt über eine Versammlung, dem für gemeinsame Beschlüsse eingerichteten Hauptorgan, und einen von der Versammlung gewählten Rat (36 Mitglieder), der die Beschlüsse auszuführen und auch Verträge zu schließen hat. Der Rat besitzt besondere Befugnisse im Hinblick auf die Tätigkeit des sog. Unternehmens, d.h. eines Organs der Behörde, eingerichtet für die Bewirtschaftung der Mineralien. Es soll eine gerechte Verteilung finanzieller und wirtschaftlicher Vorteile erfolgen, die aus der Gewinnung von Mineralien sich ergeben. Das 1994 angenommene Übereinkommen zur Durchführung des Teils XI des SRÜ wirkt jedoch deregulierend und liberalisierend auf dieses Regime ein. Recht ungeklärt ist einerseits die Frage des Rechtsverhältnisses zwischen den Vertragsparteien des SRÜ und solchen Staaten, die das SRÜ nicht ratifiziert haben. Ungeklärt ist weiterhin das Rechtsverhältnis zwischen Vertragsparteien des SRÜ, die das Durchführungsabkommen ratifiziert haben und solchen, bei denen das nicht der Fall ist, und die somit voll den Regelungen des Teils XI unterfallen. Schließlich fällt ins Gewicht, dass die Vereinigten Staaten auch nach der Modifikation von Teil XI das Seerechtsübereinkommen noch nicht ratifiziert haben.

Zum Seegerichtshof der Vereinten Nationen, s.o. Kapitel 7.

Lit. I.: *K. Doehring*, Völkerrecht, 1999, Rdn. 517 ff.; *D.H.N. Johnson,* Freedom of Navigation, EPIL, Bd. III, 1997, S. 528 ff.; *T. Treves*, High Seas, EPIL, Bd. III, 1997, S. 705 ff.; *W. Graf Vitzthum*, Raum und Umwelt im Völkerrecht, in: ders. (Hrsg.), Völkerrecht, 2. Aufl. 2001, S. 379 ff.; *R. Wolfrum*, Common Heritage of Mankind, EPIL, Bd. I, 1992, S. 692.

II. Luft- und Weltraumrecht

1. Grundsätze des Luftrechts

Die *Rechtsverhältnisse im Luftraum* über den Staaten, wie sie sich **365** entwickelt haben, zeigen einige Ähnlichkeiten zum Rechtsregime der Hohen See auf. Doch gibt es auch gewichtige Unterschiede.

Wie auch bei der Abgrenzung der Hoheitsgewässer hat man danach **366** gefragt, wo nun über den Staaten die staatliche Souveränität endet. Lange Zeit nahm man an, dass es insoweit keine Begrenzung gebe. Doch die technische Entwicklung zwingt dazu, eine Begrenzung festzulegen, denn anders wäre jede Weltraumfahrt, die notwendigerweise bei dem Start die Luftsäule über vielen Staaten durchkreuzt, eine Souveränitätsverletzung, ebenso wie die ungenehmigte Durchkreuzung eines Landgebietes. Noch keine Theorie hat bisher eine solche Luftgrenze überzeugend und genau festlegen können. Als grober Anhaltspunkt läßt sich immerhin festhalten, dass im allgemeinen oberhalb von ca. 120 km das Regime des Weltraums und unterhalb von ca. 80 km das Regime des Luftraums angenommen wird.

Die *Luftsouveränität des Territorialstaates* ist insoweit anerkannt, **367** als dieser Staat den ungenehmigten Überflug über sein Territorium verbieten darf. Fremde Flugzeuge dürfen zur Landung gezwungen werden, wenn eine Genehmigung nicht vorliegt. Gewaltanwendung ist allerdings nur im Rahmen der Verhältnismäßigkeit dann zulässig, wenn begründeter Verdacht besteht, dass eine Bedrohung des Territorialstaates vorliegt, etwa Spionage oder auch militärische Einwirkung.

Die *Jurisdiktion* über ein Flugzeug hat der Staat inne, bei dem die- **368** ses registriert ist, wenn das Flugzeug sich außerhalb fremden Hoheitsgebietes befindet, z.B. über der Hohen See. Im Luftraum über dem Territorialstaat und bei Landung auf diesem muss den Anordnungen dieses Territorialstaates gefolgt werden. Das Recht zur Bekämpfung von Luftpiraterie wird jedem Staat, ebenso wie das im Seerecht der Fall ist, zuerkannt; daher ist eine eingehende Regelung auch schon im SRÜ getroffen worden (Art. 101 SRÜ).

2. Internationale Abkommen im Bereich des Luftrechts

369 Die Grundsätze des Luftrechts sind vielfältig durch Verträge ausgestaltet und ergänzt worden. Das bis heute wesentliche *Abkommen über Durchflugrechte, Lufttransporte und Linienluftverkehr* ist das Abkommen über die Internationale Zivilluftfahrt von Chicago (Convention on International Civil Aviation v. 7. 12. 1944, U.N.T.S., Bd. 171, S. 387). Viele Nebenabkommen ergänzen dieses Basisdokument. Das Abkommen führte auch zur Gründung der Internationalen Zivilluftfahrt Organisation (ICAO), deren Aufgabe in der Förderung des internationalen Luftverkehrs besteht (5. 5. 1947, BGBl. 1956 II, S. 411). Die Beschlüsse der Organisation sind bindend, soweit ein Mitgliedstaat das nicht ausschließt.

370 Wie das bei einem Schiff der Fall ist, hat ein Flugzeug eine *Staatszugehörigkeit* inne, die sich danach richtet, welcher Staat es registriert hat. Diese Staatszugehörigkeit hat Bedeutung für die Haftung von Schäden, die von dem Flugzeug ausgehen können, etwa auch dadurch, dass es technisch nicht ausreichend kontrolliert war.

371 Zum Schutz des Luftverkehrs und vor allem der daran beteiligten Menschen wurden *Abkommen zur Abwehr verbrecherischer Aktivitäten* geschlossen. Das Abkommen von Tokio (14. 9. 1963; BGBl. 1969 II, S. 121) betrifft die Zuständigkeit zur Bestrafung an Bord begangener Straftaten. Das Haager Abkommen zur Bekämpfung widerrechtlicher Inbesitznahme von Luftfahrzeugen (16. 12. 1970, BGBl. 1972 II, S. 1505) regelt die Verpflichtung zur Bestrafung, ebenso wie das europäische Übereinkommen zur Bekämpfung des Terrorismus (27. 1. 1977, BGBl. 1978 II, S. 322), bzw. die Auslieferungspflicht, falls Bestrafung nicht erfolgt. Auch die Geiselnahme ist als Straftatbestand durch ein Übereinkommen mit Strafe bedroht (8. 12. 1979, BGBl. 1980 II, S. 307).

3. Weltraumrecht

Die Notwendigkeit, ein Rechtsregime für die *Nutzung des Weltraums* zu begründen, zeigte sich als eine solche Nutzung durch Absendung von Raketen in unbegrenzte Höhe technisch möglich wurde. Wie im Luftrecht erhob sich dann die Frage, in welcher Höhe über der Erde der Weltraum im Rechtssinne beginnt. Eine klare Feststellung hat die Staatengemeinschaft auch hier bisher nicht getroffen, aber die überwiegende Auffassung entspricht derjenigen im Luftrecht und also wird angenommen, dass jedenfalls jenseits von 120 km Höhe die Regeln über den Weltraum anzuwenden sind. **372**

Schon im Jahre 1959 begannen die Arbeiten der Vereinten Nationen zur Aufstellung von *Rechtsregeln*, doch konnte man auf kein völkerrechtliches Gewohnheitsrecht zurückgreifen, wie das im Seerecht der Fall war. Die ersten verbindlichen, weil vertraglich vereinbarten Regeln finden sich im Weltraumvertrag von 1967 (Vertrag über die Grundsätze zur Regelung der Tätigkeiten von Staaten bei der Erforschung und Nutzung des Weltraums einschließlich des Mondes und anderer Himmelskörper v. 27. 1. 1967, U.N.T.S., Bd. 610, S. 205). Der Vertrag stellte die Freiheit der Weltraumfahrt fest, vergleichbar der Schifffahrtsfreiheit, ein Recht, das jeder Staat in Anspruch nehmen kann unter Ausschluss irgendwelcher Diskriminierungen. Die Okkupation von Teilen des Weltraums oder von Himmelskörpern ist untersagt, ebenso wie die Nutzung des Weltraums für Massenvernichtungswaffen. Gegenseitige Hilfeleistung bei Notfällen wird zugesagt und auch die Haftung für Schäden, die von Staaten oder ihren Unternehmen oder von internationalen Organisationen verursacht werden. Die Grundkonzeption aller Regeln, die im Weltraum gelten sollen, beruht, ebenso wie im neueren Seerecht, auf dem Gedanken, dass auch der Weltraum zum gemeinsamen Erbe der Menschheit gehöre *(common heritage of mankind)*. **373**

Weitere bedeutende Verträge wurden geschlossen, so vor allem der Vertrag zur Rettung und Rückführung von Raumfahrern v. 24. 4. 1968 (U.N.T.S., Bd. 672, No. 9574) und das Übereinkommen über die völkerrechtliche Haftung für Schäden durch Weltraumgegenstände v. 29. 3. 1972 (U.N.T.S., Bd. 961, No. 15810). Für die Haftung gelten die Grundsätze einer Gefährdungshaftung, einge- **374** schränkt durch die Möglichkeit des Nachweises, dass die Geschädigten selbst der Vorwurf der groben Fahrlässigkeit oder des Vorsatzes trifft. Die Raumfahrer gelten als Abgesandte der Menschheit, eine etwas pathetische Qualifikation, die keine besondere rechtliche Auswirkung hat, auch nicht auf die Begrenzung der Haftungssumme. Eine solche wäre immerhin dann angezeigt, wenn man den Standpunkt vertritt, dass Staaten, die Weltraumfahrt betreiben, auch zum Wohle der nicht hierzu fähigen Staaten handeln. Eine Höchstsumme der Haftung ist jedoch nicht vorgesehen, obwohl vielfach diskutiert.

375 Hinsichtlich der Tätigkeit der Staaten auf dem Mond wurde ein besonderes Abkommen geschlossen (*Mondvertrag* v. 5. 12. 1975, ILM, Bd. 18, 1979, S. 1434). Wiederum ist auf das gemeinsame Erbe der Menschheit hingewiesen. Okkupation und ähnliches könne nicht geltend gemacht werden, sowie es schon im Weltraumvertrag niedergelegt wurde. Bislang ist der Mondvertrag nur von wenigen Staaten ratifiziert worden, zu denen keine Weltraummacht gehört.

376 Fraglich ist, inwieweit aus den Verträgen über das Regime des Weltraums Gewohnheitsrecht erwächst. U.U. kann sich Gewohnheitsrecht relativ schnell bilden. Man spricht vom instant law insbes. dann, wenn gefährliches Verhalten nicht abgewartet werden kann. So wäre es immerhin denkbar, dass man im geltenden Weltraumrecht jedenfalls wesentlichen und fundamentalen Grundsätzen Allgemeingeltung zuerkennt.

Lit. zu II.: *Bin Cheng,* Studies in International Space Law, 1997; K. H. Böckstiegel (Hrsg.), Handbuch des Weltraumrechts, 1991; *K. Doehring*, Völkerrecht, 1999, Rdn. 544 ff.; *K. Hailbronner*, International Civil Aviation Organization, EPIL, Bd. II, 1995, S. 1072; *M. Wilde*, Aircraft, EPIL, Bd. I, 1992, S. 86; *R. Wolfrum*, Die Internationalisierung staatsfreier Räume, 1994.

13. Kapitel

Internationales Umweltrecht

I. Einführung

Der *Schutz der Umwelt* nimmt einen immer wichtigeren Raum im modernen Völkerrecht ein. Die Verschmutzung der Atmosphäre und der Meere, die globale Erwärmung, die Zerstörung der Ozonschicht, der rapide Verlust an Artenvielfalt sowie Gefährdungen durch hochriskante Tätigkeiten sind heute Gegenstand internationaler Verträge und werden teilweise, wie zum Beispiel der Schutz des Klimas und der Biodiversität (vgl. Übereinkommen über die biologische Vielfalt, BGBl. II, S. 1742 mit Protokoll von Cartagena zur biologischen Sicherheit, ILM, Bd. 39, 2000, S. 1027), als „gemeinsames Anliegen der Menschheit" *(common concern of humankind)* betrachtet. Besonderen Aufschwung hat diese Entwicklung durch die *Konferenz der Vereinten Nationen über Umwelt und Entwicklung von Rio* im Jahre 1992 genommen. Der internationale Bezug liegt angesichts des grenzüberschreitenden Charakters gravierender Umweltverschmutzungen auf der Hand. Außerdem können Umweltprobleme regelmäßig nicht von einem Staat allein gelöst werden, sondern erfordern oft eine Kooperation zwischen geschädigtem und Verursacherstaat. Zum Teil wird auch ein Zusammenhang zwischen dem Schutz der Menschenrechte und demjenigen der Umwelt gesehen, so in der Rechtsprechung des Europäischen Gerichtshofs für Menschenrechte (*A. Kley-Struller,* Der Schutz der Umwelt durch die Europäische Menschenrechtskonvention, EuGRZ, Bd. 22, 1995, 507–518), in der Afrikanischen Charta der Rechte der Menschen und der Völker (Art. 24) und im Zusatzprotokoll zur Amerikanischen Menschenrechtskonvention (Art. 11). Die Bereiche Menschenrechte und Umweltschutz kennzeichnen das neue „öffentliche" Völkerrecht mit seinen erga omnes- und ius cogens-Verpflichtungen (vgl. z.B. *J. Kokott*, Grund- und Menschenrechte als Inhalt eines internationalen ordre public, Berichte der Deutschen Gesellschaft für Völkerrecht, Bd. 38, 1998, S. 71–114, 77–79). **377**

II. Prinzipien

1. Schädigungsverbot

378 Die Gebietshoheit der Staaten ist insoweit relativiert, als sie ihr Gebiet nicht in einer Weise benutzen dürfen, die andere Staaten erheblich schädigt. Eine frühe *Leitentscheidung des internationalen Umweltrechts* ist der berühmten Trail Smelter-Fall von 1938 (AJIL, Bd. 33, 1939, 182–212 und AJIL, Bd. 35, 1941, 684–736). Es ging um die Schwefeldioxid-Emissionen einer in Kanada belegenen Schmelze, die auf dem Gebiet der Vereinigten Staaten zu Ernteausfällen führten. Das Schiedsgericht führte aus, dass ein Staat weder nach den Regeln des Völkerrechts noch nach dem Recht der Vereinigten Staaten das Recht habe, sein Gebiet in einer Weise zu nutzen oder eine derartige Nutzung zuzulassen, die das Gebiet eines anderen Staates durch Emissionen beeinträchtigt oder dort zu Beeinträchtigungen führt bzw. Eigentum oder Personen dort schädigt, wenn es sich um einen schwerwiegenden Fall handle und der Schaden zur vollen Überzeugung nachgewiesen sei.

379 Heute gilt das *Schädigungsverbot* nicht mehr nur im Verhältnis zu anderen Staaten, sondern auch in Bezug auf staatsfreie Räume wie die Antarktis, die Hohe See (Art. 192 ff., 194 Seerechtskonvention) und den Weltraum (*R. Wolfrum*, Die Internationalisierung staatsfreier Räume, 1994). Prinzip 21 der Stockholmer Erklärung der Konferenz der Vereinten Nationen über die menschliche Entwicklung von 1972 deklariert „das souveräne Recht der Staaten, ihre Ressourcen nach Maßgabe ihrer eigenen Umweltpolitik auszubeuten und ihre Verantwortlichkeit sicherzustellen, dass Tätigkeiten innerhalb ihres Hoheitsbereichs oder ihrer Kontrolle die Umwelt anderer Staaten oder in Gebieten jenseits staatlicher Hoheitsgewalt nicht schädigen“. Eine unmittelbare Haftung für das Handeln Privater ist hieraus aber nicht abzuleiten.

2. Staatenverantwortlichkeit und internationales Umweltrecht

380 Offene Fragen in Bezug auf die *Staatenverantwortlichkeit für Umweltschäden* bleiben in den Bereichen: Haftungsmaßstab, Geltung, Anwendungsbereich und Reichweite eines völkerrechtlichen Vorsorgeprinzips bzw. an den Nachweis des Schadens zu stellende Anforderungen. Auch im internationalen Umweltrecht gilt grundsätzlich der *objektivierte Verschuldensbegriff* (s.o. Kap. 9, V. 3. a) und V. 3. b)). Auch hier kommt nur ausnahmsweise und aufgrund vertraglicher Festlegung eine Gefährdungshaftung in Betracht, namentlich bei besonders riskanten Tätigkeiten wie dem Verbringen von Gegenständen in den Weltraum (Art. II Übereinkommen über die völkerrechtliche Haftung für Schäden durch Weltraumgegenstände). Im Übrigen stößt das herkömmlicherweise bilateral konzipierte Haftungsrecht bei internationalen Umweltschäden schnell an seine Grenzen. Umweltschäden, wie etwa die Zerstörung der Ozondecke, haben ihren Ursprung oft in dem Zusammenwirken einer Vielzahl oft privat gesetzter Ursachen. Bereits die Zurechnung an einen, mehrere oder eine Vielzahl von Staaten kann Probleme aufwerfen. Art und Ausmaß der Schadensmitverursachung durch einen einzelnen Staat sind mitunter kaum feststellbar. Auch aus diesem Grunde verlangt die Lösung internationaler Umweltprobleme verstärkte Bemühungen der Staatengemeinschaft.

3. Haftung des Verursachers („polluter pays")

Nach Prinzip 16 der Erklärung von Stockholm soll grundsätzlich **381**
der *Verursacher* die Kosten der Verschmutzung tragen. Dieses Prinzip prägt hauptsächlich die zivilrechtliche Haftung bei gefährlichen Aktivitäten. Nach der Präambel zur Konvention über die grenzüberschreitenden Wirkungen von Industrieunfällen handelt es sich um ein *allgemeines Prinzip des internationalen Umweltrechts.* Die Konvention über den Schutz und die Nutzung grenzüberschreitender Wasserläufe und Seen deklariert die Haftung des Umweltschädigers zum Leitprinzip (Art. 2 Abs. 5 lit. c)).

4. Das Vorsorgeprinzip

Prinzip 15 der Deklaration von Río und ähnlich die Präambel der **382**
Biodiversitätskonvention formuliert das *Vorsorgeprinzip* folgendermaßen:

„Um die Umwelt zu schützen, wenden die Staaten das Vorsorgeprinzip weitgehend und entsprechend ihren Fähigkeiten an. Droht ein schwerwiegender und irreversibler Schaden, darf der Mangel

an wissenschaftlicher Gewissheit nicht als Grund für den Aufschub kosteneffektiver Maßnahmen zur Verhinderung der Umweltdegradation herangezogen werden.“

Die Präambeln des Wiener Übereinkommens zum Schutz der Ozonschicht (1985) und ihres Montrealer Protokolls (1987) beziehen sich auf Vorsorgemaßnahmen. Die Mitgliedstaaten der Konvention über den Schutz und die Nutzung grenzüberschreitender Wasserläufe und Seen von 1992 lassen sich durch das Vorsorgeprinzip leiten (Art. 2 Abs. 5). Nach Art. 3 Abs. 3 der Klimarahmenkonvention sollen die Mitgliedstaaten Vorsorgemaßnamen treffen, um den Gründen des Klimawandels zuvorzukommen, ihn zu verhindern oder zu minimieren und seine nachteiligen Wirkungen abzumildern. Der Internationale Seegerichtshof hat in seiner Entscheidung vom 27. 8. 1999 das Vorsorgeprinzip anerkannt (Cases Nos. 3 and 4, Southern Bluefin Tuna Cases, New Zealand v. Japan; Australia v. Japan, Request for Provisional Measures, Order). Dies indiziert, dass das Vorsorgeprinzip im internationalen Umweltrecht heute zumindest als völkergewohnheitsrechtlicher Grundsatz in statu nascendi betrachtet werden kann, wobei seine Konturen im Einzelfall oft schwierig zu bestimmen sind. Das relativiert die strengeren Beweisanforderungen des Trail Smelter-Falles (s.o.).

5. Das Prinzip der Kooperation

383 Das *Prinzip der Kooperation* findet sich schon in älteren Abkommen betreffend die gemeinsame Nutzung internationaler Wasserläufe; es ist heute ein Charakteristikum des internationalen Umweltrechts. Nach Prinzip 24 der Stockholmer Erklärung soll der internationale Umweltschutz im Geiste der Kooperation erfolgen. Nach Prinzip 7 der Erklärung von Río über Umwelt und Entwicklung von 1992 „kooperieren die Staaten im Geiste globaler Partnerschaft, um die Gesundheit und Integrität des Ökosystems der Erde zu erhalten, zu schützen und wiederherzustellen“. Nach Prinzip 13 „kooperieren die Staaten auch schneller und entschiedener, um weiteres Völkerrecht betreffend die Haftung für und den Ausgleich von nachteiligen Auswirkungen von Umweltschäden zu entwickeln, die durch Aktivitäten innerhalb ihres Hoheitsbereichs oder ihrer Kontrolle in Gebieten jenseits ihrer Hoheitsgewalt entstanden sind.“ Die

Biodiversitätskonvention enthält eine entsprechende Kooperationspflicht im Hinblick auf staatsfreie Räume (Art. 5).

Eine *spezielle Ausprägung* der Kooperationspflicht ist die Ver- **384**
pflichtung der Staaten, sich gegenseitig über drohende oder eingetretene Umweltschäden zu informieren. Viele Abkommen enthalten eine solche Pflicht (s. z.B. Art. 198 SRÜ; Art. 13 Basler Übereinkommen über die Kontrolle der grenzüberschreitenden Verbringung gefährlicher Abfälle und ihrer Entsorgung); darüber hinaus kann die *Informationspflicht* heute bereits als Bestandteil des Völkergewohnheitsrechts betrachtet werden. Das Erfordernis, eine von Informationspflichten begleitete *Umweltverträglichkeitsprüfung* vorzunehmen, findet zunehmend Eingang in internationale Verträge (vgl. z.B. Konvention über Umweltverträglichkeitsprüfungen bei grenzüberschreitendem Kontext von 1991).

In den Rahmen einer internationalen Kooperationspflicht im Um- **385**
weltvölkerrecht fällt weiterhin die in Prinzip 7 der Stockholmer Erklärung sowie insbes. der Klimarahmenkonvention statuierte besondere *Verantwortung der Industriestaaten für die Degradation der Umwelt*. Nach Art. 3 der Klimarahmenkonvention sollen

„1. Die Vertragsparteien . . . auf der Grundlage der Gerechtigkeit und entsprechend ihren gemeinsamen, aber unterschiedlichen Verantwortlichkeiten und ihren jeweiligen Fähigkeiten das Klimasystem zum Wohl heutiger und künftiger Generationen schützen. Folglich sollen die Vertragsparteien, die entwickelte Länder sind, bei der Bekämpfung der Klimaänderungen und ihrer nachteiligen Auswirkungen die Führung übernehmen.

2. Die speziellen Bedürfnisse und besonderen Gegebenheiten der Vertragsparteien, die Entwicklungsländer sind, vor allem derjenigen, die besonders anfällig für die nachteiligen Auswirkungen der Klimaänderungen sind, sowie derjenigen Vertragsparteien, vor allem unter den Entwicklungsländern, die nach dem Übereinkommen eine unverhältnismäßige oder ungewöhnliche Last zu tragen hätten, sollen voll berücksichtigt werden."

Hier ist, im Kontext des Prinzips der nachhaltigen Entwicklung, eine besondere Berücksichtigung der Bedürfnisse der Entwicklungsländer erkennbar.

386 Das moderne Völkerrecht verlangt sogar die *Berücksichtigung der Interessen künftiger Generationen*, was weit jenseits der herkömmlichen Konzeption des Völkerrechts als zwischen-staatlichem Recht liegt (*E. Brown Weiss,* In Fairness to Future Generations: International Law, Common Patrimony and Intergenerational Equity, 1989).

6. Gefährliche Aktivitäten („ultra-hazardous activities“)

387 Teilweise wird ein eigenes Regime für *besonders gefährliche Aktivitäten* gefordert. Insbesondere soll hier eine *Erfolgshaftung* gelten, wie sie das Übereinkommen über die völkerrechtliche Haftung für Schäden durch Weltraumgegenstände anordnet (Art. II), nicht der sonst auch im Umweltrechtvölkerrecht anwendbare – objektivierte – Verschuldensmaßstab. Was konkret unter diese gefährlichen Tätigkeiten fällt, ist nicht einfach zu bestimmen. Maßgebend ist das Ausmaß des potentiellen Schadens, mag sein Eintritt auch unwahrscheinlich sein. Einigkeit herrscht jedenfalls hinsichtlich des Einbezugs der Atomenergie. Nicht nur die Haftung, sondern auch die *Kooperationspflicht* der Staaten gilt in verstärkter Form für besonders umweltgefährdende Aktivitäten. Zahlreiche bilaterale und multilaterale Abkommen, wie beispielsweise die in Folge des Nuklearunfalls von Tschernobyl angenommene Konvention über die frühzeitige Notifikation eines Nuklearunfalls von 1986, enthalten ausführliche Bestimmungen betreffend Inhalt und Adressaten der unverzüglich gebotenen Information (vgl. Art. 2, 5, 6). Im gleichen Jahr wurde die allgemein verstärkte Kooperationspflichten bei Nuklearunfällen betreffende Konvention über Hilfe in Fällen eines Nuklearunfalls oder eines Strahlennotstandes unterzeichnet. Sie enthält detaillierte Vorschriften über von der Internationalen Atomenergiebehörde zu gewährende Hilfe sowie über die Hilfe anderer Staaten und Internationaler Organisationen.

388 Auch das wachsende Problem der *Entsorgung toxischer und gefährlicher Abfälle* und die Praxis, diese in die Dritte Welt zu entladen, hatte einige internationale Verträge zur Folge. Die Organisation Afrikanischer Einheit nahm 1991 die Bamako Konvention über das Importverbot und die Kontrolle grenzüberschreitender Verbringung und Behandlung gefährlichen Mülls in Afrika an. Danach ist der

Import solchen Mülls in Afrika illegal und ein krimineller Akt (Art. 4 Abs. 1). Nach dem Basler Übereinkommen über die Kontrolle der grenzüberschreitenden Verbringung gefährlicher Abfälle und ihrer Entsorgung von 1989 dürfen die Staaten Abfälle nicht in Staaten, die deren Import verbieten, ausführen. Liegt kein Verbot vor, ist die Ausfuhr nur nach schriftlicher Zustimmung des Importstaates und generell nicht südlich des 60. südlichen Breitengrades zulässig. Beide Konventionen enthalten darüber hinaus ausführliche Bestimmungen über intensive Kooperation einschließlich ausgedehnter Informationspflichten.

III. Schutz einzelner Umweltmedien

1. Internationale Wasserläufe und Seen

Die schon erwähnte Konvention über den *Schutz und* die *Nutzung* **389**
internationaler Wasserläufe und Seen spiegelt die moderne Entwicklung des Umweltvölkerrechts indem sie die Grundsätze der Vorsorge, der Haftung des Verursachers und der intergenerationellen Gerechtigkeit zu Leitprinzipien erklärt (Art. 2 Abs. 5), Umweltverträglichkeitsprüfungen vorsieht (Art. 3) und weitgehende Kooperationspflichten enthält (Art. 9 ff.). Ähnlich enthält die 1997 angenommene Konvention über das Recht der nicht-schifffahrtlichen Nutzung internationaler Wasserläufe die Prinzipien der ausgewogenen („equitable"), vernünftigen Nutzungsaufteilung, die schon eine Kooperation unter den beteiligten Staaten voraussetzt und weitere detaillierte Vorschriften über Kooperationverpflichtungen sowie das schon im Trail Smelter-Fall zum Ausdruck kommende Prinzip der Vermeidung erheblicher Schäden (*J. Kokott,* Überlegungen zum völkerrechtlichen Schutz des Süßwassers, in: V. Götz/P. Selmer/R. Wolfrum (Hrsg.), Liber amicorum Günther Jaenicke – Zum 85. Geburtstag, 1998, S. 177–219). Anders als in der Konvention über den Schutz und die Nutzung internationaler Wasserläufe und Seen kommt der Vorsorgegrundsatz allerdings nur im Hinblick auf die Einführung fremder Arten zum Ausdruck. Die Staaten ergreifen alle notwendigen Maßnahmen, um die Einführung fremder oder neuer Arten in einen internationalen Wasserlauf zu verhindern, die schädliche Folgen für dessen Ökosystem haben „können" (Art. 22).

Beide Konventionen nehmen hingegen Bezug auf das Prinzip der Nachhaltigkeit, welches grundsätzlich eine Nutzung in den Grenzen der Regenerierbarkeit bedeutet.

2. Verschmutzung der Meere

390 Auch die 1982 angenommene Seerechtskonvention bestätigt das Schädigungsverbot (Art. 194 Abs. 2 SRÜ), die Prinzipien der Kooperation und der vorrangigen Behandlung der Entwicklungsstaaten (Art. 192 ff.). Darüber hinaus enthält sie allgemeine Bestimmungen, die der Vermeidung von Verschmutzungen der Meeresumwelt vom Land und von der See aus dienen zum *Schutz der lebenden Ressourcen des Meeres* (Art. 204 ff.). Speziellere Vorschriften finden sich etwa im Londoner Übereinkommen über die Verhütung der Meeresverschmutzung durch das Einbringen von Abfällen und anderen Stoffen von 1972 (Londoner Dumping Übereinkommen, U.N.T.S., Bd. 932, S. 3; BGBl. 1998 II, S. 1346), das durch ein allerdings noch nicht in Kraft getretenes Protokoll von 1996 (ILM, Bd. 36, 1997, S. 7) gänzlich neu gefaßt worden ist, sowie das Internationale Übereinkommen zur Verhütung der Meeresverschmutzung durch Schiffe (MARPOL) von 1973 in der Fassung des Protokolls von 1978 (BGBl. 1982 II, S. 2). Letzteres beruht vornehmlich auf dem Flaggenstaatsprinzip. D.h. Verstöße gegen die Vorschriften von MARPOL werden im Recht desjenigen Staates, dessen Flagge das Schiff führt oder unter dessen Autorität es fährt, unter Strafe gestellt, und zwar unabhängig davon, wo der Verstoß begangen wird (Art. 3 und 4 MARPOL). Unter dem Londoner Dumping Übereinkommen kommt es darauf an, in welchem Staat ein Schiff registriert ist bzw. wessen Flagge es führt, in welchem Staat es zu dumpende Stoffe lädt oder schließlich welcher Hoheitsgewalt es untersteht (Art. VII Londoner Übereinkommen). Speziell hinsichtlich von Ölverschmutzungen sind weiter zu nennen das immer noch nicht in Kraft getretene Internationale Übereinkommen über Vorsorge, Bekämpfung und Zusammenarbeit auf dem Gebiet der Ölverschmutzung v. 30. Nov. 1990 (ILM, Bd. 30, 1991, 733) und das Internationale Übereinkommen über die zivilrechtliche Haftung für Ölverschmutzungsschäden von 1992 (BGBl. 1996 II, 671).

3. Schutz der Atmosphäre und des Weltraums

Während das Übereinkommen über weiträumige grenzüberschreitende Luftverunreinigung von 1979 nur moderate Verpflichtungen der Staaten enthält, verpflichtet das Montrealer Protokoll über Stoffe, die zu einem Abbau der Ozonschicht führen, die Staaten zu einer schrittweisen Verringerung von FCKW und einer Einstellung des Gebrauchs von Halonen. Ein auf seiner Grundlage errichteter Implementationsausschuss überwacht die Einhaltung dieser Verpflichtungen. Die Klimarahmenkonvention betrifft die nicht durch das *Montrealer Protokoll* abgedeckten Treibhausgase und zielt auf eine Stabilisierung der Treibhausgaskonzentrationen in der Atmosphäre auf einem Niveau ab, auf dem eine gefährliche anthropogene Störung des Klimasystems verhindert wird (Art. 2). Die entwickelten Staaten und andere in Annex I genannte Staaten, beispielsweise ost- und mitteleuropäische Staaten, mindern danach ihre Emissionen, damit insgesamt und unter Berücksichtigung eines gewissen Nachholbedarfs der Entwicklungsländer der Stand von 1990 wieder erreicht werden kann. Die Klimarahmenkonvention wurde in kürzester Zeit von fast allen Staaten der Welt ratifiziert, wobei Vorbehalte generell unzulässig sind (Art. 24). Das entspricht dem Charakter dieser Konvention als Bestandteil des neuen öffentlichen Völkerrechts, welches gemeinsame Belange und Besorgnisse der Menschheit betrifft *(„common concern“)*. Das *Kyoto-Protokoll* zur Klimarahmenkonvention von 1997 konkretisiert die Reduktionsverpflichtungen der Industrieländer, indem es die pro Staat zulässigen Emissionen in Form von Prozenten der Emissionen aus dem Jahre 1990 angibt. Die Europäische Gemeinschaft und ihre Mitgliedstaaten haben das Protokoll bereits ratifiziert. Die Vereinigten Staaten haben das Protokoll unterzeichnet, lehnen aber bislang die Ratifikation wegen der befürchteten Auswirkungen auf die heimische Wirtschaft ab. **391**

Insgesamt handelt es sich beim internationalen Umweltrecht um eine sehr *dynamische Materie*, und es haben sich, wie aufgezeigt, mehrere, gerade dieses Gebiet kennzeichnende Grundsätze entwickelt.

Lit. zu II. und III.: *U. Beyerlin,* Umweltvölkerrecht, 2000; *P. Birnie/A. Boyle,* International Law & the Environment, 2. Aufl. 2002; *K. Doehring,* Völkerrecht,

1999, Rdn. 1177–1206; *D. Hunter/J. Salzman/D. Zaelke,* International Environmental Law and Policy, 1998 ; *J. Kokott,* Equity in International Law, in: F. Tóth (Hrsg.), Fair Weather? Equity Concerns in Climate Change, 1999, S. 173–192; *K. Odendahl,* Die Umweltpflichtigkeit der Souveränität, 1998; *R. Schmidt,* Einführung in das Umweltrecht, 1999, S. 203–233; *W. Graf Vitzthum,* Raum, Umwelt und Wirtschaft im Völkerrecht, in: ders. (Hrsg.), Völkerrecht, 2. Aufl. 2001, S. 379–467, 432–467.

14. Kapitel

Internationales Wirtschaftsrecht

I. Einführung

Das internationale Wirtschaftsrecht deckt einen weiten Bereich ab, **392** der hier nur rudimentär angesprochen werden kann. Das Restatement (Third) des Amerikanischen Law Institute definiert das *Recht der internationalen Wirtschaftsbeziehungen* wie folgt: Im weiteren Sinne umfasse es das gesamte internationale Recht und alle internationalen Abkommen, die auf grenzüberschreitende wirtschaftliche Transaktionen anwendbar sind oder die auf andere Weise von Bedeutung für mehr als einen Staat sind, wie etwa grenzüberschreitender Verkehr von Waren, Kapital, Personen, immateriellen Wirtschaftsgütern, Schiffen oder Flugzeugen (ALI, Restatement of the Law Third, Bd. 2, 1987, S. 261). Dieses Rechtsgebiet ist hauptsächlich durch auf dem Reziprozitätsgedanken beruhende Verträge geregelt; die Bedeutung des Völkergewohnheitsrechts tritt dahinter zurück. Jedoch ist in neuerer Zeit auch im internationalen Wirtschaftsrecht eine zunehmende Institutionalisierung festzustellen, insbes. durch die Gründung der Welthandelsorganisation (WTO) im Jahre 1994.

II. Zu den Rechtsgrundlagen

1. Die Welthandelsordnung

Hier sind die vertraglichen Grundlagen der neuen Welthandelsord- **393** nung zu nennen. Diese ruht auf drei Säulen. Die erste Säule ist das bisherige *Allgemeine Zoll- und Handelsabkommen (GATT '47)*, ergänzt durch weitere multilaterale Übereinkommen zum Warenhandel, nämlich über den Agrarhandel, über die Anwendung gesundheitspolizeilicher und pflanzenschutzrechtlicher Maßnahmen, über Textilwaren und Bekleidung, über technische Handelshemmnisse, über handelsbezogene Investitionsmaßnahmen (TRIMs), Antidumping, über Zollwerte, die Versandkontrolle, Ursprungsregeln, Einfuhrlizenzverfahren, Subventionen und Ausgleichsmaßnahmen sowie Schutzmaßnahmen. Die zweite Säule bildet das *multilaterale Übereinkommen zum Dienstleistungshandel (GATS)* und die dritte Säule das *multilaterale Übereinkommen zu den Rechten des geistigen Eigentums (TRIPS)*. Bestimmte allgemeine Regeln waren schon unter dem GATT von 1947 anwendbar und gelten nun vertragsübergreifend für alle genannten Verträge. Es handelt sich dabei insbes. um die Prinzipien der Meistbegünstigung und der Inländergleichbehandlung, wie man sie auch seit je her in Investitionsschutzverträgen findet. Weiter soll auch im Rahmen der WTO die unter dem GATT '47 geläufige reziproke Verhandlungsweise stattfinden, was aber in einem Spannungsverhältnis zur Behauptung einer Konstitutionalisierung der WTO steht. Stärker betont unter der WTO werden demgegenüber die Begünstigung der wirtschaftlich schwachen Länder und der Umweltschutz.

394 Zentraler Bestandteil des GATT ist die *Meistbegünstigung*. Sie unterbindet die Diskriminierung unter Handelspartnern, indem sie alle Mitgliedstaaten des GATT dazu verpflichtet, alle anderen Mitgliedstaaten so günstig in Bezug auf ein bestimmtes Produkt zu behandeln, wie irgendeinen anderen Handelspartner. Allerdings gilt die Meistbegünstigungsklausel des GATT nicht für Zollunionen oder Freihandelszonen (Art. XXIV) und auch nicht, wenn Entwicklungsländern eine bevorzugte Behandlung eingeräumt wird. Außerdem sieht das GATT eine unter Gesichtspunkten des Freihandels problematisch weite Möglichkeit von Notstandsmaßnahmen vor, wenn einheimischen Produzenten durch den massenhaften Import eines bestimmten Produkts gravierender Schaden entsteht oder droht (Art. XIX). Dass die Regelungen des GATT insgesamt viele, zum Teil unscharf konturierte Ausnahmen vorsehen, beeinträchtigt seine normative Steuerungskraft erheblich.

395 Insbesondere wird den Regeln des GATT im Recht der Mitgliedstaaten regelmäßig keine unmittelbare Anwendbarkeit zuerkannt. Demnach können sich Einzelne vor den innerstaatlichen Gerichten und Behörden nicht auf GATT-Recht berufen. Dies wird allgemein mit der Flexibilität der GATT-Bestimmungen sowie mit der Notwendigkeit begründet, den GATT-Mitgliedern den nötigen Verhandlungsspielraum zu belassen. Auch der Gerichtshof der Europäischen Gemeinschaften hat sich dieser Auffassung angeschlossen. Er hat mit der gleichen Argumentation merkwürdigerweise sogar eine Klage der Bundesrepublik Deutschland, die sich auf die GATT-Widrigkeit der EG-Bananenmarktordnung berief, zurückgewiesen, wohl in dem Bestreben, die Verhandlungsposition der EG auch zu Lasten der GATT-Treue ihrer Mitgliedstaaten zu stärken (EuGH, Slg. 1994-I, 4973). Tatsächlich haben nach der Verurteilung der EG im WTO-Bananenstreitverfahren geführte Verhandlungen der EG mit den streitführenden Staaten Ecuador und USA zu einer einverständlichen Lösung der Parteien geführt: Die EG modifizierte ihre Bananenmarktordnung. Für die beibehaltene GATT-widrige präferenzielle Behandlung der AKP-Staaten beantragte sie eine Ausnahmegenehmigung nach Art. IX Abs. 3 WTO-Übereinkommen (sog. „waiver"), die sie während der WTO-Ministerkonferenz in Doha im November 2001 auch erhielt.

Neben den genannten, für alle Mitgliedstaaten der WTO verbindlichen Abkommen bestehen sog. plurilaterale Übereinkommen über das öffentliche Beschaffungswesen und den Handel mit Zivilluftfahrzeugen. Das WTO-Sekretariat ist auch für die Verwaltung der plurilateralen Handelsübereinkommen zuständig. Aber der Beitritt zur WTO ist, anders als hinsichtlich der multilateralen Übereinkommen, nicht automatisch mit der Mitgliedschaft bei den plurilateralen Übereinkommen verbunden. **396**

2. Regionale und bilaterale Wirtschaftskooperation

Außer diesen in den institutionellen Rahmen der Welthandelsorganisation (WTO) fallenden Verträgen sind *Abkommen zur regionalen Wirtschaftskooperation* von großer Bedeutung. Ein einzigartiger Grad an Integration ist im Rahmen der Europäischen Gemeinschaften verwirklicht, die mit der Europäischen Freihandelsassoziation zum Europäischen Wirtschaftsraum verbunden sind. Auf dem amerikanischen Kontinent kommen die durch das North American Free Trade Agreement (NAFTA) zwischen den Vereinigten Staaten, Mexiko und Kanada vereinbarte Freihandelszone sowie der verschiedene lateinamerikanische Staaten zusammenfassende MERCOSUR hinzu, die jedoch in ihrem Integrationsgrad keinesfalls an die Europäischen Gemeinschaften heranreichen. Andere regionale wirtschaftliche Zusammenschlüsse, wie zum Beispiel die **397**

Wirtschaftsgemeinschaft Westafrikanischer Staaten (ECOWAS) und die Asiatisch-Pazifische-Wirtschaftliche-Kooperation (APEC), sind ebenfalls nicht mit den Europäischen Gemeinschaften vergleichbar.

398 An *bilateralen Abkommen* sind insbes. die zahlreichen Freundschafts-, Handels- und Schifffahrtsverträge zu nennen, in denen oft das Niederlassungsrecht der jeweiligen Staatsangehörigen und deren Rechtsstellung im Gaststaat besonders geschützt sind. Viele dieser Verträge enthalten Meistbegünstigungsklauseln, die dem Vertragspartner die gleichen Vorteile wie irgendeinem anderen Staat garantieren. Von erheblicher Bedeutung sind weiterhin bilaterale Investitionsschutzabkommen.

3. Internationales Enteignungsrecht und Investitionsschutz

399 Die *Enteignung von Ausländern* muss dem fremdenrechtlichen Mindeststandard genügen. Dementsprechend ist sie nur dann zulässig, wenn sie einem öffentlichen Zweck dient, keinen diskriminierenden Charakter hat und mit einer Entschädigung verbunden ist. Zum enteignungsfähigen Vermögen zählen etwa Immobilien, bewegliche Sachen, Bankguthaben, Anteile an Gesellschaften und bestimmte Nutzungsrechte wie Erdölkonzessionen. Umstritten ist, ob und ggf. unter welchen Umständen die Verletzung eines privatrechtlichen Vertrages, den ein Staat mit einem ausländischen Unternehmen abgeschlossen hat, eine Enteignung darstellen kann (*M. Herdegen,* Internationales Wirtschaftsrecht, 3. Aufl. 2002, S. 220 f.).

400 Da die Höhe der nach Völkerrecht zu zahlenden Enteignungsentschädigung streitig und mit Ungewissheiten verbunden ist (s.o. Kap. 9, V. 2. d)), suchen sich die Investoren durch Aufnahme sog. *Stabilisierungs- und Internationalisierungsklauseln* in dem Vertrag mit dem Gaststaat abzusichern. Eine Stabilisierungsklausel untersagt dem Gaststaat einseitige Änderungen vertraglicher Ansprüche; die Internationalisierungsklausel soll die Wirksamkeit der Stabilisierungsklausel durch Verweis auf das Völkerrecht gewährleisten. Die Wirkung derartiger Klauseln und die Rechtsnatur von Verträgen zwischen Staaten und ausländischen Unternehmen ist höchst umstritten (vgl. *M. Herdegen,* Internationales Wirtschaftsrecht,

3. Aufl. 2002, S. 232 f.). Folglich sind international operierende Unternehmen nach wie vor auf den Schutz völkerrechtlicher Investitionsschutzabkommen zwischen dem Heimatstaat des Unternehmens und dem Staat der Investition angewiesen.

Zur *Versicherung „nichtkommerzieller" Investitionsrisiken* und zur **401** Förderung des Kapitaltransfers in Entwicklungsländer wurde die Multilaterale Investitions-Garantie-Agentur (MIGA) geschaffen (ILM, Bd. 24, 1985, S. 1598–1638). Versicherungsfähig sind Risiken des Währungstransfers (im Hinblick auf mögliche Beschränkungen des Gaststaates), Enteignungsrisiken mit Ausnahme nichtdiskriminierender Enteignungen im Rahmen der Wirtschaftsregulierung, Risiken des Vertragsbruchs sowie schließlich Risiken des Krieges und ziviler Unruhen (Art. 11 lit. a)). Regelungen des Steuerrechts, der Gefahrenabwehr und des Umweltschutzes sind als wirtschaftsregulierende Maßnahmen danach nicht versicherungsfähig (*M. Herdegen*, Internationales Wirtschaftsrecht, 3. Aufl. 2002, S. 244).

III. Institutionen des Weltwirtschaftsrechts

1. Die Entwicklung des GATT von 1947 bis 1994

Auf Initiative der Vereinigten Staaten berief der Wirtschafts- und **402** Sozialrat der Vereinten Nationen nach dem Zweiten Weltkrieg mehrere Konferenzen über Handel und Beschäftigung ein. Ziel war es, parallel zur Reorganisation des internationalen Währungswesens (mit Schaffung des Internationalen Währungsfonds und der Weltbank) eine *Reorganisation und Liberalisierung des internationalen Handels* zu erreichen. Die schon damals angestrebte Internationale Handelsorganisation ließ sich allerdings erst 1994 mit der WTO verwirklichen. 1947 kam es lediglich im Kontext viel ambitionierterer Bestrebungen zur Unterzeichnung des *Allgemeinen Zoll- und Handelsabkommens (GATT)*, welches aufgrund eines Protokolls über seine vorläufige Anwendung zum 1. Januar 1948 Bedeutung erlangte. Dieses GATT '47 entwickelte sich allerdings im Laufe der Zeit faktisch zu einer internationalen Organisation.

Um die Ausweitung des freien Welthandels weiter voranzutreiben, **403** führten die Vertragsstaaten in periodischen Abständen *Handelsrun-*

den durch, deren achte, die sog. Uruguay-Runde schließlich im Jahre 1994 zur Gründung der *Welthandelsorganisation (WTO)* führte.

2. Die WTO

404 Die im Rahmen der Uruguay-Runde vereinbarte und Anfang 1995 errichtete WTO stellt den *institutionellen Rahmen der* vereinbarten *Welthandelsordnung* dar. Sie ist folgendermaßen organisiert: Die sich mindestens alle zwei Jahre treffende Ministerkonferenz ist das höchste Organ. Sie setzt sich aus Vertretern der Mitgliedstaaten auf Ministerebene zusammen und ist letztverantwortlich für das Funktionieren der WTO. Die Bewältigung der zwischen den regulären Sessionen anfallenden Arbeiten obliegt dem aus Delegierten der Mitgliedstaaten bestehenden Allgemeinen Rat, der zusammen tritt, wann immer dies zweckdienlich ist (Art. IV Rahmenübereinkommen WTO). Der Generaldirektor führt die Beschlüsse der Ministerkonferenz und des Allgemeinen Rates aus und ist gleichzeitig Vorsitzender des Sekretariats. Die Hauptaufgaben des Sekretariats sind die Vorbereitung und Durchführung von Verhandlungen zwischen den WTO-Mitgliedstaaten, die Beratung der Handelspartner, die Analyse, Darstellung und Veröffentlichung der Welthandelsentwicklung sowie die Organisation der Schiedsverfahren. Sein Sitz ist Genf.

3. Weltbankgruppe und Internationaler Währungsfonds

405 Aufgabe der *Internationalen Bank für Wiederaufbau und Entwicklung* war zunächst die Unterstützung des wirtschaftlichen Aufbaus nach dem Zweiten Weltkrieg. Inzwischen liegt der Schwerpunkt ihrer Tätigkeit in der Förderung der Entwicklung wirtschaftsschwacher Länder. Zu diesem Zweck vergibt die Weltbank Projektdarlehen an die Mitgliedsstaaten. Daneben fördert sie die Darlehensgewährung durch andere Institutionen, beispielsweise durch die Übernahme von Bürgschaften oder die Beteiligung an Krediten. Zusammen mit ihren beiden Schwesterorganisationen, der Internationalen Entwicklungsorganisation und der Internationalen Finanzkorporation, bildet die Weltbank die sog. Weltbankgruppe. Vorbedingung für die Mitgliedschaft bei der Weltbank ist die Mitgliedschaft beim

Internationalen Währungsfonds (Art. II Abschnitt 1 des Abkommens über die Weltbank).

Dem *Internationalen Währungsfonds* wurde die Aufgabe übertragen, die Wechselkurse der Mitgliedstaaten zu überwachen (Art. IV **406**
Abschnitt 3 des Abkommens über den Internationalen Währungsfonds). Heute liegt seine wichtigste Aufgabe darin, Mitgliedstaaten bei Zahlungsbilanzdefiziten zu helfen und so die internationale Liquidität zu sichern. Jedes Mitglied ist durch eine bestimmte Quote an einem „Währungspool" beteiligt, aus dem diese Hilfe durch Vergabe von Sonderziehungsrechten (Special Drawing Rights) erfolgen kann (*M. Herdegen,* Internationales Wirtschaftsrecht, 3. Aufl. 2002, S. 257 f.). Der Internationale Währungsfonds leistet eine derartige Finanzhilfe regelmäßig unter bestimmten „Auflagen", wie zum Beispiel Abbau der Subventionen auch von Grundnahrungsmitteln oder effektiver Inflationsbekämpfung, die innerhalb der Entwicklungsländer schon zu heftiger Kritik geführt haben. Zwar stellen diese „Auflagen" oder Bedingungen keine Vertragspflichten dar, aber ihre Nichterfüllung hindert weitere Anleihen beim Internationalen Währungsfonds, so dass ein erheblicher Erfüllungsdruck erzeugt wird.

Eine *Besonderheit* bei Weltbank und Internationalem Währungs- **407**
fonds ist die Durchbrechung des Prinzips: ein Staat, eine Stimme durch entsprechend den Anteilen bzw. Quoten zugunsten finanzkräftigerer Staaten gewichteter Stimmrechte. Die Entscheidungsgewalt dieser Organisationen liegt folglich im wesentlichen in den Händen der westlichen Staaten und Japans.

IV. Streitbeilegung auf dem Gebiet des Internationalen Wirtschaftrechts

1. Streitbeilegung im Rahmen der WTO

Ein *Streitschlichtungsverfahren* gab es bereits im Rahmen des alten **408**
GATT. Im Rahmen der WTO wurde dieses Verfahren justizförmig ausgestaltet. Während unter dem GATT '47 ad hoc zusammengesetzte Expertengruppen entschieden, wurde nun ein Schiedsgericht (Dispute Settlement Body, DSB) und eine Rekursinstanz (Appelate

Body) geschaffen. Das Schiedsgericht muss innerhalb von sechs Monaten entscheiden, in dringenden Fällen innerhalb von drei Monaten. Diese Entscheidung ist aber weder endgültig, noch verbindlich. Es handelt sich um einen Vorschlag zuhanden des WTO-Streitschlichtungsorgans, einer Arbeitsgruppe des aus Delegierten der Mitgliedstaaten bestehenden Allgemeinen Rates. Der Vorschlag des DSB gilt als angenommen, wenn ihn das Streitschlichtungsorgan nicht innerhalb von 60 Tagen einstimmig ablehnt und keine der betroffenen Parteien Rekurs ankündigt. Eine Entscheidung der Rekursinstanz wird ebenfalls verbindlich, es sei denn das Streitschlichtungsorgan, d.h. der aus Staatenvertretern bestehende Allgemeine Rat, lehnt sie im Konsens ab. Dieses Verfahren des „negativen Konsenses" bewirkt, dass die Entscheidungen der Panels und der Berufungsinstanz quasi immer verbindlich werden. Es handelt sich um eine sehr bedeutende Fortentwicklung des bisherigen Verfahrens, und zwar im Sinne einer Verrechtlichung der Streitbeilegung. Das Streitschlichtungsorgan überwacht die Befolgung der Entscheidung und kann nötigenfalls Vergeltungsmaßnahmen zulassen. (*E.-U. Petersmann,* The GATT/WTO Dispute Settlement System, 1997).

Bekannte Verfahren vor den Instanzen der WTO sind beispielsweise die Streitigkeiten zwischen den Vereinigten Staaten und der Europäischen Union über den Import von Bananen aus den AKP-Staaten sowie über den Import von hormonbehandeltem Rindfleisch. Auch das Verhältnis von Umweltschutzstandards und dem Prinzip des unbeschränkten Handels gewinnt zunehmend an Aktualität, auch innerhalb der WTO.

2. Übereinkommen zur Beilegung von Investitionsstreitigkeiten zwischen Staaten und Angehörigen anderer Staaten

409 Auf der Grundlage des Übereinkommens zur Beilegung von Investitionsstreitigkeiten zwischen Staaten und Angehörigen anderer Staaten wurde das *Internationale Zentrum zur Beilegung von Investitionsstreitigkeiten (ICSID)* errichtet. „Zweck des Zentrums ist es, ... Vergleichs- und Schiedseinrichtungen zur Beilegung von Investitionsstreitigkeiten zwischen Vertragsstaaten und Angehörigen anderer Vertragsstaaten zur Verfügung zu stellen" (Art. 1 Abs. 2).

Das ICSID bildet also den Rahmen für die Durchführung von Schiedsverfahren zwischen Staaten und Investoren bei beidseitiger Unterwerfung unter die Zuständigkeit des Zentrums. Es handelt sich um eine *„gemischte" Schiedsgerichtsbarkeit* in dem Sinne, dass hier einerseits private Streitparteien beteiligt sind und andererseits das Verfahren völkerrechtlich abgesichert ist. Als völkerrechtliches Regime nimmt dieses Verfahren dem privaten Investor das Risiko, welches mit der Unterwerfung unter das Verfahrensrecht seines staatlichen Vertragspartners verbunden wäre. Nicht eindeutig festgelegt ist allerdings das im Rahmen des ICSID anzuwendende materielle Recht. In dem Übereinkommen heißt es: „Das Gericht entscheidet die Streitigkeit gemäß den von den Parteien vereinbarten Rechtsvorschriften. Liegt eine solche Vereinbarung nicht vor, so wendet das Gericht das Recht des Vertragsstaats, der Streitpartei ist, – einschließlich seines internationalen Privatrechts – sowie die einschlägigen Regeln des Völkerrechts an" (Art. 42 Abs. 1). Diplomatischen Schutz darf der Heimatsstaat des privaten Investors erst dann ausüben, wenn ein vereinbartes ICSID-Verfahren abgeschlossen ist und der Vertragsstaat den in der Streitsache erlassenen Schiedsspruch nicht befolgt (Art. 27).

Lit. zu II. bis IV.: *M. Herdegen,* Internationales Wirtschaftsrecht, 3. Aufl. 2002; *J. H. Jackson,* The World Trading System, 2. Aufl. 1997; *J. Kokott,* Interim Report on „the Role of Diplomatic Protection of Foreign Investment", in: Report of the 70th Conference, New Delhi, India, (2002, S. 259–277); *R. Senti/P. Conlan,* WTO – Regulation of World Trade after the Uruguay Round, 1998; *D. Vagts,* International Economic Transactions, 1998.

15. Kapitel

Exkurs – Die Auswärtige Gewalt im Verfassungsrecht

I. Einführung

410 Jede staatliche Verfassung enthält Regelungen darüber, welches Staatsorgan zu Entscheidungen über die Ausgestaltung der Beziehungen zu anderen Völkerrechtssubjekten zuständig ist. Wie zu zeigen ist, können auch mehrere Staatsorgane diese *Zuständigkeit* für bestimmte Belange innehaben, sei es einzeln oder auch gemeinsam.

411 Die Frage nach der *verfassungsrechtlichen* Zuständigkeit ist von der völkerrechtlichen Frage zu trennen, wer auf der *internationalen* Ebene für den Staat als Handlungsberechtigter erscheint. Das Völkerrecht enthält heute recht klare Hinweise darauf, dass sich ein Staat die Handlungen bestimmter Staatsorgane zurechnen lassen muss, auch wenn diese nach ihrem Verfassungsrecht ihre *Kompetenzen überschritten* haben sollten. Nur wenn für jeden anderen Staat evident ist, dass eine kompetenzgemäße Ausübung der Staatsgewalt nicht vorliegen kann, tritt eine Bindung an solche Akte nicht ein. So ist der Wiener Vertragsrechtskonvention zu entnehmen, dass ein Staat sich regelmäßig die Handlungen der folgenden *Staatsorgane* zurechnen lassen muss (Art. 7 Abs. 2 WVK): Staatsoberhaupt, Regierungschef, Außenminister und für begrenzte Tätigkeit, nämlich zur Annahme des Textes eines Vertrages, auch die Chefs diplomatischer Missionen. Die genannten Staatsorgane bedürfen keiner besonderen Vollmacht durch ihren Heimatstaat zum Nachweis ihrer Zuständigkeit. Auch wenn sich diese Regelung ausdrücklich nur auf den Abschluss von Verträgen bezieht, kann sie doch auf alle eine Bindungswirkung erzeugenden Erklärungen von Staatsvertretern angewendet werden.

412 Die *innerstaatliche, verfassungsrechtliche Kompetenzverteilung* kann durchaus anders, insbes. subtiler ausgestaltet sein und ist das auch meistens. Sie bestimmt sich danach, inwieweit die Staatsorgane auf diesem Gebiet über Autonomie verfügen oder inwieweit sie im Rahmen der Gewaltenteilung voneinander abhängig sind.

Die folgende Betrachtung über die *verfassungsmäßigen Zuständigkeiten von Staatsorganen auf dem Gebiet der sog. auswärtigen Gewalt* sind an den Rechtsordnungen der Vereinigten Staaten und der Bundesrepublik Deutschland orientiert.

II. Bundeskompetenz und Landeskompetenz

Die Verfassung von Bundesstaaten muss notwendigerweise Regelungen darüber enthalten, inwieweit die *Mitgliedstaaten des Bundes* an der Kompetenz zur Entscheidung in auswärtigen Angelegenheiten teilhaben oder gar allein zuständig sind, über ihre eigenen Beziehungen zu fremden Staaten zu entscheiden. Hierbei spielt natürlich eine wesentliche Rolle, dass auf der internationalen Ebene *nur der Bund als Völkerrechtssubjekt* auftreten kann. Der Bund haftet für völkerrechtswidriges Verhalten seiner Mitgliedstaaten (ILC, Draft Articles on Responsibility of States for International Wrongful Acts v. 31. Mai 2001, UN-Doc. A/CN4/L.602/Rev.1 v. 26. Juli 2001). Dennoch ist aus Gründen des Völkerrechts ein Bundesstaat nicht gehindert, seinen Mitgliedstaaten gewisse Kompetenzen in auswärtigen Angelegenheiten einzuräumen. Er kann sie zum Beispiel zum Vertragsschluss mit fremden Staaten ermächtigen, falls diese auch bereit sind, einen solchen Mitgliedstaat des Bundes als Partner zu akzeptieren. **413**

Die *Verfassung der Vereinigten Staaten* ist sehr zurückhaltend hinsichtlich solcher Kompetenzen der Mitgliedstaaten. Man ging dort immer davon aus, dass der Bund als Inhaber der Souveränität grundsätzlich zuständig sei. Die Einzelstaaten können ohne Zustimmung des Kongresses keine Verträge mit auswärtigen Staaten abschließen, Zölle erheben, Armeen halten oder Krieg führen, um nur einige Gesichtspunkte zu nennen. Ausdrücklich (Art. I, § 10) verbietet die Verfassung den Einzelstaaten das Eingehen von Bündnissen und Allianzen. In vielen Fällen weist die Amerikanische Verfassung dem Bund ausdrücklich Gesetzgebungszuständigkeiten, beispielsweise zur Regelung des Außenhandels und der Einwanderung, zu. Die Vorrangklausel gewährleistet, dass sowohl auf dieser Grundlage erlassene Gesetze als auch internationale Verträge die Staaten als innerstaatliches Recht binden (Art. VI). Die Mitgliedstaaten des Bundes dürfen sich dazu nicht in Widerspruch setzen, selbst wenn **414** ihre Gesetzgebungszuständigkeit in der Materie ohne entsprechende Bundesgesetzgebung oder internationalen Vertrag bestehen würde. Auch ohne direkten Widerspruch kann eine abschließende bundesgesetzliche Regelung vorliegen, die eine Gesetzgebung der Länder in dem entsprechenden Bereich ausschließt. Weiterhin kann sich die Unzuständigkeit der Einzelstaaten aus der Natur der Sache ergeben. Die Einzelstaaten dürfen die auswärtigen Beziehungen weder stören noch dürfen sie die Ziele eines von den Vereinigten Staaten abgeschlossenen internationalen Vertrages konterkarieren, selbst wenn ihr Handeln dem Vertrag nicht unmittelbar widerspricht. Wenn zweifelhaft ist, ob einzelstaatliche Maßnahmen, auch wenn sie nicht direkt die Bundeszuständigkeit berühren, doch der Sache nach dem Bund vorbehalten bleiben sollen, hat die Rechtsprechung gewisse Prüfungsmaßstäbe entwickelt. Danach kommt es darauf an, ob die begrenzte demokratische Legitimation durch die Bevölkerung nur eines Einzelstaates eine politische Entscheidung in der Sache rechtfertigen kann, ob die Information in der Sache, um die es geht, dem einzelstaatlichen Organ zugänglich ist und ob ein Nachteil bei falscher Entscheidung nur den Einzelstaat oder den Bund treffen würde.

415 In der *Bundesrepublik Deutschland* hat diese Abgrenzung zwischen Bundes- und Landeszuständigkeit in auswärtigen Angelegenheiten eine ausdrückliche verfassungsrechtliche Regelung gefunden. In Art. 32 Abs. 1 GG heißt es, „Die Pflege der Beziehung zu auswärtigen Staaten ist Sache des Bundes“. Damit ist eine grundsätzliche Kompetenzentscheidung getroffen. Darüber hinaus bestimmt Art. 73 Ziff.1 GG, dass die „auswärtigen Angelegenheiten“ zur ausschließlichen Gesetzgebungszuständigkeit des Bundes zählen. Da so der Bund die Zuständigkeit hat, mit anderen Völkerrechtssubjekten Verträge zu schließen, hat sich immer die Frage gestellt, ob hierbei auch Vereinbarungen über Materien getroffen werden dürfen, deren sachliche Regelung zur Gesetzgebungszuständigkeit der Länder gehört. Die Bundesregierung hat dieser Auffassung zugeneigt, während die Landesregierungen dem widersprochen haben. Bund und Länder haben sich daher auf einen Kompromiss geeinigt und vereinbart, dass die Frage offen bleiben soll (sog. Lindauer Abkommen, vgl. *R. Streinz*, Art. 32, Rdn. 35–42, in: M. Sachs (Hrsg.),

Grundgesetz Kommentar, 3. Aufl. 2003). Dabei darf nicht übersehen werden, dass der Bund völkerrechtliche Verträge, deren Gegenstand der Gesetzgebungshoheit der Länder unterliegt, im innerstaatlichen Recht nicht ohne deren Mitwirkung durchsetzen kann. Vor Abschluss eines völkerrechtlichen Vertrages durch den Bund muss ein Land dann gehört werden, wenn der Vertrag seine „besonderen Verhältnisse" berührt (Art. 32 Abs. 2 GG).

Die *deutschen Länder* können im Bereich ihrer Gesetzgebungszu- **416**
ständigkeit *völkerrechtliche Verträge* mit fremden Staaten abschließen (Art. 32 Abs. 3 GG). Solche Verträge bedürfen allerdings der *Zustimmung der Bundesregierung*, die nach Ermessensgrundsätzen erteilt oder verweigert werden kann. Dadurch werden die Länder zwar nicht zu souveränen Völkerrechtssubjekten, aber immerhin zu völkerrechtlichen Vertragspartnern der fremden Staaten. Der Bund haftet dann nach verbreiteter Auffassung ebenfalls für die Einhaltung eines solchen Vertrages. Das lässt sich auf Grund seiner Zustimmung begründen.

Lit. zu II.: *R. Geiger,* Grundgesetz und Völkerrecht, 3. Aufl. 2002, S. 119–127; *L. Henkin,* Foreign Relations Power, EPIL, Bd. II, 1995, S. 446–450; *ders.,* Foreign Affairs and the United States Constitution, 2. Aufl. 1997; *W. Rudolf,* Federal States, EPIL, Bd. II, 1995, S. 362–375.

III. Gewaltenteilung und auswärtige Gewalt

1. Allgemeine Regierungskompetenzen im Bereich der auswärtigen Gewalt

Meist ist die *Regierung* in einem umfassenden Sinne für die aktive **417**
Gestaltung der Beziehungen zu anderen Völkerrechtssubjekten zuständig. Doch ist sie, insbes. in Staaten, deren Verfassung dem Grundsatz der Gewaltenteilung folgt, in mancher Beziehung auf die *Mitwirkung anderer Staatsorgane*, etwa des Parlaments, angewiesen oder deren Kontrolle unterworfen. Auch kann die Regierung grundsätzlich die von der Verfassung dem Parlament übertragene Gesetzgebungszuständigkeit nicht unter Berufung auf ihre „Prärogative" in auswärtigen Angelegenheiten einschränken, soweit die Verfassung diese Möglichkeit nicht vorsieht. Hierauf ist bei der Vertragsschließungskompetenz zurückzukommen. Nicht alle we-

sentlichen Fragen in diesem Bereich sind ausdrücklich in der Verfassung geregelt, viele wurden nur durch deren Interpretation geklärt. Dabei spielte und spielt die Gerichtsbarkeit eine entscheidende Rolle.

418 Obwohl gem. *Art. I der Verfassung der Vereinigten Staaten* einige Zuständigkeiten zur Regelung der Beziehung zu auswärtigen Staaten, zum Beispiel der Handelsbeziehungen (§ 8, Ziff. 3), der gesetzgebenden Gewalt des Kongresses übertragen sind, liegt doch die umfänglichere und wesentliche Zuständigkeit bei der Regierung. Art. II nennt einige wenige spezifische Zuständigkeiten. So ist der Präsident ausdrücklich ermächtigt, Botschafter zu empfangen und zu ernennen und Verträge mit der Zustimmung von zwei Dritteln des Senats abzuschließen (§§ 2 und 3). Alle anderen Befugnisse des Präsidenten im Bereich der auswärtigen Gewalt werden aus dem ersten Satz des Art. II abgeleitet, der ihm ausdrücklich die Regierungsgewalt überträgt, was auch gerade für die auswärtige Gewalt gilt. Der Umfang der auswärtigen Gewalt beruht letztlich auf einer Gesamtsicht der Regierungsmacht, wie sie als notwendig zur Erfüllung umfassender Aufgaben erscheint. Der Inhalt dieser allgemeinen Regierungsmacht wird weitgehend aus der bisherigen Übung abgeleitet, oft als Folge von Meinungsverschiedenheiten zwischen der Exekutive und der Legislative in Bezug auf die Kompetenz zur Ausübung eines bestimmten Teils der auswärtigen Gewalt.

419 Die Entscheidung des Obersten Gerichtshofs im sog. *Steel Seizure case* (343 U.S. 579, 1952) zeigt eindringlich die Dynamik des Verfassungsrechts. Als die amerikanische Stahlindustrie einen Streik nicht mehr verhindern konnte, ordnete Präsident Truman die Beschlagnahme und Zwangsverwaltung der Stahlwerke ohne ausdrückliche gesetzliche Grundlage, aber unter ausdrücklichem Hinweis auf die Notwendigkeiten des Krieges an. Der Oberste Gerichtshof der Vereinigten Staaten bestätigte eine gegen die Anordnung des Präsidenten gerichtete einstweilige Anordnung. Es fehle an der gesetzlichen Ermächtigungsgrundlage; möglicherweise verbiete darüber hinaus der Taft Hardley Act implizit derartige Anordnungen. Der konkurrierende Richter Jackson legte die folgenden Grundsätze nieder: -Wenn der Präsident auf Grund einer ausdrücklichen oder konkludenten Ermächtigung des Kongresses handelt, ist seine Zuständigkeit am größten. Sie umfasst dann alles, was er allein oder auf Grund einer Ermächtigung entscheiden kann. Wenn eine solche Entscheidung dennoch für verfassungswidrig gehalten wird, fehlt gewöhnlich die Verbands-, nicht die Organkompetenz. – Handelt der Präsident ohne Mitwirkung des Kongresses, kann er sich nur auf seine eigene autonome Zuständigkeit berufen, aber es gibt einen ungeklärten Bereich, in dem er und der Kongreß konkurrierende Zuständigkeit haben mögen oder wo die Gewaltenteilung ungewiss ist . . . Hier sind im konkreten Fall wahrscheinlich eher die Zwänge der Ereignisse und die Unwägbarkeiten der konkreten Situation als abstrakte Rechtstheorien maßgeblich. – Wenn der Präsident schließlich Maßnahmen ergreift, die unvereinbar mit dem ausdrücklichen oder impliziten Willen des Kongresses sind, ist seine Macht am geringsten. Er kann sich dann nur auf seine eigenen verfassungsmäßigen Befugnisse unter Abzug der verfassungsmäßigen Befugnisse des Kongresses in dem betreffenden Bereich berufen. Die Gerichte können in einem solchen Fall die ausschließliche Kontrolle des Präsidenten nur durch Ausschluss des Kongresses von dieser Materie aufrechterhalten.

Im *Streitfall USA gegen Iran*, als Gläubiger des Iran geltend mach- **420**
ten, der Präsident habe ihre Forderungen unrechtmäßig im Rahmen des Abkommens über die Freilassung der amerikanischen Geiseln annuliert, bediente sich der Oberste Gerichtshof einer modifizierten und zusätzlichen Argumentation. Unter Bezugnahme auf den Steel Seizure case (s.o.) folgerte der Gerichtshof, dass die Maßnahme der Regierung gültig sei. Er verwies dabei auf die schon lange akzeptierte Praxis der Regelung und Beilegung internationaler Forderungen durch den Präsidenten (Dames & Moore v. Regan, 453 U.S. 654, 1981).

Mangels einer einschlägigen gesetzlichen Grundlage entschied der Gerichtshof, dass der allgemeine Tenor eines speziellen Notstandsgesetzes (International Emergency Powers Act, 50 U.S.C. § 1701 ff.) die Praxis der Regelung von Ansprüchen durch Abkommen der Exekutive stillschweigend billige. Der Gerichtshof anerkannte die Existenz eines abgestuften Zusammenspiels zwischen Legislative und Exekutive, von der ausdrücklichen Zustimmung bis zu einer inhärenten Befugnis der Exekutive, als flexibles Konzept. Es handelt sich weniger um juristische Definitionen oder auch nur die Synthese von Ergebnissen bereits entschiedener Fälle. Die auswärtige Gewalt in den Vereinigten Staaten bestimmt sich vielmehr auf Grund eines anlassbezogenen Zusammenspiels der Gewalten.

421 Die Regierungsbefugnisse nach der *Verfassung der Bundesrepublik Deutschland* sind zwar auch nicht exakt bestimmt, aber doch etwas klarer dem Verfassungstext zu entnehmen als in den Vereinigten Staaten. In Art. 59 Abs. 1 GG heißt es, dass der Bundespräsident den Staat völkerrechtlich vertritt. Hierbei handelt es sich aber nicht um eine eigene Entscheidungsbefugnis des Bundespräsidenten in auswärtigen Angelegenheiten. Vielmehr hat er formell das zu vollziehen, wozu der Bundeskanzler ihn auffordert, denn dieser ist allein zuständig für die Bestimmung der Richtlinien der Politik (Art. 65 GG), einschließlich der Außenpolitik. Die sachliche Entscheidung trifft also der Bundeskanzler. Dieser ist zuständig, alle Regierungshandlungen mit Bezug zu auswärtigen Angelegenheiten vorzunehmen bzw. sie an ein Mitglied der Regierung, insbes. den Außenminister, zu delegieren. Die Behörden von Bund und Ländern sind verfassungsrechtlich zur Unterstützung der Bundesregierung verpflichtet (*T. Stein,* Amtshilfe in auswärtigen Angelegenheiten, 1975). Die gesetzgebenden Körperschaften wirken nur insoweit mit, als die Verfassung das vorsieht, z.B. bei dem Abschluss bestimmter völkerrechtlicher Verträge, der noch zu behandeln ist.

422 Auch unter der Geltung des Grundgesetzes bedarf die Regierung für manche Akte in auswärtigen Angelegenheiten der *Zustimmung des Parlaments*, wenn diese von besonderem Gewicht sind. Zunächst außerhalb der auswärtigen Gewalt hat das Bundesverfassungsgericht die sog. Wesentlichkeitstheorie entwickelt. Danach ist die Regelung „wesentlicher" und das heißt insbes. grundrechtsrelevanter Fragen dem formellen Gesetze vorbehalten. Für einen speziellen und hochpolitischen Bereich, nämlich den Einsatz bewaffneter Streitkräfte, hat das Bundesverfassungsgericht auf Grund einer Gesamtschau des Grundgesetzes und unter maßgeblichem Rückgriff auf die deutsche Verfassungsgeschichte den Grundsatz des Parlamentsvorbehalts statuiert. Während die auswärtige Gewalt von der Verfassung weitgehend dem Kompetenzbereich der Exekutive zugeordnet werde, sähen die grundgesetzlichen Regelungen über die Wehrverfassung für den Einsatz bewaffneter Streitkräfte grundsätzlich eine Beteiligung des Parlaments vor (BVerfGE 90, 286, 381). Das Grundgesetz verpflichte „die Bundesregierung, für einen Einsatz bewaffneter Streitkräfte die – grundsätzlich vorherige – konstitutive Zustimmung des Deutschen Bundestages einzuholen." Es sei „Sache des Gesetzgebers, jenseits der im Urteil dargelegten Mindestanforderungen und Grenzen des Parlamentsvorbehalts für den Einsatz bewaffneter Streitkräfte die Form und das Ausmaß der parlamentarischen Mitwirkung näher auszugestalten." „Akte der auswärtigen Gewalt, die vom Tatbestand des Art. 59 Abs. 2 Satz 1 GG nicht erfasst werden, sind grundsätzlich dem Kompetenzbereich der Regierung zugeordnet. Art. 59 Abs. 2 Satz 1 GG kann nicht entnommen werden, dass immer dann, wenn ein Handeln der Bundesregierung im völkerrechtlichen Verkehr die politischen Beziehungen der Bundesrepublik Deutschland regelt oder Gegenstände der Bundesgesetzgebung betrifft, die Form eines der gesetzgeberischen Zustimmung bedürftigen Vertrages gewählt werden muss." (BVerfGE 90, 286, 287). Für den Einsatz bewaffneter Streitkräfte bedarf es also eines Zusammenwirkens von Exekutive und Legislative. Es bedarf aber nicht eines förmlichen Gesetzes, sondern das Parlament kann atypischerweise durch verbindlichen, schlichten Parlamentsbeschluss handeln.

2. Die „political question doctrine"

Sowohl in den Vereinigten Staaten als auch in der Bundesrepublik ist immer wieder die Frage gestellt worden, ob sich bestimmte Fragen, insbes. im Bereich der auswärtigen Gewalt der Justitiabilität entziehen, d.h. ob wirklich ein oberstes Gericht hochpolitische Fragen letztverbindlich entscheiden kann und soll (*T. Franck,* Political Questions – Judicial Answers, Does the Rule of Law Apply to Foreign Affairs?, 1992). In den Vereinigten Staaten spricht man von dem *Problem der „political questions"*, in der Bundesrepublik vom *justizfreien Hoheitsakt.* **423**

Im amerikanischen Recht wurde die folgende Auffassung entwickelt. Es bestehe ein verständliches Zögern der Rechtsprechung, ihre eigenen Entscheidungen über die Kompetenzverteilung an die Stel- **424** le der Entscheidungen der politischen Organe zu setzen, da eine abstrakte und nur dogmatische Sicht das reibungslose Zusammenwirken der Staatsorgane stören könne. Man solle diese Abgrenzung den Organen selbst und ihren Erfahrungen anvertrauen. Andererseits entziehe sich auch nicht jede dieser Abgrenzungsfragen gerichtlicher Entscheidung. Der Leitentscheidung zur „political question doctrine“ lassen sich folgende Kriterien entnehmen: Keine Justitiabilität liege vor, wenn der Verfassungstext erkennen lasse, dass die Entscheidung der Frage gleichgeordneten politischen Staatsorganen zugeordnet ist; wenn es an für Gerichte ermittelbaren und anwendbaren Entscheidungsmaßstäben fehlt; wenn eine Entscheidung ohne eine jenseits richterlicher Befugnisse liegende politische Prioritätensetzung nicht möglich ist; wenn sich Unzuträglichkeiten auf Grund unterschiedlicher Erklärungen verschiedener Staatsgewalten in der gleichen Angelegenheit ergeben können; oder wenn ansonsten Vorsicht oder Vernunftgründe gegen eine richterliche Entscheidung sprechen (*Baker* v. *Car,* 396 U.S. 186, 1962; s.a. *Goldwater* v. *Carter*, 444 U.S. 996, 1979, Sondervotum des *Richters Powell*). Unter Anwendung dieser Prinzipien führte ein amerikanisches Gericht aus, dass eine Klage, die wegen faktischer Enteignung eines Grundstücks für militärische Zwecke im Ausland erfolgte, nicht deswegen unzulässig sei, weil der Streitgegenstand nur politischer Beurteilung zugänglich sei. Streitigkeiten über Land seien schon früher gerichtlich entschieden worden. Die Streitfrage entziehe sich nicht richterlicher Erkenntnismöglichkeit und Vorsicht oder Vernunftgründe stünden einer gerichtlichen Entscheidung ebenfalls nicht entgegen (*Ramirez* v. *Weinberger,* 745 f. 2d 1500, D.C.Cir. 1984). Ansonsten aber sind die amerikanischen Gerichte eher zurückhaltend, wenn in einem Fall militärische Auseinandersetzungen betroffen sind.

425 Auch *in der deutschen Rechtsordnung* ist vielfach und schon unter der Geltung der Weimarer Reichsverfassung diskutiert worden, ob es Fragen, insbes. mit Bezug zu auswärtigen Angelegenheiten, gebe, die sich ihrer Natur nach gerichtsförmiger Entscheidung entziehen, weil ein Gericht dann u.U. die politische Beurteilung der Lage vornehmen müsse, die vernünftigerweise einem politischen Staatsorgan obliege.

Zu solchen Fragen zählte man, um ein *Beispiel* zu nennen, die Klage eines Ausländers gegen die Versagung der Einbürgerung. Es ging dabei nicht darum, ob eine solche Klage unbegründet, sondern ob sie schon wegen einer zu starken Überwachung politischen Ermessens der Regierung unzulässig sei. Unter der Herrschaft des Grundgesetzes wurde das Problem eindeutig gelöst. Unter Rückgriff auf Art. 19 Abs. 4 GG, der Gerichtsschutz für jeden Fall der Belastung des Einzelnen durch einen Akt der hoheitlichen Gewalt garantiert, lehnt die Rechtsprechung und die herrschende Lehre die Vorstellung ab, dass irgendeine Regierungshandlung dann, wenn eine Verletzung des Grundgesetzes nicht völlig ausgeschlossen erscheint, dem Gerichtsschutz entzogen sein könne. Selbst die Kompetenz des Bundeskanzlers zur Bestimmung der Richtlinien der Politik (Art. 65 GG) wird vom Bundesverfassungsgericht der Kontrolle unterzogen, wenn behauptet wird, dass sie die ihr vom Grundgesetz gezogenen Grenzen nicht eingehalten, d.h. ihre Durchführung das Grundgesetz verletzt habe (BVerfGE 36, 1). Nach dieser herrschenden Auffassung ist auch ein Streit zwischen Staatsorganen darüber, wer für die Ausübung der auswärtigen Gewalt zuständig sei, niemals der Kontrolle durch das Bundesverfassungsgericht entzogen (BVerfGE 69, 1). Eine political question-Doktrin im Sinne des amerikanischen Rechts wird für das deutsche Recht nicht vertreten, wenn auch im Bereich der auswärtigen Angelegenheiten die richterliche Kontrolldichte abgesenkt ist. (s. allg. *T. Giegerich,* Verfassungsgerichtliche Kontrolle der auswärtigen Gewalt im europäisch-atlantischen Verfassungsstaat: Vergleichende Bestandsaufnahme mit Ausblick auf die neuen Demokratien in Mittel- und Osteuropa, ZaöRV, Bd. 57, 1997, 409–564). **426**

3. Anerkennung fremder Staaten und Regierungen

Im Hinblick auf die Beziehungen zu fremden Staaten spielt die *Anerkennung von Staaten und Regierungen* eine besondere Rolle. Nach heute überwiegender Ansicht ist die Anerkennung von Staaten ein *deklaratorischer Akt*. Ein Staat ist vorhanden, wenn ein Staatsvolk auf einem Staatsgebiet unter der Herrschaft einer Staatsgewalt lebt und diese Staatsgewalt willens und in der Lage ist, die Regeln des Völkerrechts einzuhalten. Während früher eine verbrei- **427** tete Auffassung die Anerkennung eines solchen Staates durch dritte Staaten als notwendig zur Staatsentstehung erachtete und so der Anerkennung konstitutiven Charakter zubilligte, geht man heute davon aus, dass das Fehlen einer Anerkennung durch dritte Staaten die Entstehung des Staates nicht hindert. Der Grund für diesen Wandel der Auffassung mag in der Erstarkung des Selbstbestimmungsrechts der Völker und Nationen liegen, das in der Charta der Vereinten Nationen und den Menschenrechtspakten der Vereinten Nationen verbürgt ist und als zwingender Rechtssatz gilt. Wenn eine Nation das Recht hat, einen Staat zu bilden, kann es auf die Anerkennung durch andere Staaten nicht ankommen. Diese könnten sonst die Ausübung des Selbstbestimmungsrechts durch Nichtanerkennung verhindern. In Übergangssituationen, wenn Zweifel daran bestehen, ob eine neue effektive Staatsgewalt sich schon konstituiert hat, kann der Anerkennung allerdings doch eine gewisse konstitutive Wirkung zukommen (*S. Oeter,* Selbstbestimmungsrecht im Wandel, Überlegungen zur Debatte um Selbstbestimmung, Sezessionsrecht und „vorzeitige" Anerkennung, ZaöRV, Bd. 52, 1992, 741–780).

428 Von der Anerkennung von Staaten ist diejenige von Regierungen, etwa nach einem *Regierungswechsel* oder einer *grundlegenden Verfassungsänderung*, zu unterscheiden. Das Völkerrecht fordert eine solche Anerkennung einer neuen Regierung nicht, sondern überlässt sie sowie auch die Aufnahme diplomatischer Beziehungen dem politischen Ermessen der Staaten. Auch der Abbruch der diplomatischen Beziehungen stellt kein völkerrechtliches Delikt dar, auch wenn damit zum Ausdruck gebracht wird, dass zwischen den betreffenden Staaten Spannungen bestehen.

429 Im *Recht der Vereinigten Staaten* gehört es zur Kompetenz der Regierung, fremde Regierungen anzuerkennen, diplomatische Beziehungen aufzunehmen oder auch zu beenden. Man entnimmt diese Zuständigkeit mittelbar dem Art. II, § 3 der Verfassung, wo bestimmt ist, dass der Präsident fremde Botschafter beglaubigt und empfängt. Immerhin ist diese Kompetenz auch Gegenstand von Streitigkeiten vor dem Obersten Gerichtshof gewesen, wobei auch erwogen wurde, ob es sich um eine political question handle (*Goldwater* v. *Carter*, 444 U.S. 996, 1979). Auch im Recht der Bundesrepublik Deutschland geht man davon aus, dass diese Art der Anerkennung zur Zuständigkeit der Regierung gehört, wobei man auf die Zuständigkeit des Bundespräsidenten, auswärtige Gesandte zu beglaubigen und zu empfangen (Art. 59 Abs. 1 GG), als Argument nicht zurückgreift. Der Präsident hat zwar formell die Anerkennung auszusprechen, ist aber auch hier an die Entscheidung des Bundeskanzlers gebunden, der die Richtlinien auch der Außenpolitik bestimmt (*U. Fastenrath,* Kompetenzverteilung im Bereich der auswärtigen Gewalt, 1986, S. 200 ff.).

4. Vertragsschließungsbefugnis

In einem Verfassungssystem, das dem Grundsatz der Gewaltentei- **430**
lung folgt, ist die Frage immer von besonderer Bedeutung gewesen, welches Staatsorgan für den *Abschluss völkerrechtlicher Verträge* zuständig ist und ob diese *Zuständigkeit* von der Art des Vertrages abhängig sein kann. Das ist in den meisten Rechtsordnungen, insbes. der amerikanischen und der deutschen, der Fall. In der Verfassung der Vereinigten Staaten heißt es in Art. II, § 2, dass der Präsident völkerrechtliche Verträge abschließen kann, aber nur, wenn zwei Drittel der anwesenden Senatoren dem zustimmen. Ohne Zustimmung des Senats kann der Präsident sog. *executive agreements* mit fremden Staaten eingehen, d.h. ebenfalls völkerrechtlich verbindliche Abmachungen. Das ist dann zulässig, wenn ein früherer Vertrag oder ein Gesetz ihn dazu ermächtigt hat oder beide Häuser des Kongresses in sonstiger Weise zustimmen, oder er sich auf seine eigene verfassungsmäßige Kompetenz als Inhaber der auswärtigen Gewalt und der Kompetenz zur Gesetzesausführung im Sinne des Art. II, §§ 2 und 3 berufen kann. Bei der großen Mehrheit der von den Vereinigten Staaten abgeschlossenen völkerrechtlichen Vereinbarungen handelt es sich um solche executive agreements ohne Beteiligung des Senats. Immer aber muss beim Vertragsschluss die Verfassung im Übrigen beachtet werden (*Geofrey* v. *Riggs,* 133 U.S. 258, 267, 1890; *Santovicenzo* v. *Egan,* 284 U.S. 30, 40, 1931).

Die Unterscheidung zwischen *executive agreements* und Verträgen, **431**
die der Zustimmung des Senats bedürfen, ist im Einzelnen nicht völlig klar. Nach Auffassung der Regierung kommt es in Zweifelsfällen darauf an, in welchem Ausmaß der gesamte Staat durch die

internationale Vereinbarung gebunden wird, ob sie Rechte der Einzelstaaten berührt, ob sie *self-executing* (s. infra, Rdn. 442 ff.) wirkt, wie die bisherige Praxis in Bezug auf ähnliche Abkommen verlief, von den Präferenzen des Kongresses, ob ein sog. feierlicher Staatsvertrag beabsichtigt ist, von der voraussichtlichen Laufzeit und der allgemeinen Staatenpraxis im Zusammenhang mit derartigen Abkommen. Ergibt sich aus der früheren Praxis eine erhöhte Bedeutung des Vertrages, kann ein *executive agreement* nicht abgeschlossen werden. Regelmäßig soll der Präsident dem Kongress Mitteilung von dem Abschluss eines executive agreements machen, aber es bleibt ihm ein Ermessensspielraum bezüglich des Zeitpunkts.

432 Die Regeln des Grundgesetzes der *Bundesrepublik* ähneln denjenigen des amerikanischen Rechts in vieler Hinsicht. Sie sind allerdings im Text des Grundgesetzes klarer gefasst. Völkerrechtliche Verträge werden von der *Exekutive* abgeschlossen, bedürfen aber dann der *Zustimmung der gesetzgebenden Körperschaften*, wenn sie die politischen Beziehungen des Staates regeln oder sich auf Gegenstände der Bundesgesetzgebung beziehen (Art. 59 Abs. 2 GG). Während die zweite Alternative anhand der Gesetzgebungszuständigkeiten relativ klar abgegrenzt werden kann, war es zunächst schwierig, den *Begriff des politischen Vertrages* zu definieren. Das Bundesverfassungsgericht hat eine Begriffsbestimmung vorgenommen, die zwar ebenfalls völlige Eindeutigkeit nicht erreichte, aber doch Aufschluss gibt (BVerfGE 1, 380). Hiernach ist ein Vertrag dann im Sinne des Art. 59 Abs. 2 GG politischer Natur, wenn sein Inhalt „die Existenz des Staates, seine territoriale Integrität, seine Unabhängigkeit, seine Stellung oder sein maßgebliches Gewicht in der Staatengemeinschaft" berührt. Ist keines dieser Merkmale gegeben, kann die Regierung ohne Mitwirkung des Parlaments sog. Regierungsabkommen mit fremden Staaten abschließen.

433 In beiden Rechtsordnungen, der amerikanischen und der deutschen, besteht die überwiegende Auffassung, dass die *Kündigung* von Verträgen allein zur Zuständigkeit der Regierung zählt und keiner Zustimmung des Parlaments bedarf. Das ist allerdings in Bezug auf gewichtige völkerrechtliche Verträge immer wieder in Zweifel gezogen worden.

Sollte das Verfassungsrecht in einem Staat in Bezug auf die Zuständigkeit zum Abschluss von Verträgen nicht genügend beachtet worden sein, ist der Vertrag regelmäßig auf der internationalen Ebene doch gültig, es sei denn, der Verstoß gegen das innerstaatliche Recht ist völlig evident. **434**

5. Kompetenzverteilung im Verteidigungsfall

Gerät der Staat in einen *inneren Notstand* und droht u.U. Bürger- **435**
krieg, sind die Beziehungen zu auswärtigen Staaten nur dann von Interesse, wenn diese sich ohne Zustimmung der sich im Notstand befindenden Regierung einmischen. Das ist dann regelmäßig eine völkerrechtswidrige Intervention. Nur dann, wenn die amtierende Regierung eine andere Regierung um Hilfe ersucht, ist diese berechtigt, sich an der internen Auseinandersetzung zu beteiligen. Gerät dagegen ein Staat mit einem anderen in bewaffnete Auseinandersetzungen, sind naturgemäß die auswärtigen Beziehungen in extensiver Weise betroffen. Für diesen Fall treffen die meisten Verfassungen der Welt Vorkehrungen für eine besondere Kompetenzverteilung. Diese betrifft regelmäßig die Frage, wer zur Erklärung des Kriegszustandes und zu dessen Beendigung zuständig ist, wer während dieser Zeit das oberste Kommando über die Streitkräfte innehat und ob andere Befugnisse für diesen Fall anders verteilt sind als im Normalzustand des Staates.

Nach der *Verfassung der Vereinigten Staaten* ist der Präsident ober- **436**
ster Befehlshaber über alle Streitkräfte der Union (Art. II, § 2, Ziff.1) und ist gleichzeitig verantwortlich und zuständig für die auswärtigen Beziehungen auf Grund seiner Generalermächtigung zur Regierungsführung (Art. II, § 1, Ziff.1). Die offizielle Erklärung des Kriegszustandes dagegen gehört zur Zuständigkeit des Parlaments, ebenso wie die Zuständigkeit, Finanzmittel für diesen Fall zu bewilligen. Diese so unter Präsident und Parlament aufgeteilten Zuständigkeiten können miteinander in Konflikt geraten, wie das z.B. im Vietnam-Krieg der Fall war, als eine starke Opposition im Parlament keine Gelder mehr bewilligen wollte. Vor allem können derartige Spannungen dann entstehen, wenn der Präsident etwa durch Truppenverlegung im Ausland den Staat in eine faktische Situation bringt, die einen völkerrechtlichen Kriegszustand auslösen kann.

Aus diesen Gründen verabschiedete der Kongress die „War Powers Resolution" (7. 11. 1973, 87 Stat. 55), mit der gefordert wird, dass der Präsident den Kongress konsultiert, bevor er die Streitkräfte an Feindseligkeiten beteiligt oder deren Beteiligung riskiert. Wenn ein solcher Fall eintritt, muss der Präsident dem Kongress berichten, und die Truppen müssen innerhalb von 60 Tagen nach dem Bericht zurückgezogen werden, wenn der Kongress die Fortdauer der Aktion nicht genehmigt. Durch diese Resolution hat der Kongress erstmalig anerkannt, dass der Präsident berechtigt ist, Truppen im Ausland auch ohne vorherige Zustimmung zu verwenden. Der Präsident kann die Wirkung der Resolution noch dadurch abschwächen, dass er den Kongress erst nach Truppenverlegung konsultiert oder sich nicht offen auf Feindseligkeiten bezieht. Dennoch wird teilweise vorgebracht, die Resolution verletze die verfassungsmäßigen Rechte des Präsidenten als Spitze der Exekutive und Oberbefehlshaber über die Truppen. Der Oberste Gerichtshof hat diese Frage bisher nicht entschieden.

437 Die *Verfassung der Bundesrepublik* enthält klarere Bestimmungen, obwohl auch dort Zweifelsfragen bestehen. Der Bundestag ist zuständig, die Feststellung zu treffen, dass der sog. Verteidigungsfall eingetreten ist. Ein entsprechender Antrag ist von der Bundesregierung zu stellen. Falls der Bundestag faktisch an einer solchen Entscheidung gehindert ist, wird er durch einen für diesen Fall ständig ernannten Ausschuss vertreten. Kann auch dieser nicht zusammentreten und sind Feindseligkeiten eröffnet, wird der Verteidigungsfall vom Bundespräsidenten selbständig verkündet (Art. 115a GG). Auch zur Erklärung des Endes des Verteidigungsfalles ist primär der Bundestag zuständig (Art. 115l GG). Mit der Verkündung des Verteidigungsfalles geht die Befehls- und Kommandogewalt über die Streitkräfte auf den Bundeskanzler über (Art. 115b GG), die bis dahin der Bundesminister für Verteidigung innehatte (Art. 65a GG).

438 Im deutschen Recht wurde lange behauptet, die Streitkräfte dürften nach Verfassungsrecht nur für die Verteidigung der Bundesrepublik im engeren Sinne eingesetzt werden (Art. 87a Abs. 2 GG), also nicht für Zwecke etwa der Verteidigung anderer Staaten im Sinne einer Hilfeleistung. Demgegenüber hat das *Bundesverfassungsgericht* klargestellt: „1. Die Ermächtigung des Art. 24 Abs. 2 GG berechtigt den Bund nicht nur zum Eintritt in ein System kollektiver Sicherheit und zur Einwilligung in damit verbundene Beschränkungen seiner Hoheitsrechte. Sie bietet vielmehr auch die verfassungsrechtliche Grundlage für die Übernahme der mit der Zugehörigkeit zu einem solchen System typischerweise verbundenen Aufgaben und damit auch für eine Verwendung der Bundeswehr zu Einsätzen, die im Rahmen und nach den Regeln dieses Systems stattfinden. 2. Art. 87a GG steht der Anwendung des Art. 24 Abs. 2 GG als verfassungsrechtliche Grundlage für den Einsatz bewaffneter Streitkräfte im Rahmen eines Systems gegenseitiger kollektiver Sicherheit nicht entgegen." (BVerfGE 90, 286) Das Bundesverfassungsgericht hat weiterhin entschieden, dass auch ein solcher Einsatz der Bundeswehr der grundsätzlich vorherigen Zustimmung des Bundestages bedarf (s.o.), was vorher mangels einer klaren dahingehenden Verfassungsbestimmung zweifelhaft war. Nicht entschieden ist bislang, ob Art. 87a Abs. 2 GG einer Verwendung der Bundeswehr außer zur Verteidigung und außerhalb kollektiver Sicherheitssysteme, beispielsweise im Rahmen völkerrechtlicher Nothilfe entgegensteht (dazu *J. Kokott,* Art. 87a Rdn. 18a ff., in: M. Sachs (Hrsg.), Grundgesetz Kommentar, 3. Aufl. 2003)

Lit. zu III. 1. bis III. 5.: *U. Fastenrath,* Kompetenzverteilung im Bereich der auswärtigen Gewalt, 1986; *R. Geiger,* Grundgesetz und Völkerrecht, 3. Aufl. 2002, S. 127–156; *L. Henkin,* Foreign Affairs and the Constitution, 2. Aufl. 1997; *L. Henkin,* Foreign Relations Power, EPIL, Bd. II, 1995, S. 446–450; *G. Ress,* Wechselwirkungen zwischen Völkerrecht und Verfassung bei der Auslegung völkerrechtlicher Verträge, Berichte der Deutschen Gesellschaft für Völkerrecht, Bd. 23, 1982, S. 7–59.

6. Wirkung von Völkerrecht im innerstaatlichen Recht

Das staatliche Recht hat nicht nur die Frage zu regeln, wie völker- **439**
rechtliche Verträge innerstaatlich anwendbar gemacht werden, sondern auch die Frage, in welcher Art die Staatsorgane bei der Ausübung ihrer Kompetenzen, insbes. in auswärtigen Angelegenheiten, an die Regeln des Völkerrechts gebunden sind. Hier bestehen erhebliche Unterschiede zwischen dem amerikanischen und dem deutschen Recht.

440 Die Vorrangklausel (supremacy clause) der amerikanischen Verfassung sieht vor: „This Constitution, and the Laws of the United States which shall be made in Pursuance thereof; *and all Treaties made,* or which shall be made under the Authority of the United States, *shall be the supreme Law of the Land;* and the Judges in every State shall be bound thereby, any Thing in the Constitution or Laws of any State to the Contrary notwithstanding." (Art. VI Abs. 2, Hervorhebung durch die Verf.).

441 Die *Anwendbarkeit des völkerrechtlichen Gewohnheitsrechts im innerstaatlichen amerikanischen Recht* ist vom Obersten Gerichtshof eindringlich bestätigt worden (The Paquete Habana, 175 U.S. 677, 1900). Er führte aus, dass das allgemeine Völkerrecht Teil des amerikanischen Rechts sei. Soweit keine völkerrechtlichen Verträge vorhanden seien und keine speziellen Gesetze eine Rechtsfrage regelten, sei völkerrechtliches Gewohnheitsrecht anwendbar. Das Verhältnis von völkerrechtlichem Gewohnheitsrecht zu älterem Gesetzesrecht ist nicht ganz geklärt. Die Gerichte messen jedenfalls der Auffassung der Regierung/Exekutive zum Inhalt des Völkergewohnheitsrecht großes Gewicht bei.

442 Völkergewohnheitsrecht, Verträge und *executive agreements* können *self-executing* oder *non-self-executing* wirken, was bedeutet, dass sie entweder unmittelbar im innerstaatlichen Recht anwendbar sind oder aber der Durchführung durch besonderen Rechtsakt bedürfen. Es handelt sich dabei um eine allgemeinen Differenzierung, die auch in anderen Rechtsordnungen und nicht etwa nur der amerikanischen, relevant ist. Die self-executing-Wirkung kann völkerrechtlich vereinbart werden oder nach innerstaatlichem Recht vorgesehen sein.

443 Gesetze sind völkerrechtskonform zu interpretieren, soweit das zu einer Harmonisierung führen kann. Verträge verdrängen frühere Gesetzgebung in der gleichen Materie (lex posterior); das gilt jedoch nicht für die Kategorie der *executive agreements,* die unter der alleinigen Autorität der Exekutive (s.o.) abgeschlossen wurden. Nicht ganz geklärt ist, ob auch neueres Völkergewohnheitsrecht ältere Gesetze verdrängt.

Völkerrechtsregeln, deren Bestand von den Vereinigten Staaten bestritten wird, finden als solche normalerweise keine Anwendung vor amerikanischen Gerichten. Weil es die auswärtige Gewalt impliziert, ist Völkergewohnheitsrecht Bundesrecht. Das Recht der Einzelstaaten hat im Falle eines Normenkonflikts dem vom Bund anzuwendenden völkerrechtlichen Gewohnheitsrecht zu weichen. **444**

Auch im deutschen Recht gilt der *Grundsatz des Vorranges der lex posterior*, so dass ein späteres Gesetz einen Vertrag und ein späterer Vertrag ein Gesetz obsolet machen können, denn der Vertrag hat regelmäßig nur den Rang eines einfachen Gesetzes und nicht Verfassungsrang. Im Verhältnis zum Völkergewohnheitsrecht wird häufig der Grundsatz der lex specialis zur Anwendung kommen. **445**

Die Frage der *Geltung des völkerrechtlichen Gewohnheitsrechts* und teilweise auch seines Ranges in der Normenhierarchie ist *in der Bundesrepublik* durch die Verfassung selbst geregelt. So bestimmt Art. 25 GG, dass die „allgemeinen Regeln des Völkerrechts" Bestandteil des Bundesrechts sind, den Gesetzen vorgehen und Individualrechte und -pflichten erzeugen. Hieraus sind eine Reihe von Folgerungen zu ziehen. Wie im amerikanischen Recht haben diese Regeln Vorrang vor dem Recht der Länder einschließlich ihrer Verfassungen (Art. 31 GG). Unter dem Terminus „allgemeine Regeln des Völkerrechts" sind alle Regeln des völkerrechtlichen Gewohnheitsrechts zu verstehen, ebenso wie die im allgemeinen Völkerrecht anzuwendenden allgemeinen Rechtsgrundsätze (Art. 38, 1c) Statut des IGH). Diese Regeln binden Exekutive und Legislative. Widerspricht ein Gesetz diesen Regeln, ist es nichtig. Ein Gericht, das etwa aus diesem Grunde Zweifel hat, ob ein Gesetz anwendbar oder nichtig ist, hat die Frage dem Bundesverfassungsgericht vorzulegen (Art. 100 Abs. 2 GG). Umstritten ist, ob das völkerrechtliche Gewohnheitsrecht im Range dem Verfassungsrecht gleichsteht oder eine Position oberhalb der Gesetze, aber unterhalb der Verfassung einnimmt. Das Bundesverfassungsgericht hat diese Frage bisher nicht entschieden, sondern nur festgestellt, dass das völkerrechtliche Gewohnheitsrecht jedenfalls nicht einen Rang noch über der Verfassung einnimmt (BVerfGE 6, 309 ff.). Einem Teilbereich des Völkergewohnheitsrechts, zu dem sich das BVerfG nicht speziell geäußert hat, nämlich dem ius cogens, ist jedoch Überverfassungs- **446** rang zuzubilligen (*I. Pernice,* Art. 25 Rdn. 25, in: H. Dreier (Hrsg.), Grundgesetz Kommentar, Bd. II, 1998).

447 Ein *völkerrechtlicher Vertrag* kann bestehendes völkerrechtliches Gewohnheitsrecht verdrängen. Das könnte erstaunlich erscheinen, da der Vertrag nur Gesetzesrang einnimmt, während das völkerrechtliche Gewohnheitsrecht den Gesetzen vorgeht. Jedoch lässt das anzuwendende Völkerrecht selbst die vertragliche Einschränkung von Gewohnheitsrecht zu, solange dispositives Recht betroffen ist. Regeln des zwingenden völkerrechtlichen Gewohnheitsrechts/ius cogens können, auch nach Maßgabe des Verfassungsrechts, durch einen Vertrag nicht abbedungen werden. Die Einzelperson kann sich auf subjektive Rechte aus dem völkerrechtlichen Gewohnheitsrecht dann berufen, wenn die anzuwendende Regel dieses Gewohnheitsrechts zu einer individuellen Inanspruchnahme ihrem Inhalt nach geeignet (self-executing) ist. Als ein Grundrecht, das mit der Verfassungsbeschwerde in Anspruch genommen werden könnte, gilt Art. 25 GG i.V.m den allgemeinen Regeln des Völkerrechts nicht (BVerfGE 6, 389 ff.; 18, 441 ff.). Jedoch kann die Nichtvorlage an das Bundesverfassungsgericht (Art. 100 Abs. 2 GG) das Grundrecht auf den gesetzlichen Richter (Art. 101 Abs. 1 GG) ebenso wie das Grundrecht auf die freie Entfaltung der Persönlichkeit (Art. 2 Abs. 1 GG) verletzten.

Lit. zu III. 6.: *K. Doehring,* Die allgemeinen Regeln des völkerrechtlichen Fremdenrechts und das deutsche Verfassungsrecht, 1963; *R. Geiger,* Grundgesetz und Völkerrecht, 3. Aufl. 2002, S. 161–191; *L. Henkin,* International Law as Law in the United States, Michigan Law Review, Bd. 82, 1984, 1555–1569; *K. J. Partsch,* International Law and Municipal Law, EPIL, Bd. II, 1995, S. 1183–1202.

7. Organe des völkerrechtlichen Verkehrs

448 Da die Staaten dann, wenn sie miteinander Beziehungen aufnehmen, der *handlungsbefugten Vertreter* bedürfen, haben sich hierfür *völkerrechtliche Regeln* herausgebildet, denen *auch das innerstaatliche Recht* Rechnung zu tragen hat. Ohne besondere Vollmacht können das Staatsoberhaupt, der Regierungschef und der Außenminister tätig werden und so den Staat verpflichten (Art. 7 WVK). Der Staat kann sich weiterhin *ständiger Vertreter* in fremden Staaten bedienen (Diplomaten, insbes. Botschafter, Gesandte, Geschäftsträger), deren Status im Ausland sich nach Regeln des Völkerrechts richtet (Art. 14 WÜD). Diese ständigen Vertreter bedürfen der Beglaubigung durch die Regierung des fremden Staates, die nach der Verfassung der Vereinigten Staaten vom Präsidenten erteilt wird (Art. II, § 3), nach der Verfassung der Bundesrepublik formell vom Bundespräsidenten (Art. 59 Abs. 1 GG). Die Verweigerung der Beglaubigung bedarf nach den Regeln des Völkerrechts keiner besonderen Begründung, kann jedoch einen unfreundlichen Akt darstellen. Die Staaten können sich für die Erledigung besonderer Aufgaben auch eines sog. ad-hoc-Botschafters bedienen, der einen spezifischen Auftrag durchzuführen hat. Wenn er vom Empfangsstaat akzeptiert wird, ist er wie ein ständiger Staatsvertreter zu behandeln (Übereinkommen über Sondermissionen, ILM, Bd. 9, 1970, S. 127 ff.).

Die Pflege der Beziehungen in kommerziellen, wirtschaftlichen, **449**
kulturellen und wissenschaftlichen Angelegenheiten, allgemein in solchen, bei denen die politischen Beziehungen keine ausschlaggebende Rolle spielen, werden von den Konsuln (Generalkonsuln, Konsuln, Wahlkonsuln, Honorarkonsuln) wahrgenommen (Art. 5 WÜK). Auch diese müssen vom Empfangsstaat akkreditiert werden und genießen dann ähnliche Privilegien wie die Diplomaten, wenn auch beschränkt auf ihre Funktion (Art. 28 ff. WÜK). Die Rechtsstellung der Diplomaten und *Konsuln* hinsichtlich ihrer Immunität wird noch behandelt werden (Kap. 16).

Lit. zu III. 7.: *J. A. Barberis,* Representatives of States in International Relations, EPIL, Bd. IV, 2000, S. 195–200; *I. Seidl-Hohenveldern/T. Stein,* Völkerrecht, 10. Aufl. 2000, Rdn. 971–1021.

16. Kapitel

Immunitäten

I. Einführung

450 Die folgende Darstellung befasst sich zunächst mit der diplomatischen Immunität und den verwandten Gebieten der konsularischen Immunität sowie der Immunität internationaler Beamter. Dann werden die Grundsätze über die Immunität von Staaten und diejenige von Kriegsschiffen behandelt, da sich für letztere im Seerecht besondere Regeln entwickelt haben.

II. Immunität von Diplomaten und Konsuln

1. Rechtsgrund der Immunität

451 Die Immunität von Diplomaten ist seit langem Bestandteil der internationalen Rechtsordnung. Sie bedeutet Freistellung von der Unterworfenheit unter die Gerichtsbarkeit und weitgehend auch Polizeigewalt des Empfangsstaates. Die diplomatische Immunität dient den friedlichen Beziehungen zwischen den Staaten, indem sie eine effiziente Wahrnehmung der Aufgaben der diplomatischen Missionen als Vertretungen der Staaten fördert; die Diplomaten laufen kein Risiko, durch innerstaatliche Verfahren bei der Erfüllung ihrer Funktionen beeinträchtigt zu werden. Die Regeln über das Gesandtschaftsrecht einschließlich derjenigen über die Immunität zählen zu den ältesten des Völkerrechts.

2. Vertragsrecht

452 Das für Diplomaten in langer Staatenpraxis entwickelte Völkergewohnheitsrecht wurde im Jahre 1961 durch die *ILC* kodifiziert. Das so entstandene *Vertragswerk* war im Jahre 2002 von über 180 Staaten ratifiziert. Die Bestimmungen des Wiener Übereinkommens über diplomatische Beziehungen können wie folgt zusammengefasst werden: Die Person des Diplomaten ist „unverletzlich“, und der Empfangsstaat hat die Pflicht, jeden Diplomaten vor Angriffen auf seine Person, seine Freiheit oder seine Würde zu schützen

(Art. 29). Folglich darf der Empfangsstaat den Diplomaten weder festnehmen noch inhaftieren, und der Diplomat ist sowohl von der Strafgerichtsbarkeit als auch grundsätzlich von der Zivil- und Verwaltungsgerichtsbarkeit befreit (Art. 31 Abs. 1). Der Diplomat ist nicht verpflichtet, als Zeuge auszusagen (Art. 31 Abs. 2). Er ist auch von persönlichen Dienstleistungen (Art. 35), den meisten Steuern (Art. 34), Zöllen und Zollkontrollen (Art. 36) befreit. Die diplomatische Immunität erstreckt sich auch auf die Familienmitglieder des Diplomaten (Art. 37).

Die Konvention gewährt *jedoch* keine Immunität bei: **453**

(1) dinglichen Klagen in Bezug auf privates unbewegliches Vermögen, es sei denn, dass der Diplomat dieses im Auftrag des Entsendestaates für die Zwecke der Mission in Besitz hat;
(2) Klagen in Nachlasssachen, in denen der Diplomat in privater Eigenschaft beteiligt ist; oder
(3) Klagen im Zusammenhang mit einem freien Beruf oder einer gewerblichen Tätigkeit, die der Diplomat neben seiner amtlichen Tätigkeit ausübt (Art. 31 Abs. 1a–c).

Außerdem sind Diplomaten nicht von der Gerichtsbarkeit des Entsendestaates ausgenommen (Art. 31 Abs. 4), was in der Konvention nicht hätte erwähnt werden müssen, da das nicht die Jurisdiktion fremder Staaten betrifft. Der Diplomat selbst kann auch implizit auf seine Immunität in Bezug auf Widerklagen im Rahmen von Rechtsstreitigkeiten verzichten, die er vor den Gerichten des Empfangsstaates anstrengt (Art. 32 Abs. 2), wogegen ein primärer Verzicht auf die Immunität nur von dem Entsendestaat erklärt werden kann (Art. 32 Abs. 1).

Die Räumlichkeiten der Mission sind „unverletzlich" (Art. 22). **454**
Entgegen populärer Annahmen gehören sie aber nicht etwa zum souveränen Staatsgebiet des Entsendestaates. Der Empfangsstaat hat die Verpflichtung, dem Entsendestaat alle notwendigen Erleichterungen zu verschaffen (Art. 25) und die Einrichtungen der diplomatischen Missionen zu schützen (Art. 22 Abs. 2). Darüber hinaus ist der Empfangsstaat verpflichtet, der Mission Freizügigkeit (Art. 26) und freien Verkehr (Art. 27) zu gewährleisten, insbes. den Verkehr auch mit anderen diplomatischen Missionen. Die Räum-

lichkeiten der Mission sind von örtlichen Abgaben befreit (Art. 23), und der Empfangsstaat darf keine Gebühren für Amtshandlungen erheben (Art. 28). Die Archive der Mission sind ebenfalls unverletzlich (Art. 24).

455 Der Diplomat ist seinerseits verpflichtet, die Rechtsordnung des Empfangsstaates zu beachten und sich nicht in dessen innere Angelegenheiten einzumischen (Art. 41). Eine gewisse Durchbrechung des Immunitätsschutzes durch den Empfangsstaat kommt nur dann und insoweit in Betracht, als der unmittelbare Schutz der Staatsbürger des Empfangstaates dies im Wege der Notwehr gebietet. So kann der Diplomat dann vorübergehend festgenommen werden, wenn er an der Begehung einer Straftat gehindert werden soll. Auch die Immunität des Botschaftsgebäudes sollte dann nicht an seinem Betreten hindern, wenn aus ihm unmittelbare Gefahren etwa für Menschenleben drohen. Diese Regeln finden sich nicht in der Konvention, aber deren Präambel bestätigt die Aufrechterhaltung auch bisher schon bestehenden Völkergewohnheitsrechts auf diesem Gebiet. Die genannten, jedenfalls äußerst restriktiv auszulegenden Schranken der diplomatischen Immunität sind allerdings sehr strittig (vgl. *J. Kokott,* Mißbrauch und Verwirkung von Souveränitätsrechten bei gravierenden Völkerrechtsverstößen, U. Beyerlin/M. Bothe/R. Hofmann/E. Petersen (Hrsg.), FS für Rudolf Bernhardt, 1995, S. 135–151.).

456 Nicht nur durch das *Wiener Übereinkommen über diplomatische Beziehungen* werden Diplomaten in besonderer Weise geschützt, sondern auch durch die *Konvention über die Verhinderung und Bestrafung von Verbrechen gegen international geschützte Personen*, einschließlich Diplomaten (ILM, Bd. 13, 1974, S. 41 ff.). Nach dieser Konvention soll denjenigen Personen keine Schonung gewährt werden, die Diplomaten angreifen, entführen oder verletzen. Dementsprechend sind die Staaten zur Strafverfolgung oder Auslieferung solcher Täter verpflichtet. Im Jahre 2002 waren ca. 100 Staaten Parteien dieser Konvention.

457 Die konsularische Immunität ist Gegenstand des *Wiener Übereinkommens über konsularische Beziehungen*, das die Festnahme oder Untersuchungshaft konsularischer Beamter verbietet, ausgenommen bei „einer schweren strafbaren Handlung und auf Grund einer Entscheidung der zuständigen Justizbehörde" (Art. 41 Abs. 1 WÜK). Konsularbeamte unterliegen „wegen Handlungen, die in Wahrnehmung konsularischer Aufgaben vorgenommen worden sind" (Art. 43 WÜK), der Gerichtsbarkeit nicht, obgleich sie als Zeugen geladen werden können (Art. 44 WÜK). Die Immunität der Konsuln ist also weniger weitgehend als diejenige der Diplomaten und enger, nämlich auf die Funktion, begrenzt.

Bei den Vereinten Nationen beschäftigte *internationale Beamte* ge- **458**
nießen eine Reihe von Immunitäten gemäß der Konvention über die Vorrechte und Immunitäten der Vereinten Nationen (U.N.T.S., Bd. 11, S. 11 ff.). Diese Konvention gewährleistet allgemein Immunität vor persönlicher Festnahme und schützt Papiere, Dokumente und Kuriergepäck. Internationale Beamte sind gewöhnlich von der Registrierung als Ausländer ausgenommen und haben im allgemeinen die gleichen persönlichen Immunitäten, wie sie Diplomaten und Konsuln zustehen.

3. Der Teheraner Geiselfall

Eine *Leitentscheidung* über Bedeutung und rechtliche Tragweite **459**
der diplomatischen Immunitäten stellt der Fall *United States v. Iran* (ICJ Rep. 1980, S. 3) des Internationalen Gerichtshofs dar. Die Vereinigten Staaten verklagten den Iran mit der Begründung, die iranische Regierung habe die amerikanische Botschaft rechtswidrig in Besitz genommen, bzw. deren Inbesitznahme durch Privatpersonen rechtswidrig nicht gehindert. Die Regierung habe sodann die Geiselnahme amerikanischer Diplomaten in einer Weise zugelassen, dass sie ihr selbst zurechenbar sei. Der Gerichtshof betonte eindringlich, dass der Iran sowohl seine völkergewohnheitsrechtlichen als auch seine Verpflichtungen aus internationalen Verträgen gegenüber den Vereinigten Staaten gebrochen habe. Wichtiger noch ist, dass der Gerichtshof wiederholt den fundamentalen Charakter des Grundsatzes der „Unverletzlichkeit" betonte. Der Gerichtshof entwickelte besonders deutlich die grundlegende Bedeutung der Regeln über die diplomatische Immunität, die auch durch behauptete mildernde Umstände keine Veränderung erfahre. In diesem Fall bestätigte also der Gerichtshof nicht nur erneut die Grundsätze des

Übereinkommens, sondern auch althergebrachte gewohnheitsrechtliche Prinzipien der diplomatischen Immunität.

460 Nach traditioneller Auffassung verletzt ein Staat bei Missachtung der diplomatischen Immunität nicht nur die Rechte des speziell betroffenen Entsendestaates, sondern auch diejenigen aller anderen Staaten der Völkerrechtsgemeinschaft *(erga-omnes-Verpflichtung)*. Hiermit kommt zum Ausdruck, dass das Schutzobjekt der diplomatischen Immunität letztlich die Aufrechterhaltung friedlicher zwischenstaatlicher Beziehungen ist.

Lit. zu II. 2. und II. 3.: *K. Doehring,* Völkerrecht, 1999, Rdn. 674–691; *G E. Do Nascimento e Silva,* Vienna Convention on Diplomatic Relations, EPIL, Bd. IV, 2000, S. 1295–1303; *E. Kussbach,* Vienna Convention on Consular Relations, EPIL, Bd. IV, 2000, S. 1289–1295; *K. Oellers-Frahm,* United States Diplomatic and Consular Staff in Tehran Case, EPIL, Bd. IV, 2000, S. 1214–1218; *I. Seidl-Hohenveldern/T. Stein,* Völkerrecht, 10. Aufl. 2000, Rdn. 1008–1064 und 1085–1097.

III. Immunität von Staaten und staatlichen Einrichtungen

1. Grundsätze

461 Das Prinzip der *Gleichheit der Staaten* und die hieraus folgende gegenseitige Respektierung der Souveränität hatten von jeher zur Folge, dass eine Staatsgewalt nicht der anderen unterworfen ist. Weder kann die Regierung des einen Staates derjenigen des anderen Staates Befehle erteilen, noch kann ein Staat grundsätzlich seine Gesetze extraterritorial auf einen anderen anwenden. Auch die nationale Gerichtsbarkeit kann einen fremden Souverän nicht ihren Entscheidungen unterwerfen. Die Hoheitsmacht des einen Staates hat diejenige des anderen zu respektieren *(par in parem non habet imperium)*. Jeder Staat kann daher Immunität gegenüber einem anderen Staat fordern. Diese Freistellung von der Jurisdiktion eines anderen Staates ist heute jedoch nicht mehr unbegrenzt, so wie es noch zur Zeit der weltweit ausgeübten Regierungsform der Monarchie der Fall war. Da der Fürst keiner Gerichtsbarkeit unterworfen werden konnte *(king can do no wrong)*, galt das auch für den von ihm beherrschten Staat im Sinne einer gewissen Identität *(l'état c'est moi)*. Erst als die Aufklärung dazu führte, Fürst und Staat als getrennte Rechtspersonen auch im internationalen Recht anzusehen, veränderte sich parallel der Umfang der von jedem Staat geforderten Immunität, die nun gewissen Einschränkungen unterworfen wurde.

Die Immunität der Staaten vor der Staatsmacht anderer Staaten bedarf der Abgrenzung gegenüber anderen Formen der Immunität. Während die *Immunität der Diplomaten* dem Schutz der internationalen Beziehungen dient, hat die *Immunität der Staaten* diese selbst zum Schutzobjekt. Zwar wird in der Person des Diplomaten auch der andere Staat respektiert, aber primär geht es um die Störungsfreiheit der Beziehungen innerhalb der Staatengemeinschaft. Es soll die Funktion der Diplomatie ausgeübt werden können *(ne impediatur legatio)*, und die frühere Repräsentationstheorie, wonach in der Person des Diplomaten das fremde Staatsoberhaupt zu respektieren war, ist dieser neueren Auffassung gewichen. **462**

Die Freiheit der Staaten von der Gerichtsbarkeit anderer Staaten im Sinne der Staatenimmunität ist auch zu unterscheiden von der *Frage, inwieweit ein Staat die Rechtsordnung*, insbes. die Gesetze *eines anderen Staates zu beachten hat*. Erlässt ein Staat ein Gesetz, dessen Anwendung und Auswirkung sich auf sein eigenes Territorium beschränken, hat jeder andere Staat das zu respektieren. Wirkt dieses Gesetz aber auf fremdem Territorium – z.B. eine im eigenen Territorium enteignete Sache gelangt auf das Territorium eines fremden Staates –, ist jeder Staat frei, diesem Gesetz im eigenen Jurisdiktionsbereich die Geltung zu belassen oder abzusprechen. Beide Verhaltensweisen werden vom Völkerrecht gebilligt. Ein Teil der Staaten folgt hier der sog. Act-of-State-Doktrin, d.h. die Wirkung des Gesetzes wird auch dann nicht in Frage gestellt, wenn es zwar auf dem staatlichen Territorium erlassen ist, aber transnationale Wirkungen erzeugt. Andere Staaten messen die Auswirkungen eines solchen Gesetzes an ihrer eigenen Rechtsordnung. Die meisten Staaten lehnen die Anwendung fremder Gesetze zumindest dann ab, wenn diese ihrem *ordre public* wiedersprechen, etwa weil eigene Verfassungsgrundsätze oder auch die u. U. von der eigenen Verfassung gebotene Beachtung des Völkerrechts dem entgegenstehen. Staaten, die der Act-of-State-Doktrin zuneigen, wie die Vereinigten Staaten (Sabbatino-Fall, 376 U. S. 398, 1964), sprechen einem fremden Gesetz die Geltung u.U. auch dann nicht ab, wenn dieses gegen Völkerrecht verstößt, etwa dem völkerrechtlichen **463**

Fremdenrecht wegen entschädigungsloser Enteignung widerspricht. Die Gerichte wollen dann einer Entscheidung ihrer Regierung nicht vorgreifen, um den Grundsatz der Gewaltenteilung nicht zu beeinträchtigen. Umgekehrt wird das fremde Gesetz nicht angewendet, wenn die eigene Regierung und vor allem der eigene Gesetzgeber dies billigt. Ein Beispiel hierfür ist der Cuban Liberty and Democratic Solidarity (Libertad Act) oder Helms Burton Act aus dem Jahre 1996, der Rechtsmittel vor amerikanischen Gerichten gegen die Auswirkungen von Konfiskationen in Kuba vorsieht (ILM, Bd. 35, 1996, S. 357–378, 373–377). In diesem System soll es primär der Regierung und der Gesetzgebung überlassen bleiben, ob sie völkerrechtliche Sanktionen oder diplomatische Schritte einleiten wollen.

464 Andere Staaten überlassen es grundsätzlich und dann auch vollständig ihrer *nationalen Gerichtsbarkeit*, ob diese unter Anwendung des nationalen *ordre public* das *fremde Recht* für *anwendbar* erklärt. Dementsprechend beansprucht in der Rechtsordnung der Bundesrepublik die richterliche Unabhängigkeit Vorrang vor einer möglicherweise entgegenstehenden Auffassung der Regierung (Art. 6 EGBGB i.V.m. Art. 25 GG). Das Völkerrecht gibt keiner der beiden Doktrinen Vorrang. Allenfalls könnte eine Grenze des *ordre public* dann angenommen werden, wenn dieser willkürlich und ohne ausreichenden Schutzzweck zur Nichtanwendung des fremden Rechts führte. Die willkürliche Einsetzung des *ordre public* zur Nichtbeachtung fremden Rechts könnte eine völkerrechtswidrige Intervention darstellen, wenn auf diese Weise Einfluss auf das völkerrechtsgemäße innerstaatliche Recht des anderen Staates ausgeübt werden soll (zum ordre public *J. Kokott,* Grund- und Menschenrechte als Inhalt eines internationalen ordre public, Berichte der Deutschen Gesellschaft für Völkerrecht, Bd. 38, 1998, S. 71–114).

2. Immunität im Verfahren

465 Bei der *gerichtlichen Immunität der Staaten* geht es darum, ob und inwieweit ein fremder Staat selbst gegen seinen Willen zur Prozesspartei in einem Rechtsstreit vor nationalen Gerichten erklärt werden kann. Weiterhin geht es darum, inwieweit in Vermögen dieses Staates, soweit es im Gerichtsstaat belegen ist, vollstreckt werden kann, wenn der fremde Staat als Prozesspartei im Rechtsstreit unterliegt. Auch hier haben sich im Laufe der völkerrechtlichen Entwicklung Veränderungen vollzogen. Während man früher die sog. absolute Immunität für ein Gebot des Völkerrechts hielt, sind viele Staaten zur Anwendung nur noch beschränkter Immunität übergegangen.

Ein *Staat* kann immer dann *als Prozesspartei in einem Rechtsstreit* **466**
vor einem *nationalen Gericht* beteiligt sein, wenn er sich dieser nationalen Gerichtsbarkeit unterwirft, ähnlich wie er auf die Immunität seiner Diplomaten verzichten kann. Lange Zeit galt der *Grundsatz der absoluten Immunität*, wenn eine solche Unterwerfung nicht erfolgte. Der Staat konnte wegen keiner seiner Verhaltensweisen vor einem nationalen Gericht verklagt werden, gleichgültig ob er wegen Ausübung seiner eigenen Hoheitsmacht in Anspruch genommen werden sollte oder wegen Handlungen, die auch eine Privatperson hätte vornehmen können, z.B. wegen der Nichterfüllung eines Kaufvertrages. Die *neuere Entwicklung*, gerade im immer stärker werdenden Handelsverkehr zwischen den Staaten, führte dazu, dass nun unterschieden wurde zwischen hoheitlichem Verhalten des Staates – er handelt dann *iure imperii* – und geschäftlichem Verhalten – *iure gestionis*. Das Völkerrecht gebietet heute nurmehr die Zuerkennung der Immunität wegen Verhaltens *iure imperii*. Nach dem Zusammenbruch des Ostblocks sind Staaten, die wie beispielsweise China weiterin dem Grundsatz der absoluten Immunität zuneigen, seltene Ausnahmen. Andere Staaten sind an deren Auffassung nicht gebunden und frei, die *acta iure gestionis* ihrer nationalen Gerichtsbarkeit zur Entscheidung zu überantworten. Handelt ein Staat *iure imperii*, kann er dafür nur auf der internationalen Ebene belangt werden, z.B. mit Mitteln der Selbstdurchsetzung (Repressalie) oder durch Klage vor einem internationalen Gericht, falls die beidseitige Unterwerfung erfolgte.

Die entsprechenden Grundsätze sind Gegenstand eines *Konven-* **467**
tionsentwurfs der Völkerrechtskommission der Vereinten Nationen, der unter anderem Handelstransaktionen zwischen einem Staat und einer fremden natürlichen oder juristischen Person – im Gegensatz zu Handelstransaktionen zwischen Staaten – von der Immunität ausnimmt (*ILC*, Draft Articles on Jurisdictional Immunities of States and their Property, ILM, Bd. 30, 1991, S. 1563–1574,

1568–1569, Art. 10–19). Solange eine weltweite Konvention nicht in Kraft tritt, gilt *Völkergewohnheitsrecht*. Da die Unterscheidung von *acta iure imperii* und *acta iure gestionis* entscheidend ist, sind immer wieder allgemeingültige Abgrenzungen versucht worden, sowohl in der nationalen Gesetzgebung, falls eine solche besteht, als auch durch die Rechtsprechungspraxis und die Herausarbeitung völkerrechtlichen Gewohnheitsrechts. Man hat erwogen, ob es entscheidend sein könnte, mit welcher subjektiven Absicht ein fremder Staat handelt, d.h. ob er selbst hoheitlich oder privatrechtlich handeln wollte. Würde man dieses Kriterium für ausschlaggebend halten, könnte jeder Staat jederzeit die absolute Immunität für sich herstellen. Also kann auch der Zweck des staatlichen Handelns nicht allein ausschlaggebend sein. Daher scheint die Auffassung besser vertretbar, wonach die objektive Natur des staatlichen Handelns der wesentliche Gesichtspunkt ist. Dieser Auffassung folgen auch die amerikanische Gesetzgebung (Foreign Sovereign Immunity Act) und die Rechtsprechung des Bundesverfassungsgerichts (BVerfGE 16, 97; 46, 342; 64, 1). Wenn hiernach eine Privatperson im fremden Staat die gleiche Handlung als privatrechtliche Betätigung vornehmen könnte, kann entsprechendes staatliches Handeln dem gleichgesetzt werden, und der handelnde Staat genießt keine Immunität.

468 *Letztlich entscheidet jeder Staat*, bzw. seine Gerichte, *selbst*, ob die Handlungsweise des anderen Staates als hoheitlich oder geschäftlich zu werten ist. Wird dabei ohne ausreichende Gründe geschäftliches Handeln und damit Gerichtsunterworfenheit angenommen, liegt eine Völkerrechtsverletzung vor, nämlich die Nichtbeachtung der Immunität des fremden Staates. Eine Ausnahmen von der Staatenimmunität bei Verstößen gegen ius cogens, wie z.B. Folter, hat sich noch nicht durchgesetzt (*C. Maierhöfer,* Der EGMR als „Modernisierer“ des Völkerrechts? – Staatenimmunität und ius cogens auf dem Prüfstand/Anm. zu den EGMR-Urteilen Fogarty, McElhinney und Al-Adsani, EuGRZ, Bd. 29, 2002, 391); allerdings ließe sich eine Durchbrechung der Staatenimmunität bei Verstößen gegen erga omnes Verpflichtungen als Repressalie rechtfertigen.

3. Vollstreckungsimmunität

Ist ein nationales Gerichtsurteil gegen einen fremden Staat ergangen, weil dieser nach Auffassung des Gerichts *iure gestionis* gehandelt hat, kann in das Vermögen des im Verfahren unterlegenen Staates vollstreckt werden. **469**

Hierbei erhebt sich jedoch wiederum die *Frage nach der Erstreckung der Immunität.* Möglicherweise dient nämlich das Vermögen des fremden Staates, in das vollstreckt werden könnte, hoheitlichen Zwecken und nicht geschäftlichen Zwecken. Im ersten Fall genießt das Vermögen Immunität, im zweiten Fall nicht. Ebenso wie man einige Zeit dem Staat absolute Immunität zuerkannte, war auch sein Vermögen absolut immun. Jedoch hat man aus den gleichen Gründen, die zur Beschränkung der Immunität des Staates auf *acta iure imperii* führten, heute überwiegend die Immunität des Staatsvermögens beschränkt. Das kommt in nationalen Gesetzen und in der Rechtsprechung nationaler Gerichte zum Ausdruck und spiegelt geltendes Völkerrecht wider. **470**

Wieder erhebt sich natürlich die Frage der *Abgrenzung*. Als entscheidend wird angesehen, ob das Vermögen hoheitlichen oder *geschäftlichen Zwecken* dient. Diese Abgrenzung ist hier noch schwieriger als bei der Verfahrensimmunität. Auch im Vollstrekkungsverfahren kann auf die Immunität verzichtet werden. Ist das nicht der Fall, stehen Vermögensgegenstände und z.B. auch Forderungen des fremden Staates dann der Vollstreckung offen, wenn sie nicht in ihrer Zweckbestimmung hoheitlich gebunden sind. Vermögensgegenstände, die notwendig sind, um die Funktion einer Botschaft aufrechtzuerhalten, sind evident der Vollstreckung entzogen, weil sie *hoheitlichen Zwecken* dienen, und ebenso Bankkonten zur Bezahlung von Botschaftsverpflichtungen. Anders als bei der Verfahrensimmunität spielt hier die Zweckbindung durch den fremden Staat eine beachtliche Rolle. Das nationale Gericht wird den fremden Staat auffordern darzulegen, ob der Vermögensgegenstand für hoheitliche Zwecke verwendet wird. Kann das nicht glaubhaft gemacht werden, ist die Vollstreckung nicht völkerrechtswidrig (BVerfGE 46, 342). Der Gerichtsstaat darf aber nicht dadurch Beweis erheben, dass er selbst die internen Angelegenheiten des frem- **471** den Staates untersucht, z.B. eine Hausdurchsuchung vornimmt, und zwar auch dann nicht, wenn im Einzelfall keine diplomatische Immunität besteht. Wenn Vermögen beiden Zwecken dient, einem hoheitlichen und einem geschäftlichen, setzt sich die Immunität durch. Kommt das Gericht bei der Abgrenzung von hoheitlichem und geschäftlichem Vermögen zu keiner eigenen Beurteilung, wird die Beweislast dem fremden Staat nicht auferlegt werden können, es sei denn, er weigere sich zur Aufklärung beizutragen, obwohl diese zumutbar wäre.

Lit. zu III. 1. bis III. 3.: *H. Damian,* Gerichtszwang und Staatenimmunität, 1985; *K. Doehring,* Völkerrecht, 1999, Rdn. 658–669; *I. Seidl-Hohenveldern/ T. Stein,* Völkerrecht, 10. Aufl. 2000, Rdn. 1465–1486; *M. Shaw,* International Law, 1997, S. 491–523; *H. Steinberger,* State Immunity, EPIL, Bd. IV, 2000, S. 615–638.

4. Besondere Immunitäten

472 Immunitätsschutz genießen auch *Kriegsschiffe* in ihrer Eigenschaft als evidente Träger hoheitlicher Funktionen, während bei *Handelsschiffen* wiederum entscheidend ist, ob sie ausnahmsweise hoheitlichen Funktionen oder aber rein wirtschaftlichen Interessen des Staates dienen (Art. 95–96 SRÜ). Fraglich ist, ob der Immunitätsschutz auch für *Unterseeboote* beansprucht werden kann, die in fremden Hoheitsgewässern rechtswidrig untertauchen, statt ordnungsgemäß aufgetaucht zu fahren. Naturgemäß sind Schiffe in fremden Häfen oftmals Gegenstand von Streitigkeiten bei der Vollstreckungsimmunität gewesen.

473 Die Immunität von *Truppen auf fremdem Staatsgebiet* richtet sich bei Zustimmung des Territorialstaates nach vertraglich vereinbarten Grundsätzen, im Kriegsfalle nach der Haager Landkriegsordnung. Die sog. Stationierungsverträge grenzen üblicherweise die strafgerichtliche Zuständigkeit der beiden beteiligten Staaten voneinander ab.

474 *Staatsoberhäupter* genießen im Ausland Immunität für amtliches und privates Handeln. Nach Beendigung des Amtes besteht diese Immunität nur noch für amtliche Handlungen fort. Eine moderne Auffassung neigt dazu, bei Verbrechen gegen die Menschlichkeit generell die Immunität abzulehnen. Wenn sich diese Auffassung auch noch nicht durchgesetzt hat, so findet sie doch weitgehende Unterstützung für die Zeit nach Beendigung des Amtes und insoweit ist ihr jedenfalls zu folgen (vgl. UK House of Lords, Regina v. Bartle and Others ex parte Pinochet, ILM, Bd. 37, 1998, S. 1302–1339; IGH, Case Concerning the Arrest Warrant of 11 April 2000, Democratic Republic of Congo v. Belgium, ILM, Bd. 41, 2002, S. 536). Die Immunität vor nationalen Gerichten steht selbstverständlich einer Strafverfolgung auch amtierender Staatsoberhäupter vor internationalen Gerichten nicht entgegen.

Die Immunität *internationaler Organisationen* ist funktional be- **475**
grenzt, da die statutarische Zweckbestimmung zur Definition der internationalen Organisation als Völkerrechtssubjekt unabdingbar notwendig ist. Diejenigen Staaten, die eine internationale Organisation gegründet haben oder ihr beigetreten sind, werden entsprechende Immunitäten vereinbart haben, oder diese sind schon im Gründungsvertrag festgelegt. Staaten, die eine Organisation nicht anerkannt haben, unterliegen derartigen Beschränkungen ihrer Jurisdiktion nicht. Eine Ausnahme besteht nur für die Vereinten Nationen, denen der Internationale Gerichtshof wegen ihres universellen Charakters Völkerrechtssubjektivität *erga omnes* zugebilligt hat (ICJ Rep. 1949, S. 174 ff.). Aber auch die Vereinten Nationen haben bezüglich der Immunität besondere Regeln mit den Mitgliedstaaten vereinbart (Convention on the Privileges and Immunities of the United Nations v. 13. 2. 1946, U.N.T.S., Bd. 1, S. 15).

Lit. zu III. 4.: *D. W. Bowett,* Military Forces Abroad, EPIL, Bd. III, 1997, S. 388–390; *K. Doehring,* Völkerrecht, 1999, Rdn. 670–671 und 692–695; *W. K. Geck,* War Ships, EPIL, Bd. IV, 2000, S. 1413–1419; *M. Herdegen,* Völkerrecht, 2. Aufl., 2002, S. 247–254; *I. Seidl-Hohenveldern,* Völkerrecht, 9. Aufl. 1997, Rdn. 1493–1502; *P. C. Szasz,* International Organizations, Privileges and Immunities, EPIL, Bd. II, 1995, S. 1325–1333.

17. Kapitel

Durchsetzung völkerrechtlicher Ansprüche

I. Einführung

476 Während die Entwicklung des materiellen Völkerrechts in der Entwicklung der Staatenbeziehungen beachtliche Fortschritte machte, die wesentlich auf einer ausgebreiteten Vertragspraxis, auf der Kodifikation des Gewohnheitsrechts durch die International Law Commission und auf der Rechtsprechung internationaler und nationaler Gerichte beruhten, ist es bisher weniger gelungen, völkerrechtlichen Ansprüchen zur Durchsetzung zu verhelfen. Der Grundsatz der souveränen Gleichheit der Staaten, beruhend auf ihrer Souveränität, und das hierauf beruhende Fehlen einer übergeordneten Instanz, wie etwa die hoheitliche Gewalt in einem Staat, haben zur Folge, dass die Staaten weitgehend auf *Selbstdurchsetzung ihrer Rechte* angewiesen sind. Dass hierbei die *faktische Macht eines Staates* diesem Vorteile verschafft, ist eine zwar bedauerliche, aber unleugbare Feststellung, die über die Rechtmäßigkeit eines Anspruchs selbstverständlich nichts aussagen kann.

477 Diesem Dilemma hat man versucht dadurch abzuhelfen, dass man jedenfalls für die Friedenssicherung das System der *Vereinten Nationen* begründete. Die Entscheidungen des Sicherheitsrats (Kap. 5, II) sind zwar bindend (Art. 25 UN-Charta), aber zu ihrer Durchsetzung bedürfen die Vereinten Nationen der Mithilfe der Staaten, u. U. der militärischen Hilfe, die nach der Konzeption der Charta nur wieder auf Grund spezieller Verträge erlangt werden kann (Art. 43). Trotz mancher Erfolge, insbes. nach Ende des Kalten Krieges (s.o. Kap. 6), gewährleistet dieses System aber keineswegs die umfassende und effektive Durchsetzung völkerrechtlicher Ansprüche und ist zudem beschränkt auf die Verhinderung von Gewalt.

478 Auf vielen Gebieten des Völkerrechts sind die einzelnen Staaten daher weiter darauf angewiesen, ihren Rechten und Ansprüchen *selbständig* zur Durchsetzung zu verhelfen, etwa die Einhaltung von Verträgen zu erzwingen, Schulden einzutreiben, die eigenen Staatsangehörigen zu schützen oder sich gegen Unrecht jeder Art zur

Wehr zu setzen. Die Mittel hierzu sind vielfältig und sollen im folgenden dargestellt werden.

II. Der verletzte Staat – die besondere Rechtslage bei der Verletzung von erga omnes-Verpflichtungen

Regelmäßig darf ein Staat mit Mitteln der *Selbsthilfe nur gegen Unrecht* einschreiten, das *ihm selbst* von einem anderen Staat *zugefügt* wird. Etwas anderes gilt, wenn ein Staat von einem anderen Staat um Hilfe ersucht wird. **479**

Sehr strittig ist die Rechtslage im Hinblick auf Verletzungen von Völkerrechtsregeln, die zum Schutze der Staatengemeinschaft bestimmt sind, wie etwa die Immunität von Diplomaten (WÜK, Präambel Abs. 4). Es gibt Tendenzen im modernen Völkerrecht, das Konzept des verletzten Staates bei Verstößen gegen *erga omnes-Verpflichtungen*, wie sie beispielsweise auch die fundamentalen Menschenrechte und das Gewaltverbot darstellen, auf alle Staaten auszudehnen. Umstritten ist, ob konsequenterweise dann, wenn solche Normen verletzt sind, jeder Staat berechtigt ist, auch dann zu ihrer Einhaltung Maßnahmen gegenüber dem Rechtsverletzer zu ergreifen, wenn er selbst nicht unmittelbar betroffen ist. Man könnte dies jedenfalls für solche erga omnes-Verpflichtungen bejahen, die zugleich Normen des völkerrechtlichen *ius cogens* darstellen, deren Verletzung also internationales Verbrechen ist und die somit in besonders hohem Maße gegen die Interessen und Rechte der Staatengemeinschaft und der „international civil society" verstoßen. Der neueste Entwurf der ILC ist dennoch restriktiv. Danach sind alle Staaten dann als Verletzte zu Gegenmaßnahmen berechtigt, wenn der Völkerrechtsbruch „is of such a character as radically to change the position of all the other States to which the obligation is owed with respect to the further performance of the obligation." (ILC, Draft Articles on Responsibility of States for International Wrongful Acts v. 31. Mai 2001, UN-Doc. A/CN4/L.602/Rev.1 v. 26. Juli 2001) **480**

III. Durchsetzungsmittel

1. Retorsion

481 Die *Retorsion* ist das mildeste Mittel, sich gegen Unrecht zur Wehr zu setzen oder Ansprüche durchzusetzen. Es handelt sich dabei um Maßnahmen, die auch dann zulässig wären, wenn sie nicht als Antwort auf eine Völkerrechtswidrigkeit ergingen. Die Retorsion kann allerdings als sog. *unfreundlicher Akt* gewertet werden, der wiederum durch einen unfreundlichen Akt des betroffenen Staates rechtmäßig beantwortet werden kann. Aber derartige unfreundliche Akte stehen im Ermessen jedes Staates und können durchaus geeignet sein, dem Recht zur Durchsetzung zu verhelfen. Als solche Mittel kommen z.B. in Betracht: wirtschaftlicher Druck, u.U. Embargoverhängung, solange dadurch nicht völkerrechtliche Vertragsverpflichtungen einseitig und rechtswidrig unerfüllt bleiben; die Einreisesperre für Staatsangehörige des anderen Staates; der Abbruch diplomatischer Beziehungen; die Sperrung der Häfen für Schiffe des anderen Staates.

2. Repressalie

482 Verhält sich ein Staat rechtswidrig gegenüber einem anderen und ist er auch durch Retorsion nicht zu einer Änderung seines Verhaltens zu bewegen, kann der verletzte Staat *Repressalien* gegen ihn ergreifen. Es handelt sich dabei um Maßnahmen, die völkerrechtswidrig wären, ergingen sie nicht als Reaktion auf ein vorhergehendes rechtswidriges Verhalten des anderen Staates. Ziel der Repressalie ist, den anderen Staat zu rechtmäßigem Verhalten zu veranlassen bzw. zu zwingen. Es geht also um Maßnahmen, die erreichen sollen, dass dieser Staat seinen Verpflichtungen nachkommt, die vertraglicher Natur sein oder auf Völkergewohnheitsrecht beruhen mögen, wie etwa die Pflicht zur Beachtung des völkerrechtlichen Mindeststandards bei der Behandlung der Staatsangehörigen des zur Repressalie greifenden Staates. Die Repressalie soll die Wiederherstellung rechtmäßiger Zustände fördern.

483 Gerade weil die Repressalie ohne vorherige Provokation durch den anderen Staat rechtswidrig wäre, unterliegt sie *wesentlichen Beschränkungen*. Es wird nicht gefordert, dass die Repressalie nur die gleichen Rechtsgüter betrifft, wie sie von der anderen Seite verletzt wurden. So darf z.B. eine völkerrechtswidrige, weil entschädigungslose Enteignung der eigenen Staatsangehörigen nicht nur mit dem Mittel der Enteignung beantwortet werden. Ein Staat ist berechtigt, die Erfüllung eines Vertrages einzustellen, wenn der Vertragspartner diesen Vertrag verletzt hat. Aber der Staat hat auch das Recht, die Erfüllung eines Vertrages als Gegenmaßnahme zu der Verletzung von Rechten zu verweigern, die mit diesem Vertrag nicht in Verbindung stehen. Weiterhin kann die grobe Verletzung des Fremdenrechts oder der Menschenrechte zur Einstellung von Wirtschaftshilfe berechtigen, auch wenn diese vertraglich versprochen war. Diese Freiheit zur Wahl des Gegenmittels ist allerdings dann beschränkt, wenn besondere Beziehungen zwischen den Staaten, beispielsweise vertragliche, nur eine ganz bestimmte Art der Reaktion zulassen. So kann die Missachtung der Verpflichtung eines Diplomaten, das Recht des Aufenthaltsstaates zu beachten (Art. 41 WÜD), nur durch Ausweisung des Diplomaten beantwortet werden (Art. 9 WÜD). Es kommt also immer darauf an, ob ein Subsystem die Staaten bindet und gleichzeitig die ausschließliche Benutzung gewisser Rechtsmittel vorschreibt *(self-contained regime)*.

Liegen solche Beschränkungen nicht vor, kann jede Art von Repres- **484**
salie benutzt werden, wenn auch nur unter Beachtung der folgenden Grenzen. Der Ausübung der Repressalie muss eine Warnung vorausgehen, weil so der sich rechtswidrig verhaltende Staat schon zur Änderung seines Verhaltens veranlasst werden könnte. Eine *Warnung* kann dann entfallen, wenn die Vorankündigung des Mittels dieses untauglich machen würde und ein anderes Mittel nicht zur Verfügung steht. Die Repressalie soll nicht zum Exzess führen und muss dem *Grundsatz der Verhältnismäßigkeit* entsprechen. Diese Verhältnismäßigkeit richtet sich einmal danach, wie stark die Beeinträchtigung der eigenen Rechte durch den anderen Staat ist. Andererseits darf das Mittel benutzt werden, das den Verletzerstaat zur Änderung seines Verhaltens bringt, so dass u. U. ein stärkeres Mittel verwendet werden kann, wenn der Verletzerstaat auf ein geringes Mittel nicht reagiert. Die Repressalie *darf* nach herrschender Auffassung *nicht gegen das völkerrechtliche Gewaltverbot verstoßen.*

Allenfalls dann, wenn die Rechtsverletzung, deren Korrektur mit der Repressalie erzwungen werden soll, selbst Merkmale der Gewaltanwendung aufzeigt, kommt nach teilweise vertretener Auffassung eine Reaktion mit gleichen Mitteln in Betracht (*K. Doehring,* Völkerrecht, 1999, Rdn. 1037). Danach können Übergriffe, etwa durch bewaffnete Polizei, durch entsprechende Maßnahmen beantwortet werden, wobei die Situation des bewaffneten Angriffs im Sinne des Gewaltverbots noch nicht eingetreten sein muss. Im Übrigen ist der Übergang zur Selbstverteidigung recht bald erreicht. Die Repressalie darf Rechte dritter Staaten nicht beeinträchtigen. Eine faktische Belastung durch die Repressalie kann nicht immer vermieden werden, liegt aber auch nicht in der Verantwortung des seine Rechte durch Repressalien schützenden Staates. Die Repressalie *soll* weiterhin *keine Menschenrechte verletzen*. Auch eine rechtswidrige Beeinträchtigung der Menschenrechte würde andere Staaten nicht berechtigen, ihrerseits Menschenrechte zu verletzen. Dieser Grundsatz findet sich schon in humanitären Konventionen, z.B. in den Genfer Abkommen zum Schutz von Kriegsopfern. Schließlich ist die Repressalie dann *einzustellen, wenn* ihr *Zweck erreicht* ist, d.h. wenn der Verletzerstaat sein Verhalten den Regeln des Völkerrechts anpasst.

3. Selbstverteidigung, Notwehr

485 Nicht mehr nur um Repressalie, sondern um *Selbstverteidigung* oder *Notwehr* handelt es sich, wenn ein Staat Maßnahmen eines anderen Staates erwidert und hierbei militärische Gewalt anwendet. Theoretisch ist die Rechtslage bei Vorliegen eines Angriffskrieges heute geklärt. Die Verteidigung ist nach Maßgabe des Art. 51 UN-Charta rechtmäßig und so lange zulässig, wie der Mechanismus der Vereinten Nationen nicht effektiv wird. Die Definition der verbotenen Aggressionen durch die Generalversammlung der Vereinten Nationen (Res. 3314, XXIX, 14. 12. 1974) gibt einige Anhaltspunkte für das Vorliegen einer verbotenen Gewaltanwendung. Gewalt, die zur Selbstverteidigung berechtigt, kommt aber unter Umständen auch dann in Betracht, wenn der Verletzerstaat keinen „bewaffneten Angriff gegen ein Mitglied der Vereinten Nationen" i.S.d. Art. 51 UN-Charta vorgenommen hat. *Beispielsfälle* sind die Wegnahme von Schiffen oder Flugzeugen, die Gefangensetzung von Staatsangehörigen eines anderen Staates, die Missachtung der Lufthoheit durch Militärflugzeuge oder der erzwungene Truppendurchzug durch fremdes Territorium. Der verletzte Staat ist dann berechtigt, seine beeinträchtigten Rechte mit angemessenen Mitteln zu verteidigen. Ob darunter, bei Beachtung des Verhältnismäßigkeitsprinzips, auch Gewaltanwendung fallen kann, ist strittig. Auf die Probleme, die dann entstehen, wenn ein Staat gewaltsam gegen zwingendes Recht verstößt, wurde schon hingewiesen, d.h. auf die Frage, ob jeder Staat und also nicht nur der unmittelbar verletzte auch gewaltsame Gegenmaßnahmen ergreifen kann. Wie gezeigt, ist hier Zurückhaltung geboten, obwohl eine Stufe erreicht werden kann, die zur Aktion berechtigt. Die ILC suchte in ihrem letzten Entwurf über die Staatenverantwortlichkeit (UN-Doc. A/CN. 4/L 602/Rev. 1 v. 26. 7. 2001) hier Klarheit zu schaffen, die aber nicht erreicht wurde, denn Gegenmaßnahmen soll zwar regelmäßig nur der direkt verletzte Staat vornehmen dürfen, aber dann, wenn schwerwiegende, rechtliche Interessen der Staatengemeinschaft verletzt sind, soll diese Einschränkung nicht gelten.

Lit. zu III. 1. bis III. 3.: *J. Combacau,* Sanctions, EPIL, Bd. IV, 2000, S. 311–315; *K. Doehring,* Völkerrecht, 1999, Rdn. 1025–1050; *K. J. Partsch,* Retorsion, EPIL, Bd. IV, 2000, S. 232–232; *ders.*, Reprisals, EPIL, Bd. IV, 2000, S. 200–205; *M. Schröder,* Verantwortlichkeit, Völkerstrafrecht, Streitbeilegung und Sanktionen, in: W. Graf Vitzthum (Hrsg.), Völkerrecht, 2. Aufl. 2001, S. 545–602, 595–602; *A. Verdross/B. Simma,* Universelles Völkerrecht, 3. Aufl. 1984, Rdn. 1334–1346; s.a. oben Kap. 6, I.

4. Durchsetzung der Entscheidungen internationaler Gerichte

Da internationale Gerichte über keine eigenen Vollstreckungsorgane verfügen, erhebt sich auch hier die Frage, wie der obsiegende Staat die Einhaltung der Entscheidung durch den anderen Staat erzwingen kann. Wenn sich die Parteien dem Gerichtsverfahren unterworfen haben, bindet sie das Urteil. Daher liegt in der Unterwerfung unter die Gerichtsbarkeit die Übernahme der *Verpflichtung, das Urteil zu vollziehen*. Geschieht dies nicht, liegt eine Verletzung des Vertrages vor, in dem sich die Parteien zur gerichtlichen Streiterledigung verpflichtet haben. Der obsiegende Staat ist daher berechtigt, den unterlegenen, aber das Urteil nicht respektierenden **486**

Staat so zu behandeln, wie jeden anderen Staat, der seine Verpflichtungen nicht einhält.

487 Die *Charta der Vereinten Nationen* sieht im Hinblick auf die Durchsetzung der Urteile des Internationalen Gerichtshofs ein *besonderes Verfahren* vor, das aber bisher nicht angewendet wurde. Gem. Art. 94 Abs. 2 der UN-Charta kann ein Staat den Sicherheitsrat auffordern, einem Urteil des Internationalen Gerichtshofs zur Durchsetzung zu verhelfen. Die Entscheidung, ob und welche Maßnahmen getroffen werden, unterliegt dem Ermessen des Sicherheitsrats. Ob der Sicherheitsrat nur dann Maßnahmen ergreifen darf, wenn durch die Nichtbeachtung des Urteils des Internationalen Gerichtshofs eine Friedensbedrohung entsteht, ist umstritten. Die Kompetenz des Sicherheitsrats, auch dann zu handeln, wenn keine Friedensbedrohung durch die Nichtbeachtung des Urteils entsteht, wurde mit guten Gründen bejaht.

Lit. zu III. 4.: *K. Doehring,* Völkerrecht, 1999, Rdn. 1051–1053, *H. Mosler/ K. Oellers-Frahm,* in: B. Simma (Hrsg.), The Charter of the United Nations, 2. Aufl. 2002, zu Art. 94; *O. Schachter,* Enforcement of International Judicial and Arbitral Decisions, AJIL, Bd. 54, 1960, 216 ff.

Sachregister

Die Ziffern verweisen auf die Randnummern.

Notizen

Notizen

Notizen

Notizen